W9-BGT-442

CHICANOS

LECTURAS 89 MEXICANAS

Lecturas Mexicanas divulga en ediciones de grandes tiradas y precio reducido, obras relevantes de las letras, la historia, la ciencia, las ideas y el arte de nuestro país.

TINO VILLANUEVA
(COMPILADOR)

Chicanos

(Selección)

Primera edición (Tierra Firme), 1980
Primera edición en Lecturas Mexicanas, 1985

D. R. © Fondo de Cultura Económica, S. A. de C. V.
Av. de la Universidad 975; 03100 México, D. F.

ISBN-968-16-1902-1

Impreso en México

PRÓLOGO

SOBRE EL TÉRMINO "CHICANO" *

Es CURIOSO que, más de mediado ya el siglo XX, carezcamos de un estudio que explique de una vez por todas la etimología concreta —juntamente con sus matizaciones— del término *chicano*, y que los pocos y sumarios comentarios sobre él, cuando no llevan la estampa del sensacionalismo, resulten muy parcialmente desarrollados.[1] Es verdad que tanto se ha empleado en los últimos 10 años esta designación étnica, que corre peligro de llegar a no decir ya nada. Lo poco que podría yo aportar al respecto lo desarrollaré a continuación mediante unas cuantas nociones con las que personalmente estoy, desde hace tiempo, familiarizado, y que en conjunto puedan servir de orientación. El lector se dará cuenta de que el tema que abordo me llevará ineludiblemente al terreno de precisar también otras dos voces: *pocho* y *pachuco*.

La primera reflexión que se impone es que a principios de este siglo *chicano* tenía, por lo menos en mi estado natal (Texas), un significado peyorativo que hacía referencia al mexicano "de clase inferior", entendiendo por el mismo un ciudadano estadunidense de ascendencia mexicana, fuese oriundo de los Estados Unidos o ciudadano ya naturalizado. Hay quienes me aseveran que esta misma explicación se podría más o menos aplicar al resto de Aztlán (Sudoeste de los Estados Unidos).

Entro más en detalle señalando que *chicano*, por lo general, se refería al obrero mexicano no calificado y recién llegado a los Estados Unidos. A diferencia del *pocho* —el mexicano nacido en los Estados Unidos, es decir, el mexicano-americano que se encontraba más establecido en el país, y así más "asimilado" al idioma inglés y a las costumbres estadunidenses—, al *chicano* se le clasificaba en una categoría social más inferior por ser un obrero transitorio, que

* El apartado "Sobre el término 'chicano' " apareció originalmente en forma de ensayo en *Cuadernos Hispanoamericanos*, núm. 336 (junio, 1978), y se presenta aquí con dos modificaciones.

[1] Hay, no obstante, un excelente estudio panorámico que discute los varios autoapelativos, incluso *Mexican American* y *chicano*, que nos han dado: *Cf.* Richard L. Nostrand, " 'Mexican American' and 'Chicano': Emerging Terms for a People Coming of Age", *Pacific Historical Review*, vol. XLII, núm. 3 (agosto, 1973), pp. 389-406.

tenía que emigrar a regiones agrícolas, yendo de cosecha en cosecha, a campamentos de obra ferroviaria, o bien a centros urbanos, en busca siempre de trabajo para ganarse el sustento.

Esta aventura de cruzar la frontera México-Estados Unidos por el obrero mexicano no calificado no podría estar mejor expuesta y documentada que en el corrido "El lavaplatos", de veinticuatro estrofas, grabado hacia finales de la década de los 20. En él se nos revela lo que podría considerarse un "típico" itinerario —en este caso México-Hollywood-Sacramento-México— que lleva al protagonista tanto al centro urbano como al campo laboral. Lo vemos unirse a un campamento ferroviario ("el traque"); hacer "la pizca del tomate/y el desahijar betabel"; echarle "piedra y arena/a la máquina batidora" (de cemento); lavar platos y "trabajar en el teatro". Cito las estrofas que expresan los datos principales que aquí interesan:

Soñaba en mi juventud
ser una estrella de cine.
Y un día de tantos me vine
a visitar Hollywood.

Un día muy desesperado
por tanta revolución,
me pasé para este lado
sin pagar la inmigración.

. . . .

Qué arrepentido,
qué arrepentido,
estoy de haberme venido.

Es el trabajo decente
que lo hacen muchos chicanos,
aunque con l'agua caliente,
se hinchan un poco las manos.

Pa'no hacérselas cansada,
me enfadé de tanto plato,
y me alcancé la puntada
de trabajar en el teatro.

¡Ay qué bonito,
ay qué bonito,
circo, maroma, y teatrito!

. . . .

Aquel que no quiera creer
que lo que digo es verdad,

si se quiere convencer
que se venga para acá.

Adiós sueños de mi vida,
adiós estrellas del cine,
vuelvo a mi patria querida,
más pobre de lo que vine.

Nos despedimos,
adiós, paisanos,
porque ahora sí ya nos vamos.[2]

Cosa curiosa: que a principios de la década de los 60 y en una región muy específica, *chicano* tenía —y quién va a decir que aun hoy no siga teniéndolo— el mismo significado que el de cinco décadas atrás. Esto muy fácilmente se comprueba a través de otra canción, esta vez una canción ranchera (música popular, "música norteña" más bien, típica del norte de México y del sur de Texas) por lo visto escrita, así como lo está "El lavaplatos", desde el punto de vista mexicano. A continuación "El chicano", que íntegramente reproducimos:

Ya me voy a trabajar al norte pa'ganarme yo mucho dinero.
Luego que yo quiera divertirme, yo me vengo a pasear a Laredo.

En Laredo se encuentra de todo, ven aquí si te quieres pasear.
Hay cerveza, mariachis, canciones, y mujeres que saben amar.

En Laredo tengo una morena que la quiero por linda y por bella,
y si Dios me concede licencia, yo regreso y me caso con ella.

Me la llevo a vivir a mi lado, pa'quererla con toda pasión,
para darle todo mi cariño y entregarle todo el corazón.

Ya me voy, mis queridos amigos, vamos todos a darnos la mano;
aunque yo esté en Estados Unidos, yo no niego que soy mexicano.

[2] Autor no indicado, "El lavaplatos", grabado por Chaves y Lugo en Columbia Records (4218 X), hacia finales de los 20. Tomo el texto del corrido y los datos del folleto que acompaña el LP *Una historia de la música de la frontera, Texas-Mexican Border Music* (vol. 2): *Corridos Part 1: 1930-1934*, Arhoolie Records (Folklyric 9004), Berkeley, California. La versión de "El lavaplatos" de este álbum de 1975 es la original de los Hermanos Bañuelos, grabada hacia 1930 en Vocalion Records (8349), Los Ángeles, California.

Ahora sí ya me voy y me despido, me despido con gusto y esmero,
ya me voy a trabajar al norte pa'venirme a pasear a Laredo.[8]

Pero había empezado por discutir la división de clases entre el *chicano* y el *pocho*. Esta conciencia de clase la creó el *pocho*, es decir, el de ascendencia mexicana —ya sea el nacido en los Estados Unidos o el inmigrante mexicano ya establecido en el país—; en fin, el mexicano americanizado que se sentía más "de acá" (Estados Unidos) que "de allá" (México). Sintiéndose superior al obrero recién llegado de México, el *pocho* creó una situación cuyo resultado vino siendo, ni más ni menos, la marginación social de sus compatriotas.

Quien mejor ha mostrado esta estratificación social es el intelectual Ernesto Galarza, por haberla experimentado en carne propia. Su conocimiento del inglés lo capacitaba a la tierna edad de ocho años para ocuparse de traducir para la comunidad chicana en sus trámites cotidianos con las jerarquías anglosajonas en Sacramento, California, hacia 1913. Así lo explica Galarza en su autobiografía, *Barrio Boy*, Ballantine Books, Nueva York, 1972:

> *My clients were not* pochos, *Mexicans who had grown up in California, probably had even been born in the United States. They had learned to speak English of sorts and could still speak Spanish, also of sorts. They knew much more about the Americans than we did, and much less about us. The* chicanos *and the* pochos *had certain feelings about one another. Concerning the* pochos, *the* chicanos *suspected that they considered themselves too good for the* barrio *but were not, for some reason, good enough for the Americans. Toward the* chicanos, *the* pochos *acted superior, amused at our confusion but not especially interested in explaining them to us. In our family when I forgot my manners, my mother would ask me if I was turning* pochito.
>
> *Turning* pocho *was a half-step toward turning American. And America was all around us, in and out of the* barrio [pp. 202-203].

Quiere ello decir que un sector más "integrado" (el residente norteamericano *pocho*, trátese del obrero emigrante o del proletariado urbano de empleo más o menos fijo y estable, amén de la alta burguesía y clase media), por sentirse superior a un sector no "integra-

[8] Juan Villa, "El chicano", grabada a principios de los 60 por el conjunto Los Norteños de Nuevo Laredo, en Del Valle Records (650 +), McAllen, Texas. El poema y los datos sobre él los tomo de la cubierta y del folleto que acompaña el LP *Una historia de la música de la frontera, Texas-Mexican Border Music* (vol. 1): *An Introduction: 1930-1960*, Arhoolie Records (Folklyric 9003), Berkeley, California, 1974.

do" (el obrero *chicano* trashumante, recién llegado y aún carente del idioma inglés), produjo una división de clases en cuya cima se halló el *pocho*, o sea, el *Mexican American*. En la estructura social quedó el *chicano* relegado a una categoría secundaria.

Esta distinción de clase habrá de entenderse siempre en relación con la vigente fuerza dominante: la superestructura anglosajona. Es decir, que no se trata de que un grupo generacional, o socioeconómico, prefiera un término en vez de otro; es que ambos, *pochos* y *chicanos*, como grupos subordinados que son, se ven obligados a reaccionar de tal manera bajo el dominio político y socioeconómico del anglosajón que manipula aun la identidad e identificación de los súbditos. Por tanto, la autoafirmación, y la subsiguiente autoapelación de los *chicanos* en los años 60 se puede entender como un esfuerzo por romper esa relación de dependencia. A mi ver, *chicano*, tal y como emerge en los 60, es un término ideológico de solidaridad que pretende abarcar, idealmente, a todo norteamericano de ascendencia mexicana: los obreros de las clases populares unidos a los de la clase media y profesional que, si bien de un modo más sutil, se ven de igual manera cercados por el prejuicio racial.

Abro un amplio paréntesis para discutir el término *pocho* que se deriva —según Ramos I. Duarte, el primero en comprobarlo— del sonorismo *pochi* (adj.) que significa "[c]orto; rabón. 'Unos pantalones *pochis*': cortos. 'Un perro *pochi*': rabón" (Feliz Ramos I. Duarte, *Diccionario de mejicanismos: Colección de locuciones i frases viciosas*, Imprenta de Eduardo Dublín, México, 1895, p. 408). He aquí también la definición, medio siglo después, por Francisco J. Santamaría en su respetado *Diccionario general de americanismos*, primera edición, tomo II, Editorial Pedro Robredo, México, 1942:

> *Poche, cha.* m. y f. Nombre con que se designa a los noramericanos descendientes de español, especialmente de mejicano, en el sur de Estados Unidos y particularmente en California; también al residente extranjero del mismo origen. (En Méjico lo más común es decir *pocho* y *pocha*, y no es difícil que su origen sea el mismo de *pochio*, sonorismo que procede probablemente del yaqui; a veces también limitado de alcances, más claramente, estúpido.)
>
> 2. Castellano corrompido, mezcla de inglés y peor español, que hablan los noramericanos y residentes extranjeros de origen español, principalmente mejicano, en California (Estados Unidos) [pp. 504-505].

(Estas mismas dos acepciones las vuelve Santamaría a registrar en su *Diccionario de mejicanismos*, Editorial Porrúa, México, 1959, p. 872.)

Una definición parecida y sumada a una amplia y esclarecedora explicación histórico-lingüística que a continuación gloso es la de Horacio Sobarzo (*Vocabulario sonorense*, Editorial Porrúa, México, 1966, pp. 258-259), quien considera el vocablo *pochi* (pocho) un "auténtico sonorismo", trazándolo a dos fuentes indígenas. En su primera acepción, *pocho* "proviene del ópata *potzico*, que significa *cortar, arrancar* la yerba; *potzi*, simplemente, connota *cortar, recortar* cualquier cosa [...] y la partícula *tzi* al adaptarse a la fonética castellana suena *chi*". *Potzico* a mediados del siglo XIX significaba metafóricamente "el arte de arrancar la yerba" refiriéndose "al compatriota que fue *arrancado* de nuestra nacionalidad". En cambio "[e]l modismo, connotado animal rabón, se deriva de otra palabra ópata: *tacopotzi*, que significa "*sin cola*". Por aféresis: "tacopotzi', 'potzi', 'pocho'." En síntesis, la etimología evolutiva de nuestro vocablo remonta a dos posibles fuentes indígenas: 1) *potzico* > *potzi* > *pochi* > *pocho*; 2) *tacopotzi* > *potzi* > pochi > pocho.

Aunque los diccionarios le consignan a *pocho* la significación de *descolorido, quebrado de color*, Sobarzo afirma que "dentro de la clasificación *pochi* (pocho) quedaron comprendidos todos los que, como la yerba, fueron *arrancados* de su nacionalidad y corrieron la suerte de la porción territorial que se *pochó* a nuestro país, blancos, rubios, negros, morenos, quebrados y no quebrados de color".

Mención aparte merece la sucinta pero agresiva y sorprendente definición cultural de *pocho* dada por Enrique Hank López, aparecida en su relato autobiográfico "Back to Bachimba", *Horizon*, vol. IX, núm. 1 (invierno, 1967), pp. 80-83, y que cito en su contexto:

> *I am a* pocho *from Bachimba, a rather small Mexican village in the state of Chihuahua, where my father fought with the army of Pancho Villa. He was, in fact, the only private in Villa's army.*
>
> Pocho *is ordinarily a derogatory term in Mexico (to define it succintly, a* pocho *is a Mexican slob who has pretensions of being a gringo sonofabitch), but I use it in a very special sense. To me that word has come to mean "uprooted Mexican", and that's what I have been all my life. Though my entire upbringing and education took place in the United States, I have never felt completely American, and when I am in Mexico, I sometimes feel like a displaced gringo with a curiously Mexican name —Enrique Preciliano López y Martínez de Sepúlveda* de *Sapien* de *Quién-sabe-quién. One might conclude that I'm either a schizo-cultural Mexican or a cultured schizoid American* [p. 80].[4]

[4] El relato se ha recogido en la antología de Ed Ludwig y James Santibáñez, *The Chicanos: Mexican American Voices*, Penguin Books, Baltimore, 1971.

Cierro este paréntesis considerando, además, la teoría lingüística —hasta ahora no muy bien expuesta— que se apoya en que *pocho* proviene o bien de la castellanización del sustantivo inglés "poacher" (el que caza o pesca en vedado) o bien de su forma verbal "to poach", "que casi se pronuncia 'poch' y que significa 'robar caza de algún vedado', o 'cazar o pescar en vedado' " (Alfonso Taracena: "Qué son los *chicanos*", *El Universal*, México, 11 de septiembre, 1970). Que yo sepa no existe un estudio que aporte suficientes pruebas como para comprobar dicha tesis. Lo interesante sería averiguar si el vocablo *pocho* empezó primero a emplearse en México para referirse a los que habían estado en los Estados Unidos y regresaban hablando algo de inglés, o en los propios Estados Unidos por el mexicano-americano mismo. Si en México empezó a emplearse, esta versión sobre su origen etimológico no tendría valor alguno.[5]

[5] Sobre la distinción social entre el *pocho* y el *chicano* a principios del siglo, *cf.* Ernesto Galarza, *op. cit.*, pp. 196 *ss.* En cuanto a *chicamos* [*sic*] y, por lo visto su equivalente, *cholo*, *cf.* el libro originalmente publicado en 1930 por Manuel Gamio, *Mexican Immigration to the United States*, Arno Press, Nueva York, 1969, pp. 129 y 233. Una extensa discusión acerca del *pocho* en el contexto del estado de Texas nos la ofrece Américo Paredes en el capítulo "The *Pocho* Appears", *A Texas Mexican Cancionero*, University of Illinois Press, Urbana, 1976, pp. 153-170, en el que Paredes afirma: "*It was the* barrios *that produced the* pocho, *the early version of the Chicano. And it was in contemptuous reference to the young Mexican-Americans of East Los Angeles, children of migrant workers and middle-class revolutionary refugees alike, that José Vasconcelos is said to have first used the term* pocho" (p. 154). Paredes acaso se refiera a que en los años 30 Vasconcelos comprobara que *pocho* era una palabra usada en California "para designar al descastado que reniega de lo mexicano aunque lo tiene en la sangre y procura ajustar todos sus actos al mimetismo de los amos actuales de la región" ("Asoma el pochismo", *La tormenta*, 2ª parte de *Ulises criollo*, 5ª edición, Ediciones Botas, México, 1937, p. 76).

Sobre las actuaciones caricaturescas en México del comediante Tin-Tan (hablando *pocho* y vestido en atuendo *pachuco*), véase "Authentic Pachuco", *Time*, vol. XLIV, núm. 2 (10 de julio de 1944), p. 72. Sobre la campaña en México contra los *pochismos* ("*In Mexico this is Anti-Pochismo Week* [...] *Acutely distressed, a group of Mexicans decided to campaign against this barbaric invasion of the mother tongue*"), *cf.* "Gringo Lingo", *Newsweek*, vol. XXIV, núm. 7 (14 de agosto de 1944), p. 76. Una pequeña crónica con datos muy generales en torno a los *pochismos* es la de Joseph Jones, "Pochismo", *American Speech*, vol. XX, núm. 3 (octubre, 1945), p. 235. Véase también la novela generacional de José Antonio Villarreal, *Pocho*, Doubleday & Company, Nueva York, 1959. Un reportaje referente al progreso socioeconómico del *pocho* a la luz del Movimiento Chicano es "*Pocho's* Progress", *Time*, vol. 89, núm. 17 (28 de abril de 1967), pp. 24-25. Y, por fin, quiero mencionar el libro —que viene siendo un *collage* de diálogos, monólogos y arengas dentro de una pieza teatral en cinco actos— de Rufus, *The Last Taco in Pérez*, Pachuco Publishing Co.,

Los apuntes precedentes me conducen a volver al propósito inmediato de este ensayo. Empezaré por comprobar una definición de *chicano*; y para ello acudiré a la que registra el lexicógrafo Francisco J. Santamaría, *Diccionario de mejicanismos, op. cit.*, p. 1166:

> *Chicano, a.* m. y f. Bracero mejicano que cruza la frontera hacia E. U. en busca de trabajo y, en general, mejicano nacido en Méjico, para los nacidos en la Unión Americana. La denominación es propiamente norteña.
>
> El término ha sido consagrado en la novela *La dulce patria* por la poetisa escritora tabasqueña María Luisa Melo de Remes. Ver página 23, donde se dice: "Ellos son *chicanos*, recién llegaditos de Méjico", y se define, en nota al pie de la página: "Los mejicanos nacidos en E. U. A. llaman '*chicanos*' a los mejicanos nacidos en Méjico."

La novela a que se refiere Santamaría la editó la editorial Unión Gráfica, México, 1958.

Lo cierto es que *chicano* "se halla en varios léxicos regionales desde hace tiempo, ya como voz jergal, ya sin designación de nivel, ora como 'pachuquismo' (despectivo), ora como peyorativo", como bien señala el lingüista chicano Roberto A. Galván: "*Chicano*, vocablo controvertido", *Thesauro* (Boletín del Instituto Caro y Cuervo), Bogotá, XXVIII, 1973, pp. 111-117. Son copiosas las citas que Galván consigna al respecto —la primera que se registra data de 1934 y se refiere al glosario de Francis M. Kercheville: "A Preliminary Glossary of New Mexican Spanish", en *The University of New Mexico Bulletin*, vol. 5, núm. 3 (15 de julio de 1934), en el que se registra *chicano* bajo la categoría de voz jergal significando "Mexican" (p. 19).

Sin embargo, Galván no se propone descubrir la etimología concreta de dicho vocablo: "El etimón (*mexicano*) que se propone con mayor frecuencia y datos fidedignos no tiene ninguna relación semántica con el significado soez que despierta el calificativo" (p. 116). El de Galván es, más bien, un estudio semántico-lingüístico que examina *chicano* desde el punto de vista de los posibles componentes fónico-morfológicos que dicho término sugiere para los detractores que tienen en desestima el vocablo. El estudio se vale de varios informantes adultos mexicano-americanos, la mayoría de ellos vecinos de San Antonio (Texas) y sus alrededores.

Empero, hasta ahora la fecha más temprana con la que se ha po-

Los Angeles, 1975, en el que sin sofocar la sensibilidad y expresión del Movimiento Chicano, examina y defiende la psicología y filosofía del *pocho* contemporáneo.

dido documentar la voz *chicano* data de 1911. Se la debemos a las investigaciones del antropólogo José Limón, de la Universidad de Texas (San Antonio), que en su ensayo inédito "*Chicano* as a Folk Name: An Historical View" cita la fuente encontrada: "Vicios de raza", *La crónica* (Laredo, Texas), 27 de julio, 1911, p. 3, en que el cronista anónimo se está burlando del mexicano "americanizado" que ha olvidado del todo su cultura nativa. Y como prueba de ello relata la siguiente anécdota (citamos el artículo de Limón):

> Conocimos una tamalera que se casó en el interior de Texas, con un "mister", y como era un poco ignorantota, no la recibieron en la sociedad americana y tenía que asociarse con las de su raza. Un día la invitaron a una gran tamalada de cumpleaños de un chicano, y al presentarle el plato de los tamales, preguntó:
>
> —¿Qué éste?
>
> —Tamales, le contestaron, y le sirvieron algunos en su plato, y cuál sería la sorpresa de los concurrentes al ver que la americanizada dama estaba enguyendo los tamales con hoja y todo.

Adviértase que aquí *chicano*, por lo visto, no parece tener ningún valor despectivo, sino que, como sugiere Limón, se utilizaba como un autoapelativo por un determinado *in-group* que se resistía a aceptar las normas culturales norteamericanas.

En aquel entonces había también una preferencia general por llamarse *mexicano*. Y es curioso que aun a estas alturas (1977) haya un gran número de adultos y de ancianitos que sienten todavía una dependencia cultural hacia México, y que prefieren llamarse no *Mexican Americans*, ni siquiera mexicanos-norteamericanos, y mucho menos *chicanos*, sino simplemente *mexicanos*.

Por otra parte, un apelativo que se usó siempre en la comunidad chicana fue el de *Raza* (*cf*. Ernesto Galarza, *op. cit.*). Es un término que sigue usándose con valor positivo: "¡Viva la Raza!" y "Por mi Raza hablará el Espíritu" son el grito y el lema más comunes hoy día. Tal vez se deba a que el término *Raza* no se compromete a especificar la clase social del individuo, por lo que se emplea tanto por una generación como por otra.

No quiero dejar, con todo, de reiterar que, en términos generales, *chicano* tenía hace tres cuartos de siglo una significación peyorativa, y que sigue teniéndola aun hoy entre ciertos sectores de nuestra comunidad, como el ensayo de Galván bien nos lo comprueba. Esto explicaría, en parte, la razón por la cual muchos de nuestros mayores hoy día prefieran llamarse *Mexican Americans*, o sea, mexicano-norteamericanos. Pero habría que añadir que dicha preferencia obedece también a que los ya mayores, y aun los de mediana edad sumados a un determinado número de jóvenes, repudian, en general, el fervor social y la actitud protestataria de quienes declaran ser chicanos, tachándolos injustamente de "gritones locos militantes".

Los activistas chicanos, a su vez, señalan que la protesta social del siglo XIX y la de la primera mitad del XX, por más variadas que hayan sido, se dieron en casos aislados, siendo además muy tímidas y febriles. Prueba del poco alcance que tuvieron es que no llegasen a cambiar —salvo en una que otra ocasión— las estructuras básicas de los sistemas políticos y sociales, ni siquiera consiguiendo darles nueva dirección. Uno de los argumentos que hoy se esgrime es que jamás hubo en las universidades, por ejemplo, un enfrentamiento con la Administración exigiéndole el reclutamiento en masa de estudiantes de ascendencia mexicana, junto con la concesión de becas para los mismos; y mucho menos se llevó a cabo la formación de departamentos de Estudios Chicanos como hubo de ocurrir en los años 60. Se arguye, por consiguiente, que la lamentable y prolongada circunstancia chicana obedece realmente a que en épocas pasadas los mayores se hayan mostrado muy pasivos, o bien humillándose ante el paternalismo y el racismo del anglosajón, o bien integrándose a esa sociedad —hubo quienes consiguieron ascender a la clase media— sin cuestionar en absoluto ese sistema de valores del *establishment* norteamericano. De ahí que el signo *chicano* se haya adoptado por la juventud, en particular, que emerge al frente del Movimiento en los 60, pues aquél significa no sólo una autovoluntad y autodeterminación, sino también una decisiva postura de autodefinición —"Yo soy chicano", se afirma con frecuencia—, lo cual supone tanto una ruptura con la mentalidad de generaciones pasadas como un desafío a las designaciones estatales y clasificaciones oficialistas de Washington, que a lo largo del siglo XX se les venían aplicando a dichos ciudadanos: *Latin Americans, Spanish Americans,* o bien *Spanish-speaking* (hispanoparlantes), *Spanish surnamed* (de apellido español) o *Mexican Americans,* menos la que se les debió incondicionalmente asignar desde un principio en una sociedad democrático-pluralista: norteamericanos a secas.[6]

[6] Sobre la variedad de autoapelativos por clasificación socioeconómica, *cf.* Leo Grebler, Joan W. Moore y Ralph C. Guzmán, *The Mexican American People,* pp. 385-387, y 585; véase "Apuntes sobre la poesía chicana", nota 38. Consúltese también el artículo de Richard L. Nostrand, *op. cit.*

Es curioso notar cómo utiliza Parménides García Saldaña, escritor mexicano

Total, que dentro del contexto del Movimiento, hoy día *chicano* dista mucho de ser lo que fue hace setenta años, pues aquel triste y asqueroso apelativo de principios de siglo estaba destinado a renacer poniéndose de pie en los años 60, justamente en una época en que se volvió confrontación el conflicto que se venía gestando, o mejor, que se venía agudizando entre la comunidad chicana y los sectores dirigentes del Sudoeste. Habiendo sido rescatada por una juventud que la ennoblece encendiéndola de concientización popular, de protesta social y de orgullo cultural, aquella palabra maldita, *chicano*, para bien o para mal y contra viento y marea, serviría de ahí en adelante de divisa personal y de emblema colectivo, como también de oración mitigadora y, en momentos de acción social, de grito animador.

En resumidas cuentas, se podría decir que, hoy por hoy, el término *chicano* abarca todo un universo ideológico que sugiere no sólo la audaz postura de autodefinición y desafío, sino también el empuje regenerativo de autovoluntad y de autodeterminación, potenciado todo ello por el latido vital de una conciencia de crítica social; de orgullo étnico-cultural; de concientización de clase y de política. Ello, en conjunto, coincide con un decidido y sincero afán por cam-

de la promoción literaria La Onda, la voz *chicano* en su estudio sobre el *zeitgeist* de la época de los 50, de donde emerge su generación: *En la ruta de La Onda*, 2ª edición, Editorial Diógenes, México, 1974. Primero parece emplearla con el valor léxico contemporáneo, justo para señalar al norteamericano de los Estados Unidos de ascendencia mexicana: "Los adolescentes pelearon en las calles contra los adolescentes de otras calles, de otros barrios. Cuando el pleito callejero fue de barrio a barrio, sin querer se volvió conflicto racial; italianos contra chicanos, polacos contra puertorriqueños. Conflicto racial semejante a la guerra de los gángsters de Chicago" (p. 16). Pero luego parece que *chicano* para García Saldaña equivale a *pocho*. Refiriéndose propiamente a los jóvenes mexicanos, a quienes por el influjo del *rock* les daba por hablar inglés sin llegar a dominarlo necesariamente, García Saldaña escribe lo siguiente: "En parte el triunfo del rocanrol fue consecuencia del espíritu de los chavos que querían ser como los chavos de Inglaterra y Estados Unidos de Amérikkka (así me enseñó a escribirlo Bobby Seale cuando lo traté en The Block del barrio black de Lafayette, La.). Buena o mala tal inclinación de los chavos chicanos (esos que oscilan entre el inglés y el español, you know), aún no sabemos [...] Esta preferencia de los chavos chicanos me indicó que ya no querían expresarse en español, que ya estaban 'cansados' (¡hasta el gorro, hasta la madre!) del español. Los chavos de México como los pochos ya no deseaban hablar español [...] Todos los chavos estaban fastidiados de Lo Mexicano: Agustín Lara, Amado Nervo, Juan de Dios Peza, Pedro Infante, Cantinflas, El Señor Presidente. Esos chavos que escuchaban canciones de rock (cantadas en inglés) ya no querían ser mexicanos, sino chicanos. Querían ser como los chavos gabachos, los chavos ingleses" (p. 153).

biar estructuras sociopolíticas, y con una verdadera pasión humanística que obran en aras de conseguir la justicia, la igualdad, la calidad de la vida, y devolver al individuo concreto la conciencia entera de la dignidad personal. Tal es el ideal genérico que impera en nuestro compromiso social y que enciende toda esperanza utópica por superar, finalmente, la marginación continua y la angustia prolongada.

Por lo demás, es preciso mencionar el resumen sobre el Movimiento Chicano dado desde el punto de vista mexicano. Me refiero al ensayo del ex cónsul mexicano en Houston (Texas) Adolfo G. Domínguez, "El chicanismo: Su origen y actualidad política", aparecido en *Cuadernos Americanos*, año XXX, núm. 2 (marzo-abril, 1971), pp. 64-76. En cuanto a la experiencia chicana en los Estados Unidos y el conflicto histórico-cultural que da lugar al término *chicano* como emblema de orgullo y concientización política, se puede recurrir al ensayo de Arturo Madrid-Barela, "Towards an Understanding of the Chicano Experience", *Aztlán*, vol. 4, núm. 1 (primavera, 1973), en el que se explica cómo *chicano* fue pasando de lo meramente particular a un término colectivo que denota ya una conciencia social:

> *Until recently Chicano was a private word, used by people of Mexican ancestry living in the United States, in particular those of lower social and economic circumstances, to refer to themselves,* Soy Chicano, *and to identify each other in an alien and hostile environment,* Es Chicano. *What was a private word with limited use is now a public name used by the* mexicanos de acá de este lado. Somos Chicanos. *Chicano expresses the conflictive historical and cultural experience of a colonized people still politely and euphemistically refered to as Latins, Spanish, Latin Americans, Spanish Americans, Spanish-speaking Americans, Spanish-surnamed Americans,* never *Mexicans, and only recently Mexican Americans* [*op. cit.*, p. 185].

Lo de Madrid-Barela es realmente una contestación al controvertido artículo del profesor de la Universidad de Harvard, John Womack, Jr., "The Chicanos", *New York Review of Books*, vol. XIX, núm. 3 (31 de agosto, 1972), pp. 12-18.

Cabe mencionar otra explicación más breve, y también desde el punto de vista sociocultural, y es que entre los jóvenes de los años 50 —y aquí me apoyo en mi propia experiencia como texano— la designación *chicano* no se usaba más que para referirse al norteamericano de ascendencia mexicana, distinguiéndolo así del "mexicano del otro lado" que durante una determinada temporada venía de jornalero a trabajar "a este lado" (Estados Unidos). En aquel pasado más simple que fueron los años 50 en Estados Unidos, debieron intuir aquellos jovencitos de trece, catorce y quince años que había que hacer una distinción entre el ciudadano mexicano y el "mexicano de este lado", como solían y aún suelen decir nuestros padres. Aunque bien recuerdo que *chicano* se pronunciaba con cierto orgullo, jamás llegó a llevar la carga total de los años 60 y de hoy. Más bien se trataba de una de tantas palabras que pertenecían al amplio registro del vocabulario jergal de los jóvenes, obedeciendo todo ello a una necesidad por inventarse un lenguaje —fenómeno que se dio entre los adolescentes chicanos que heredaron del *pachuco* de la década anterior ese espíritu y afán por inventarse no sólo un lenguaje, sino también a sí mismos.

El *pachuco* fue un tipo de valentón existencial cuya marginación e identidad bicultural/bilingüe entraron en crisis hacia los años 30 en una sociedad racialmente discriminatoria. Su reacción fue una especie de rebeldía que ultimadamente lo condujo a pertenecer a pandillas de barrio. Muchos llegaron a perder la vida en riñas callejeras entre ellos mismos o en contiendas con la policía. La sociedad en general los hizo blanco de desprecio y de burla. Por lo demás, hay quienes consideran al *pachuco* una suerte de precursor del Movimiento Chicano. Otros creen —por lo que respecta a su modo de vestir y rebeldía juvenil— que su espíritu persiste aún hoy día en los barrios de Aztlán. En fin, su comportamiento social, indumentaria y lenguaje singulares, como también su significado social, han dado lugar en las últimas tres décadas a diversos escritos que vale la pena señalar. *Cf.* Fernando Alegría, "¿A qué lado de la cortina?" (cuento corto escrito hacia 1944 y aparecido en enero de 1949); George I. Sánchez, "Pachucos in the Making" (ensayo aparecido en *Common Ground*, otoño, 1943, y recogido en *A Documentary History of the Mexican Americans*, *cf.* nota 38); Ruth D. Tuck, "Behind the Zoot Suit Riots" (ensayo aparecido en *Survey Graphic*, vol. 32, agosto, 1943); Servando Cárdenas, "Los pachucos" (poema escrito y aparecido en hoja volante en el otoño de 1945 e incluido en esta antología); Carey McWilliams, "The Origin of *Pachuquismo*" (ensayo aparecido en 1949 en *North From Mexico*, *cf.* nota 38); George C. Barker, "Pachuco: An American-Spanish Argot and Its Social Function in Tucson, Arizona" (ensayo aparecido en 1950 y recogido en *El lenguaje de los chicanos*: *Regional and Social Characteristics of Language Used by Mexican Americans*, *cf.* nota 38); Octavio Paz, "El pachuco y otros extremos" (ensayo aparecido en 1950, *cf.* *El laberinto de la soledad*, Fondo de Cultura Económica, México, 1959);[7] Max Leopold Wagner, "Ein mexikanisch-amerikanischer Argot: das Pachuco" (ensayo aparecido en *Romanistisches Jahrbuch*, vol. 6, 1953-1954); Rafael Espinosa, "Pachuko" (*sic*] (cuento corto aparecido en *Dig Magazine*, 1956 [no tengo los datos completos], y posteriormente en *Rolling Stone*, núm. 44, 18 de octubre de 1969); Rafael Jesús González, "Pachuco: The Birth of a Creole Language", *The Arizona Quarterly*, vol. 23, núm. 4 (invierno, 1967); José Montoya, "Los vatos" (poema empezado en 1958, terminado en 1967 y aparecido en *El espejo / The Mirror*: *Selected Mexican-American Literature*, *cf*. nota 38) y "El Louie" (poema escrito en 1968 y aparecido en el periódico estudiantil chicano del Hayward State College, *Rascatripas*, Oakland, 1970, y en *Literatura chicana*: *Texto y contexto*, *cf* nota 38); Javier Alva, "The Sacred Spot" (cuento corto aparecido en *Con safos*, vol. 1, núm. 3, 1968); J. L. Navarro, "To a Dead Lowrider" (poema aparecido en *Con safos*, *op. cit.*); Robin F. Scott, "The Zoot Suit Riots" (ensayo aparecido en *The Mexican-Americans*: *An Awakening Minority*, Glencoe Press, Beverly Hills, 1970); Alurista, "Pachuco paz" (poema aparecido en el poemario de Alurista *Nationchild plumaroja*, Centro Cultural de la Raza, San Diego, 1972); Arturo Madrid-Barela, "In Search of the Authentic Pachuco: An Interpretive Essay" (ensayo aparecido en *Aztlán*, vol. 4, núm. 1, primavera, 1973); Ricardo Mora, "Pachucos" (poema aparecido en *The Black Sun*, Trucha Publications Inc., Lubbock, 1973); Francisco G. Hinojosa, "Notes on the Pachuco: Stereotypes, History, and Dialect", *Atisbos*, vol. núm. 1 (verano, 1975); Raúl Salinas, "Homenaje al pachuco (Mirrored Reflections)" (poema del cual un fragmento aparece en *Time to Greez*!: *Incantations From the Third World*, Glide Publications, San Francisco, 1975); Reymundo Gam-

[7] Uno de los primeros autores de talla internacional en tratar el tema del *pachuco* fue Octavio Paz, cuyo ensayo arriba citado es, sin duda, el más conocido mundialmente. Él mismo ha declarado a una revista chicana: "Creo que el Pachuco, en cierto modo fue el precursor del Chicano. Creo que el Pachuco... cuando yo lo examiné, creo que fui el primero que lo vi [...]" ("Entrevista con Octavio Paz", de José Armas, *De colores*, Albuquerque, vol. 2, núm. 2, 1975, p. 14.) Sin embargo, hasta donde se sepa y como arriba he anotado, el primer escritor latinoamericano en enfocar el tema en cuestión fue el novelista y crítico chileno Fernando Alegría, cuyo cuento se escribió hacia 1944 y se publicó en la revista *Repertorio Americano* (San José, Costa Rica), tomo XLIV, núm. 19 (10 de enero, 1949). Luego se recogió en la colección de cuentos *El poeta que se volvió gusano*, Cuadernos Americanos, México, 1956. Más recientemente ha aparecido en *Literatura chicana*: *Texto y contexto*, *cf*. nota 38.

boa: "The Baby Chook" (poema aparecido en *The Baby Chook and Other Remnants,* Selected Poems of Reymundo Gamboa and Ernesto Padilla, Other Voices Publishing House, Tempe, 1976). Finalmente, véanse también las trece páginas de bibliografía bajo "Pachuco/Caló Studies", en el libro de Teschner, Bills y Craddock, *Spanish and English of United States Hispanos...*, *cf.* nota 38.

A más de lo que aquí señalo, debo anotar que el *pachuco* tuvo un gran influjo (lenguaje e indumentaria) en la juventud mexicana desde Tijuana a la capital —influjo que les llegó a los jóvenes en los años 40 y 50 a través de las personalidades de tres comediantes del cine mexicano: Cantinflas (Mario Moreno), Resortes (Adalberto Martínez) y Tin-Tan (Germán Valdés), cuya representación del *pachuco* se limitó tan sólo a caricaturizarlo.

Últimamente se ha señalado todavía otro influjo "del habla de la frontera y [el] habla de los delincuentes de los cuarentas", esta vez en el lenguaje de los jóvenes escritores mexicanos de la promoción literaria La Onda (*cf.* Carlos Monsiváis, *Días de guardar*, Ediciones Era, México, 1970, p. 103, de donde he citado; también véase Margo Glanz, *Onda y escritura en México: jóvenes de 20 a 33*, Siglo XXI Editores, México, 1971, en particular el apartado "El lenguaje", pp. 17-23, en el "Estudio preliminar"). Lo mismo hace notar García Saldaña, *op. cit.*, p. 65, señalando además el influjo del peinado en "los adolescentes y jóvenes aún no mayores de veinte años de la clase media intermedia" (p. 97):

> Cuando el rock llega a México, los chavos de dicha intermedia clase media aún viven en el mundo de las navajas de botón, las cadenas, los pantalones de mezclilla, las chamarras de mezclilla (con siglas o signos en la espalda, hechas con estoperoles), los cinturones de hebilla tejana, el cabello largo y copete estilo pachuco [...] (p. 97).

Sólo que dicho escritor percibe algo más allá, y que de hecho había yo intuido desde hace tiempo aunque sin prueba de ello: que el *pachuco* chicano llegó también a influir en el joven anglosajón norteamericano (del Sudoeste de los Estados Unidos) de los 50, quien solía acudir "vestido como pachuquito" (p. 140) a los espectáculos de Elvis Presley. Qué curioso que tan sólo en estos días un cantante norteamericano (oriundo del oeste de Texas) de esa época, Roy Orbison, acaba de declarar en una entrevista ese mismo detalle de la indumentaria, incluso otro, el del peinado pachuco que muchos jovencitos norteamericanos de igual manera llegaron a imitar. Recuerda Orbison:

Now, at this time [1956] *everybody was Elvis: it was just like the Beatles had hit and any group that came along, it was 'Hey, there go the Beatles.' We were all doing the same thing. We were wearing pegged pants, duck-tailed haircuts. That was mostly a Spanish* [*pachuco*] *influence in West Texas*. . .

(Ken Emerson: "In the Beginning There Was Roy Orbison", en el "Magazine Supplement", *The Boston Phoenix*, vol. 5, núm. 16 [20 de abril, 1976], p. 36.)

Pero he de volver a lo que constituía el tema principal de esta parte del "Prólogo" y del que me he apartado por una digresión no superflua, pero digresión al fin y al cabo.

Bien: recogiendo el hilo sobre el apelativo *chicano*, no quiero hacer caso omiso de un más reciente parecer en torno a lo que éste pueda significar. Un tipo de análisis muy actual prefiere desarrollar una definición alejada de toda terminología étnico-racial, tendiendo más hacia una perspectiva de conciencia de clase, considerado todo ello dentro del marco histórico del siglo XIX en que se desarrolla la expansión territorial de coloniaje, "desde dentro", en la nación norteamericana. Me refiero, en particular, al escrito de Tomás Almaguer, "Historical Notes on Chicano Oppression: The Dialectics of Racial and Class Domination in North America", aparecido en el número extraordinario de *Aztlán*, vol. 5, núms. 1 y 2 (primavera-otoño, 1974), pp. 27-56, titulado *Politics and the Chicano*. Dicho ensayo aparece ampliado y refundido bajo un nuevo título: "Class, Race, and Chicano Oppression", *Socialist Revolution*, núm. 25, vol. 5, núm. 3 (julio-septiembre, 1975), pp. 71-99.

Tampoco quiero pasar por alto la definición de *chicano* —por imprecisa que ésta sea— tal como hasta ahora se haya dado dentro de los recintos jurídicos. El Mexican American Education Study, en su publicación *Report I*: *Ethnic Isolation of Mexican Americans in the Public Schools of the Southwest* (abril, 1971), U. S. Printing Office, Washington, D. C., patrocinado por la U. S. Commission on Civil Rights, define al norteamericano de ascendencia mexicana del Sudoeste de los Estados Unidos así:

In this report, the term Mexican American refers to persons who were born in Mexico and now hold United States citizenship or whose parents or more remote ancestors immigrated to the United States from Mexico. It also refers to persons who trace their lineage to Hispanic or Indo-Hispanic forebears who resided within Spanish or Mexican territory that is now part of the Southwestern United States [p. 7, nota 1].

Esta definición parece mantenerse en vigencia por un año hasta completarse por el mismo organismo el *Report III: The Excluded Student: Educational Practices Affecting Mexican Americans in the Southwest* (mayo, 1972), en que se repite la antecitada definición, pero a la que se le añade el siguiente párrafo que sugiere que son los términos *chicano* y *Mexican American* intercambiables:

> *Chicano is another term used to identify members of the Mexican American community in the Southwest. The term has, in recent years, gained wide acceptance among young people while among older Mexicans the word has long been used and is now a part of everyday vocabulary. It also receives wide currency in the mass media. In this report the terms "Chicano" and "Mexican American" are used interchangeably* (p. 5, nota 1].

No muy distinta a la definición del *Report I* es la que nos ofrecen dos jóvenes licenciados del estado de Texas, Carlos M. Alcalá y Jorge C. Rangel, "Project Report: De Jure Segregation of Chicanos in Texas Schools", *Harvard Civil Rights-Civil Liberties Law Review*, vol. 7, núm. 2 (marzo, 1972), pp. 307-391:

> *The term Chicano derives from* Mejicano, *the Spanish term for Mexican. Chicano is herein used interchangeably with Mexican American, Latin American, and Spanish-surnamed individual. It refers to persons who legitimately trace their lineage to Hispanic or Indo-Hispanic forebears who resided in Spanish or Mexican territory now part of the Southwestern United States* [p. 307, nota 2].

Fuera de estas consideraciones referentes al vocablo *chicano* en asuntos legales, ha de tenerse en cuenta, finalmente, que en numerosos pleitos civiles los tribunales de primera instancia (*lower courts*) han acordado que los chicanos constituyen una clase única e identificable —según la terminología jurídica— de acuerdo con los decretos del Fourteenth Amendment y el Estatuto 23 (Rule 23) de las Federal Rules of Civil Procedure. Mencionaremos cronológicamente algunos de estos casos: Méndez *vs.* Westminster School District, 64 F. Supp. 544 (S. D. Calif., 1946); González *vs.* Sheely, 96 F. Supp. 1004 (D. Ariz., 1951); Hernández *vs.* Texas, 347 U. S. 475 (1954); Cisneros *vs.* Corpus Christi Independent School District, 324 F. Supp. 599 (S. D. Texas, 1970), *modified*, 467 F. 2d 142 (5th Cir., 1972), *cert. den.*, 413 U. S. 920 (1973); Alvarado *vs.* El Paso Independent School District, 445 F. 2d 1011 (5th Cir., 1971), *affirming* 326 F. Supp. 674 (W. D. Tex., 1971); Soria *vs.* Oxnard

School District Board of Trustees, 328 F. Supp. 155 (C. D. Calif., 1971); Keyes *vs.* School District No. 1, 413 U. S. 189, 197 (1973); y White *vs.* Regester, 412 U. S. 755, 767 (1973).

En los citados casos, los tribunales, inclusive el Tribunal Supremo de los Estados Unidos, han fundado sus decisiones en que los chicanos constituyen o bien "*an identifiable class for purposes of the Fourteenth Amendment*", o bien "*an identifiable class on their distinctive physical, cultural, linguistic, religious and Spanish-surnamed characteristics*".

¿Y qué puede decirse a estas alturas respecto a la etimología de *chicano*? ¿En qué manera abordar este importantísimo aspecto del vocablo, dado que realmente ha sido nula la investigación lingüística sobre el mismo? Doy paso ahora a lo que estimo es significante en extremo del vocablo, desde el punto de vista filológico, señalando al principio que hay quienes hacen memoria —sobre todo los adultos nacidos en México— de haber oído en boca de niños mexicanos la pronunciación *mechicano* por *mexicano*. Se trata de una palatalización infantil de la consonante velar [x] del vocablo "México". O sea que el niño tiende a darle a la [x] un cambio hacia [č] (ortografía *ch*), y de ahí el gentilicio me*chicano*, que sufre luego una aféresis quedando, en fin, *chicano*.[8] El fenómeno es tal que intervienen dos factores. Primero, tómese en cuenta que, en el aprendizaje de una lengua cualquiera, las consonantes velares (*g, j, k*) son las últimas que un párvulo llega a dominar por ser éstas las más difíciles de pronunciar. Es más, se sabe que un niño tiende a dominar los fonemas oclusivos primero, luego los fricativos correspondientes. Siendo así, al no poder pronunciar la velar fricativa [x], éste, con su imperfecto sistema fonemático, la palataliza involuntariamente por la oclusiva [č]. En segundo lugar, conviene tener muy presente que en el mun-

[8] Interesa ver el matiz que García Saldaña, *op. cit.*, le da al término *mechicano* (compárese el uso que le da a *chicano* en la nota 6). Refiriéndose a la época de *rock* de "aquellos cincuenta" y a cierto comportamiento de los varoncitos mexicanos, dice García Saldaña: "El chavo —para atentar contra su virginidad antes del matrimonio— también tenía a las prostitutas. Pero las prostitutas no fueron tan frecuentadas por los chavos como por los padres de los chavos y los padres de los padres de los chavos de la clase media mechicana" (p. 100). El vocablo no obedece, por lo visto, al lenguaje afectivo infantil, sino que tiene un matiz muy distinto. Designa un nivel social de clase: la clase media baja mexicana (la de más mestizaje) ubicada en colonias muy específicas de la capital mexicana. Aunque el vocablo puede tener un valor denigratorio, llegó a pertenecer a un *in-group* adolescente y universitario, o sea, a un grupo marginado, entendiendo por el mismo al grupo de la contracultura del *rock*.

do hispánico la palatalización señalada es muy típica del lenguaje afectivo y de intimidad cariñosa en la pronunciación infantil (dicho sea de paso que igual ocurre en la pronunciación afectiva de los adultos): *calchetinchitos,* calcetincitos; *cochita,* cosita; *mamachita,* mamacita; *Chela,* Celia; *chapatos,* zapatos, siendo la palatalización *s* > *ch* el recurso lingüístico que confiere afectividad a los vocablos indicados. Por lo demás, así como [mexikano > mečikano > čikano], los nombres Eugenio y Eulogio, por ejemplo, siguen el mismo proceso y secuencia lingüísticos de palatalización (de la consonante velar [g > č]) y de aféresis (se pierde la *Eu-* en ambos casos): [Eugenio > Eučeno > Čeno] y [Eulogio > Euločo > Počo].

Ya no queda sino indicar la más convincente explicación filológica, o, por lo menos, la más difundida en el sector estudiantil universitario chicano, y que en cierta medida se apoya con las varias explicaciones que se dan a susodicha hipótesis. De un tiempo a esta parte, la tesis ha sido la siguiente: que *chicano* llega a esta forma por aféresis a base del gentilicio "mexicano", admitido. Y que, además, la consonante velar [x] es realmente un fonema palatal [š] (ortografía *sh*) conforme al sistema fonemático indígena de los mexicas (pronunciación me*sh*icas). Pronunciación que siguió inalterada aun en el periodo de la posconquista, por cuanto que en el español del siglo XVI [š] se representaba gráficamente por [x]. Considérese tan sólo que en el sistema consonántico del español antiguo [x] era una fricativa prepalatal sorda [š]. De ahí Don "Quixote" (pronunciación "Qui*sh*ote"), que en la actualidad se conserva en otras lenguas romances: "Qui*ch*otte" (francés) y "Chi*sc*iotte" (italiano). No se olvide tampoco "Xeres" (pronunciación "*sh*eres", hoy día "Jerez") que ha dado en inglés "sherry" pasando por "sherris", voz que, según *The Oxford English Dictionary,* se documenta en Inglaterra hacia 1540 y que en 1598 Shakespeare registra por boca del personaje Falstaff, en *King Henry IV* (2ª parte), acto I, escena III: "*The second property of your excellent sherris is, the warming of the blood;* [...] *the sherris warms it and makes it course from the inwards to the parts' extremes.*" Al hablar de esta tesis del origen colonial señálase que la [š] medieval debió evolucionar a la [x] moderna en el siglo, 1550-1650. En ese periodo "mexicano" (pronunciación me*shicano*) evolucionó al *mexicano* de hoy día.[9]

[9] Sobre la evolución de la [š] medieval a la [x] moderna véase el estudio de

Volviendo concretamente a nuestro tema, recuérdese, en fin, que en zonas bilingües como las hay en nuestros días en Latinoamérica (Colombia, Ecuador, Guatemala, México, etc.) la pronunciación indígena [š] tiende luego a pasar fácilmente a la [č] hispánica tanto en el habla infantil como en la de los adultos. De ahí "me*sh*icano", "me*chicano*", "chicano", que es lo que precisamente el sector "indianista" del Movimiento Chicano arguye.

(Quien ha expuesto con mayor precisión el fenómeno de los trueques lingüísticos que arriba señalamos ha sido Peter Boyd-Bowman, "Cómo obra la fonética infantil en la formación de los hipocorísticos", *Nueva Revista de Filología Hispánica,* año IX, núm. 4, 1955, pp. 337-366, en el que de paso también menciona la derivación del vocablo *pachuco* y tan sólo someramente comenta *chicanos*: "apodo despectivo que los nuevomexicanos americanos aplican a los mexicanos y que procede al parecer de la forma inglesa *mexican*[o], cuya [x] vale [ks]". *Op. cit.*, p. 351.)

Ahora bien, partiendo de estas dos explicaciones lingüísticas se podría suponer que, a lo largo del tiempo, *chicano* fue dejando de ser meramente un gentilicio afectivo-cariñoso, o común y corriente como ocurre en el habla indígena, llegando poco a poco a convertirse en apodo denigratorio con el cual se identificaba a un tipo de persona, o mejor, con el cual ya se señalaba a un determinado grupo de "mexicanos" pertenecientes a cierto estrato social. Gente a quienes, por lo visto, se les consideraba debido a su condición socioeconómica, "de clase inferior". De todo esto se desprende que ésta sería la manera en que el vocablo *chicano* se emplea a principios del siglo en la frontera México/Estados Unidos, como al comienzo de estas notas dejé asentado.

No obstante, téngase muy en cuenta la interesante tesis de José Limón, *op. cit.*: que *chicano* empezó a usarse a principios del siglo, cuando menos en el sur del estado de Texas, no como un término peyorativo, sino como un autoapelativo popular de carácter folklórico que subrayaba más bien la identidad cultural mexicana de un *in-group* —un determinado sector conservador que se resistía a aceptar la cultura anglosajona y que, por ende, se distinguía del otro "mexicano" más americanizado, al que hoy llamaríamos *pocho*—. Así debe entenderse la anécdota transcrita por Limón y que arriba reco-

Lawrence B. Kiddle, "The Chronology of the Spanish Sound Change: Š > X", *Studies in Honor of Lloyd A. Kasten*, Madison, Wisconsin, Hispanic Seminary of Medieval Studies, 1975, pp. 73-100.

jo. Se cree que no fue hasta partir de los años 20 —en la historia del capitalismo norteamericano, década coyuntural caracterizada por la extraordinaria productividad y prosperidad en el periodo de posguerra— que *chicano* cobraría un valor denigratorio, justamente en una época en que empezaron a definirse agudamente una estratificación de clases y a hacerse sentir en la comunidad mexicano-americana ciertas tendencias "asimilacionistas". Limón lo explica de esta manera:

> *As folk rhetoric* chicano *did not have a pejorative function. With the development of class stratification and assimilationist tendencies within the community after 1920, it is possible that the name acquired such a function for certain sectors of the community.*[10]

Esta misma referencia a un *in-group* étnico muy particular, muy cultural y socioeconómicamente definido viene siendo lo que, a mi ver, destaca el poema del nuevomexicano Margarito A. Roybal, "A Las Vegas", fechado el 28 de julio de 1931, del cual cito las estrofas más pertinentes:

Adiós Plaza de Las Vegas,
de laureles coronada,
adiós paraíso mentado,
de "Chicanos" apiñada;
donde no rifan los primos
nomás la raza mentada.

¡Ah! Qué lindas mejicanas,
tiene esa ciudad floreada;
unas maestritas tan galas,
corteses, bien ilustradas;
capaces al desempeño
de educación esmerada.

[10] En este lugar debo traer a colación la opinión del historiador Juan Gómez Quiñones: "Al elegir la designación de *chicanos* no se menosprecian otras automáticamente, puesto que no es nueva; es un término, usado dentro del grupo, que tenía un sentido igualitario y de hermandad y que generalmente se aplicaba a individuos proletarios y de origen marcadamente indígena. También ha sido usado para designar a las personas de sangre mexicana nacidas al norte de la frontera. Igualmente, ha sido usado como término de desprecio. Hoy día, sin embargo, cada vez es mayor la aceptación que tiene esta palabra entre la comunidad para designarse a sí misma. La preferencia que hay por ella puede explicarse en el hecho de que expresa tanto lo que es autóctono como lo que es sincrético en la experiencia histórica chicana. Es una afirmación de autova-

Es loable su prestigio.
¡Caray! ¿Por qué no ha de ser?
¡Ola! Caminar hacia el deber,
sí: al desarrollo encumbrado;
hacer del *sheik* un letrado,
amaestrarlo a comprender.

¿Qué pollita viene allí,
esa de los "calcos" blancos,
de "pijamas" carmesí?
Es la "Dudy" de Daví,
y por mí anda preguntando.
¡Zas, Cuate! Me equivoquí.

Ese "pavilión" de "Vegas"
mansión de la "chicanada",
y el "bridge" de la Plaza Vieja,
del "babo" eterna morada;
donde se aprovecha el "Mike",
pa ir a la vacilada.

¿Qué hubo? ¿Qué habrá del billar,
cómo estará la jugada?
Dicen que el "Reddy" ha empeñado
los anteojos de su hermana;
y... y... ¿si pierde?
se pinta de "jacobeada".

¡Ay! Plaza retaplenada,
ya conozco tus veredas,
borracho como una cuba,
al lado de una morena;
me ausento y siempre diré:
"Adiós, Ciudad de Las Vegas".[11]

Partiendo de la nota biográfica facilitada por el editor Arellano, que Roybal "era nativo de Las Vegas, pero pasó muchos años en el

loración." *Cf*. J. Gómez Quiñones, "Hacia una perspectiva de la historia chicana", *Aztlán: historia del pueblo chicano (1848-1910)*, pp. 24-25, véase nota 38.

[11] Margarito A. Roybal, "A Las Vegas", en *Los pobladores nuevo mexicanos y su poesía, 1889-1950*, Anselmo F. Arellano, editor, Pajarito Publications, Albuquerque, 1976, p. 128.

Según Arellano, el poema de Roybal apareció originariamente en el periódico *La Estrella del Condado de San Miguel* (Las Vegas, Nuevo México), el 13 de agosto de 1931. Nota aclaratoria: Roybal había enviado el poema desde Tolland, Colorado, a la redacción de dicho rotativo el 28 de julio de 1931.

estado de Colorado", lo importante a notar es que el poeta se está refiriendo a un grupo de ascendencia mexicana ("Qué lindas mejicanas,/tiene esa ciudad floreada") radicado en los Estados Unidos, que, a más de no sentirse asimilado a la cultura dominante anglosajona —eso se da por sentado—, tampoco se encuentra integrado a los modales del *pocho*. Que Roybal utilice con afecto el apelativo *chicano* ya nos lo dice. Y por lo visto, ni siquiera se identifica dicho grupo con los *hispanos*, los *Spanish Americans* como suelen insistir en denominarse algunos en determinadas partes del norte de Nuevo México, que es donde queda el pueblecito de Las Vegas. No obstante, el poeta junto con toda "la 'chicanada'" parece sentirse relativamente a gusto en los Estados Unidos, o cuando menos más "de acá" que "de allá". No se siente *agringado*, pero tampoco se siente tan celosamente mexicano con el mismo fervor, digamos, que el de los obreros-protagonistas que vimos en "El lavaplatos" y en "El chicano". Tanto el corrido como la ranchera documentan a las claras a individuos que, por su condición de obreros inmigrantes y consecuente preocupación socioeconómica, se sienten enteramente marginados en territorio estadunidense, y de ahí que hagan constante referencia a México, a la "patria querida", y que repetidamente añoren regresar a *terra firma* mexicana.

No así "A Las Vegas", que obedece más a la noción de *in-group* que hace notar Limón. Un *in-group* chicano-mexicano-raza —adviértase cómo Roybal utiliza indistintamente las tres designaciones para el mismo *ethos*—. Un *in-group* que, aunque no se ha integrado a la cultura anglosajona, ni a la del *pocho* ni a la del *Spanish American*, tiende, sin embargo, a "asimilar" levemente la experiencia estadunidense. Por lo menos así parece cuando vemos: *1*) La referencia a la cultura popular del cine hollywoodesco en la persona del *sheik*, Rodolfo Valentino, actor ya leyenda del cine mudo; *2*) El uso de pachuquismos (*calcos*: m. zapatos; *rifan*: 3ª pers. plural de "rifar[se], lucir[se]" uno en algo) que temprano en los años 30 empezaban a ganar popularidad; y *3*) El empleo de voces inglesas, como "bridge" (puente), y de nombres-apodos de raíz inglesa: "Dudy", "Mike", "Reddy".

Me he extendido sobre la explicación del poema porque me parece significante para mejor apreciar uno de los matices atribuido a *chicano*. Aunque el término, tal como Roybal lo emplea, no nos llega todavía con el mismo intenso orgullo étnico-cultural de los 60, su importancia aquí estriba en que se utiliza conscientemente, eso sí, y con afecto y cariño, lo cual nos permite comprender lo que el profesor Limón arguye: que no siempre fue *chicano* a principios del siglo un apelativo asqueroso.

A propósito de un influjo indígena en la procedencia de *chicano*, merece investigación y una más amplia explicación la interesante tesis de Juan Ramón de la Cruz: "Chicano" viene de la corrupción "mechicano", con que los indios pueblo, de Nuevo México, y pápagos, de Sonora, designaron, a partir del siglo XVIII, a los colonos invasores procedentes del sur del Río Grande. (*Cf.* Juan Ramón de la Cruz, "Los chicanos: César Chávez, un Gandhi para California", véase nota 36.)

De igual manera se tendría que documentar más convincentemente la teoría de que nuestro término viene, por metátesis, de la voz indígena [xinaca > chinaca], que según Santamaría significa "desnudo" [...] "[g]ente desharrapada: pobretería"; nombre que se dio "por desprecio a las guerrillas liberales o gavillas de gente de toda broza, no uniformada, que tanto figuraron en la última revolución", y que, además, hace referencia "a individuos de la hez del pueblo..."[12] Se cree que [sinako > činako > čikano]. Por cierto, la definición de Santamaría corresponde casi toda ella al vocablo *chinaca*. Es bajo *chinaco, ca*, que dice:

> m. Lo mismo que chinacate, y más usado. Todavía se aplican estos nombres a individuos de la hez del pueblo: toma entonces femenino.[13]

Es preciso señalar, sin embargo, que las definiciones de Santamaría son una copia exacta de lo que había hecho notar García Icazbalceta más de medio siglo antes.[14] Por tanto, la referencia a "la última revolución" indica no la de 1910, sino la de 1867, siendo los *chinacos* los soldados liberales al lado de Juárez y los *mochos* los conservadores fieles a Maximiliano. *Chinaco* (y también *chinacate*) es un término de la Reforma. Es más, el femenino *chinaca* está relacionado con la palabra *china*, como se observa en este romance de Guillermo Prieto (1818-1897) donde dice la mujer:

> Que yo soy *chinaca*,
> Que usté es un señor.[15]

[12] Francisco J. Santamaría, *Diccionario de mejicanismos*, *op. cit.*, p. 392.
[13] *Ibid.*
[14] Joaquín García Icazbalceta, *Vocabulario de mexicanismos*, Tip. y Lit. "La Europa", de J. Aguilar Vera y Ca. (S. En C.), México, 1899, p. 152.
[15] Guillermo Prieto, "El roto y la china", *Musa callejera*, I, 2ª edición, Tip. Lit. F. Mata, México, 1883, p. 285.

Sin duda el término *chinaco* se da originalmente en el siglo XIX:

> *chinaco, ca.* adj. Aplícase a la persona contraria a toda religión.// (ú. t. c. s.). // (Se dice que antiguamente se les llamó así a los insurgentes por andar desharrapados.)[16]

> CHINACO. Guerrillero que en la guerra de Independencia recorría extensas zonas atacando a los realistas. En las revoluciones de Ayutla y la Reforma luchó al lado de los liberales, y en las guerras de intervención francesa y del Imperio de Maximiliano tuvo siempre en jaque al enemigo. La voz chinaco es de origen nahoa: tzintli, nalgas, y nécatl, carne. Decíase que los chinacos, por lo deteriorado de sus ropas, enseñaban las carnes. Hay una bella poesía de Amado Nervo, titulada Guadalupe la Chinaca, en que ensalza a estas mujeres bravas, abnegadas y patriotas.[17]

> CHINACO. Nombre que se dio durante las guerras de Reforma, Intervención francesa e Imperio, a los guerrilleros que lucharon en las filas de los liberales. Eran chinacos por estar muy pobremente vestidos. Voz de procedencia nahua: tzintli, culo, y nácatl, carne, el que enseña las nalgas. / Chinaca, mujer del chinaco. / Chinacatada, conjunto de chinacos. / Liberal exaltado y opuesto a rancias creencias.[18]

Con todo, hay quienes sostienen que chinaco se ha usado en este siglo para referirse a los revolucionarios, en particular, a los villistas. Aparte del comentario de Santamaría, quien afirma que la voz tiene aceptación general también en la época contemporánea, la única cita que he podido encontrar donde esta apelación del siglo XIX se emplee para referirse a los revolucionarios de 1910 es ésta de Azuela: "Raro será el hombre que no se vea constreñido ahora a definirse netamente en el bando de los *mochos* o en el de los *chinacos.*" [19]

Por lo visto, Azuela emplea *chinaco* en el sentido histórico, pero el hecho es que utiliza el término para describir una situación de hace una cuantas décadas, lo cual significa, además, que dicho voca-

[16] Alberto M. Brambila Pelayo, con la colaboración del señor Luis Páez Brotchie, *Lenguaje popular en Jalisco*, Editorial Brambila, Guadalajara, Jalisco, México, 1957 (?), p. 78.

[17] Miguel Velasco Valdés, *Vocabulario popular mexicano*, Editorial "Olimpo", México, 1957, pp. 38-39.

[18] Miguel Velasco Valdés, *Repertorio de voces populares en México*, B. Costa-Amic, Editor, México, 1967, p. 62.

[19] Mariano Azuela, *El padre don Agustín Rivera, Obras Completas*, III, Fondo de Cultura Económica, México, 1960, p. 439.

blo no se había perdido, por lo menos no en el 1942, cuando edita Azuela la biografía sobre el padre Rivera. Conviene tener muy presente esto al considerar la teoría de quienes aseguran que [šinako > činako > čikano].

Recordando el empleo de "naco" —se supone proviene de "chinaco" por aféresis— en los años 60 por los de La Onda (García Saldaña, *op. cit.*: "Y el lenguaje de los pelados, los gañanes, los rotos, los jodidos, los nacos va subiendo por el cuerpo de la sociedad como una infección", p. 57; "Poco a poco los chavos de la clase media mexicana se fueron familiarizando con ese extraño lenguaje de las criadas, los gatos, los mecánicos, los pachucos, los caifanes, la mera ñeriza, la naquiza que todo buen mexicano desprecia", p. 65; "Así que venga el swing y el be bop, para los que han dejado de ser nacos, indios", p. 89; "Aún la clase media (la pequeña burguesía) no [...] formaba parte de la respetabilidad que el Poder exige para lograr su perdurabilidad [...] Todavía no le daba pena tener los gustos de la naquiza que ahora tanto desprecia [...]", p. 135), sería interesante documentar el proceso evolutivo de metátesis y aféresis, ya que se puede pasar fácilmente de "chinaco" a "chicano" y luego suprimirse la partícula "chi-". Piénsese, por ejemplo, en un anglosajón que no conoce el español y que puede también fácilmente oír "chicano" por "chinaco" y eventualmente "racionalizar" su propio error auditivo y creer que el apelativo es una derivación de "mexicano".

Ya se ha visto que una de las acepciones que Santamaría subraya es que aún en este siglo se aplique *chinaco, ca,* "a individuos de la hez del pueblo". Por lo menos los "chinacos" de Villa (y de Zapata) tenían su indumentaria propia —calzón blanco y sombrero de ala puntiaguda, guaraches, etc.—, y cuando la derrota de Villa muchos pasaron a los Estados Unidos. Ahora bien, siendo que la masa de las tropas revolucionarias estaba formada por chinacos, quienes eran verdaderamente los desheredados —los más pobres y de ahí casi literalmente desnudos—, y que muchos hayan huido a los Estados Unidos, y que en México se haya mantenido el apelativo de "naco", que casi seguramente deriva de "chinaco", y que para la generación de La Onda designaba a los más pobres del grupo, a los menos "aculturados" a la "zona rosa", a los menos "pulidos" y, paradójicamente, menos "apochados" (a los que sabían menos inglés, o sea a los que les recordaban a los "chavos de La Onda" su origen indígena y mexicano), esta tesis se muestra un tanto creíble.

El origen del vocablo *chicano* es indígena, pero el hecho de que aparezca en Texas alrededor de los primeros brotes armados de la

Revolución de 1910 parece importante. Si así fuera, la evolución podría haber sido la siguiente: "chinaco" pasa la frontera a los Estados Unidos. Los anglosajones de "este lado" que han estado ayudando y combatiendo a Pancho Villa, según sus propios intereses, miran despectivamente a los combatientes más pobres a quienes los generalotes de la Revolución llaman "chinacos". Sin embargo, aquéllos oyen "chicanos" y eventualmente utilizan este apelativo despectivo para todos los mexicanos que viven en el Sudoeste. Éstos recogen el término y empiezan luego a utilizarlo entre ellos cariñosamente o no, según las relaciones, pero ya es un vocablo colonizador como "nigger" entre los negros, que puede ser cariñoso o despectivo. El término regresa mucho más tarde —en los años 60— a las grandes ciudades mexicanas traído por el bracero que regresa y por los estudiantes mexicanos que, habiendo estado en los Estados Unidos, se identificaron con los chicanos del Sudoeste. Mientras tanto, e independientemente de este geográfico deambular, "chinaco" en México da "naco".

Claro que habría que documentar todo esto, y siempre a la luz de que hay quienes aseveran que *chicano* ya se venía usando a fines del siglo XIX. Lo que apunto aquí no es más que una mera intuición de cómo *chicano* pudo llegar a ser la base de "chinaco" como afirman algunos.

Debo también consignar la hipótesis de que *chicano* no es una forma por aféresis ni palatalizada [mexikano > mečikano > čikano], sino un derivado de "chico" [čiko], cuyo valor original vendría siendo negativo. En este caso, "chico" equivale al *boy* usado por el anglosajón sureño para dirigirse a los negros de cualquier edad («Come here, boy» = «Come here, chico»). Se dice que de ese *chico*, usado con prejuicio, desprecio y condescendencia por el anglosajón del Sudoeste, se deriva *chicano*, pero con valor positivo. El sufijo *—ano* tiene, en este caso, valor gentilicio, como en "mexic*ano*", "americ*ano*", etcétera.

No es del todo insólito el que una designación peyorativa cobre un valor opuesto al que originalmente se haya querido expresar. Por ejemplo, "black" (refiriéndose insultantemente al color de la piel), que se había venido aplicando a los ciudadanos negros estadunidenses, hubo de ser recogido por los jóvenes negros universitarios en los 60 como signo de orgullo étnico-cultural.

Es relativamente común que un apelativo despectivo se adopte por el grupo apelado dándole un valor positivo, como reacción y afirmación. O sea, que el apelativo se vuelve divisa de orgullo y de coraje, como especie de guerra psicológica hecha por el grupo perseguido. Una y otra vez la Historia así nos lo confirma. Así sucedió, por ejemplo, con los *sans-culottes* de la Revolución francesa, los "descamisados" de Evita Perón, y los "gusanos" anticastristas cubanos, todos los cuales adoptaron con valor positivo los nombres que con intención ofensiva les habían dado la nobleza francesa, la oligarquía argentina y el sector revolucionario cubano, respectivamente.

Generalmente al principio estas formas se vuelven positivas sólo dentro del grupo (siguen siendo insultantes en boca de los que no pertenecen al grupo). De igual manera, las personas mayores y los conservadores del grupo son los últimos en aceptar el nombre. La aceptación va paralela a la concientización del grupo.

Tal es, en apresurado resumen, el esquema que hoy podría dar sobre la procedencia de *chicano*. A otro le dejo la tarea de exponer y matizar lúcidamente sobre ello. Se hace insoslayable, sin embargo, que quien se ocupe de tal estudio se aproxime al tema de un modo más sistemático, ahondando mucho más de lo que aquí he podido, y más importante, que sepa simultanear el aspecto filológico con las perspectivas antropológicas y socioculturales, sin olvidar tampoco el enfoque histórico-lingüístico, a través del cual se podrían precisar, tal vez, fechas, regiones y causas concretas de las posibles etimologías —si es que hay más de una— de *chicano*. Únicamente así podríamos descubrir cabalmente la historia completa de este vocablo, que, al igual del grupo que designa, sigue suscitando hoy por hoy un agudo intéres general.

Sobre esta antología

No es tarea fácil la de confeccionar una antología panorámica de carácter sociocultural y a la vez de orientación literaria de todo un pueblo, cualquiera que sea, y mucho menos si se trata de una heterogénea comunidad bicultural y bilingüe estadunidense, como sucede en el caso de los chicanos. Así, *Chicanos: Antología histórica y literaria* no pretende más que ofrecer una visión muy general de la cultura chicana.

Debo señalar que al hablar de *chicanos* me permito incluir al norteamericano de ascendencia española que radica más que en ninguna otra parte en la pequeña región geográfica que se extiende desde el San Luis Valley en el sudoeste del estado de Colorado hasta comprender un determinado número de valles conjuntamente conocidos por el Upper Río Grande Valley y ubicados en el norte del estado fronterizo de Nuevo México. En esta comarca interestatal se encuentran familias que proclaman que su ascendencia remonta históricamente a los siglos XVI al XIX y que arraiga por raza y por sangre directamente en la tradición española-europea y no en la del mestizaje, la mexicana indo-hispana. De ahí el preferir llamarse *Spanish Americans*. Tal afirmación ha despertado opinión contraria. Dada la amplitud de las argumentaciones del caso, resulta imposible resumirlas aunque sea de modo sucinto.

Dentro de la esfera intelectual del Movimiento Chicano, se arguye que se trata de familias realmente indo-hispanas, "puesto que la mayoría de los pobladores originales provenientes de México en 1598 eran hombres que, a través de los años, se mezclaron con los indios mexicanos establecidos en el área".[20] Que se les conozca a estos "originarios de Nuevo México como mexicanos"[21] parece ser aceptable para ellos, por lo menos hasta principios del siglo XX.

Según Nancie L. González, esta población nativa empieza a sentir el prejuicio racial sólo con la llegada de tejanos y otros sureños blancos a Nuevo México a comienzos de este siglo, lo cual, a la vez, coincide con el éxodo de mexicanos a este estado durante las décadas posteriores a la Revolución de 1910. El hecho es que al anglosajón recién llegado le dio por considerar tanto a estos originarios como a los indios, negros y mexicanos, como un grupo social inferior, la mejor parte de estos últimos pertenecientes a las clases humildes.[22]

No es difícil comprender por qué en aquel entonces —y esto sigue válido en nuestros días— una comunidad hispanohablante, para distinguirse de los demás y, así, para soslayar la orgía del prejuicio, recurre al calificativo *Spanish American*, siendo éste más convenientemente exótico-romántico y, por ende, más aceptable que el de *Mexican American* (o *Mexican*) para el anglosajón norteamericano. Por tanto, quererse llamar *Mexican American* supone exponerse a la discriminación, impune muchas veces; quererse llamar *Mexican American*, dicen algunos, despierta el odio del blanco que con insolencia pronuncia no *Mexican American* (ni *Mexican*), sino una defectuosa versión de la última —*Meskin*, tachadura de intención racista pronunciada deliberadamente en forma áspera y grosera.

[20] Rodolfo Acuña, *América ocupada*, Ediciones Era, México, 1976, p. 78. El contexto de la cita de Acuña se encuentra en la sección de Ensayos de esta antología.

[21] *Ibid.*

[22] Nancie L. González, *The Spanish-Americans of New Mexico: A Heritage of Pride*, University of New Mexico Press, 1969, pp. 204 *ss.*

Entendido esto, hay que considerar esta esencial clarificación de González:

> *It is important to keep in mind that the legend of cultural differences and the insistence upon use of the terms "Hispano" or "Spanish-American" in distinction to "Mexican"[1] are strongest among the members of the middle and upper classes who have not been willing to give up their cultural heritage, but who at the same time wish to be accepted as full members of the larger society. These people wish to dissociate themselves from poverty, dependence upon public assistance, juvenile delinquency, crime, etc., which they perceive to be characteristic of the lower classes who also happen to be made up predominantly of their own ethnic group. Through word magic and the legend of cultural differences, the members of the upper classes may identify the less admirable members of their own ethnic group as Mexican. The term, then, has come to mean lower-class, and is, in fact, meaningless in any other context today. It refers to cultural differences only insofar as it suggests subcultural class differences within the ethnic group. It does not necessarily imply Mexican citizenship, or even that one's parents or grandparents came from Mexico. In fact, second- and third-generation descendants of Mexican immigrants who have succeeded in achieving middle- or upper-class status are careful to designate themselves as Spanish-American.*[23]

En suma, esta "herencia fantasiosa", esta idea de "España fuera de España", se da cuando una comunidad nativa tiene la necesidad de diferenciarse de un grupo inmigrante y socioeconómicamente menos aventajado; una necesidad nacida más bien de la opresión infligida por otro grupo inmigrante —anglosajón en este caso— a comienzos de este siglo en Nuevo México. Así, a través de "*word magic and the legend of cultural differences*" (mágicas palabras y la leyenda de las diferencias culturales), como dice González, se pasa de ser descendiente de mexicanos a ser descendiente de españoles.

Por otro lado, hay quienes mantienen que determinadas familias llevan toda la razón por preferir la designación *Spanish Americans*, puesto que existe documentación suficiente en registros (civiles y religiosos) como para comprobar los lazos directos con aquellas viejas familias españolas que llegaron como primeros colonos europeos a Nuevo México y Colorado en los siglos XVI, XVII, XVIII y XIX. A quienes defienden el empleo del término a veces les gusta señalar la presencia en Nuevo México de una arquitectura colonial, la prác-

[23] *Ibid.*, pp. 209-210.

tica de ciertas costumbres, asociaciones religiosas (*cofradías, confraternidades,* la confraternidad de Penitentes), instituciones sociales y agrarias (el *patronato,* el *partido*),[24] la existencia de tierras en manos aún de los descendientes de las originales familias españolas a quienes se les otorgaron aquéllas al colonizar lo que actualmente es Nuevo México y Colorado y que entonces pertenecía al Virreinato de la Nueva España,[25] y el fenómeno lingüístico (el empleo en ocasiones de voces arcaicas), todo lo cual, en conjunto, recuerda un pasado y un influjo españoles. Como prueba adicional de que los *Spanish Americans* descienden biológicamente de los primeros españoles se apunta a la fisonomía que, según los primeros, es más europea que mestiza, señalándose también el hecho de que se tenga una piel un tanto más blanca que la de sus conciudadanos, los indohispanos. Se dice, por consiguiente, que esto constituye el agregado de diferencias que separa a los *Spanish Americans* de quienes declaran ser *chicanos.*[26]

Los *Spanish Americans* son distintos, de ello no hay duda, pero no por cuestiones de pureza de sangre o por la superioridad que esto supone en relación con el resto de los nuevomexicanos de habla hispana, sino por el hecho de que esta comarca del sur Colorado/norte Nuevo México en que la mayoría de ellos residen ha tenido una historia muy distinta a la de las otras regiones de población hispana en el Sudoeste de los Estados Unidos. Tan es así que cultural y étnicamente esta comunidad se puede distinguir por los rasgos diferenciadores ya expuestos.

Con cierta seguridad se podría decir que los *Spanish Americans* son distintos a causa de que se han desarrollado más homogéneamente por lo que se refiere a factores de raza, cultura y costumbres, pues cierto es que durante siglos estuvieron un tanto aislados, lejos de las otras colonias marcadamente indo-hispanas tanto estaduniden-

[24] Una discusión sobre estas características se da en el libro de Nancie L. González, *op. cit. Cf.* también fray Angélico Chávez, *My Penitente Land: Reflections on Spanish New Mexico,* University of New Mexico Press, Albuquerque, 1974.

[25] *Cf.*, por ejemplo, Joseph V. Metzgar, "The Atrisco Land Grant, 1692-1977", *New Mexico Historical Review,* vol. LII, núm. 4 (octubre, 1977), pp. 269-296.

[26] Esto de preferir una apelación que subraye los antecedentes españoles y no los mexicanos ha sido discutido por Carey McWilliams con respecto a los *californios* en el capítulo II de su *North From Mexico,* nota 38. *Cf.* también la versión española de Siglo XXI Editores, *Al norte de México: El conflicto entre "anglos" e "hispanos"*, primera edición, 1968.

ses como mexicanas. Étnicamente son distintos; y la documentación en archivos de bibliotecas y museos o en las misiones de los pueblos podrá certificar la presencia hace más de tres siglos de una ciudadanía española en determinada zona, pero esto no prueba a ciencia cierta que no haya habido el entrecruce de sangre entre éstos y los indios. Ciertamente, el mestizaje que hubo ocurrió tempranamente (a partir de 1598, como señala Acuña). Luego esta población parece haber quedado relativamente aislada a través de los siglos, siendo la sangre y cultura españolas las que predominan. De ahí que haya podido desenvolverse con un carácter culturalmente distinto, menos "mexicanizado", se diría.[27]

Por tanto, el nacionalismo mexicano (o por "lo mexicano") que se produjo en este ambiente de aislamiento fue escaso o nulo, lo contrario de lo que ocurriría entre los chicanos, quienes siempre han reconocido, quieras que no, sus raíces mexicanas. Así pues, al hablar de *Spanish Americans* y *chicanos* se está hablando de una diferencia de grado por lo que se refiere al mestizaje y a la asimilación de la

[27] Al respecto véase un estudio sobre el desarrollo colonial de un pueblo nuevomexicano, donde se hace ver hasta qué punto hubo entrecruce de sangre dentro de un determinado espacio de tiempo y donde se muestra en porcentaje la diversa distribución de esta población según la casta racial (español, mestizo, coyote, mulato, genízaro, indio), de Antonio José Ríos-Bustamante, "New Mexico in the Eighteenth Century: Life, Labor and Trade in la Villa de San Felipe de Albuquerque, 1706-1790", *Aztlán: International Journal of Chicano Studies Research*, vol. 7, núm. 3 (otoño, 1976), pp. 357-389. *Cf.* también Janie Louise Aragón, "The People of Santa Fe in the 1790s", *Aztlán*..., *op. cit.*, pp. 391-417, donde igualmente se comentan las "*ethnic designations*" de este otro pueblo.

La mejor fuente para el estudio de la colonización de Nuevo México es el libro de fray Angélico Chávez, donde se ofrece una amplia documentación genealógica de las originales familias de este estado, a la que se añade un bosquejo biográfico de cada individuo. La obra de Chávez interesa, además, por esta advertencia introducida en el prefacio, que arroja luz sobre la preferencia de *Spanish American vs.* indo-hispano (*chicano*): "*Genealogical Note: Many people will naturally be interested in the origin and development of their own particular ancestry and family name. Here they will meet each family as found 'in the record'. Some initial Aztec admixture, which has to be mentioned here for having already appeared in print, was admitted by individuals in some cases, but often as not was cast as a false aspersion on a par with immorality or a lack of culture. In brief, it was small enough to be absorbed by the general preponderance of Spanish blood. The main fact is that these New Mexico pioneers, the great majority of them, were people of who we can be justly proud*" (fray Angélico Chávez, "Origins of New Mexico Families in the Spanish Colonial Periods in Two Parts: The Seventeenth (1598-1693) and the Eighteenth (1693-1821) Centuries", Historical Society of New Mexico, Santa Fe, 1954, p. XIV.

cultura mexicana, y no de una diferencia entre dos distintos tipos raciales; y es de los primeros de quienes se puede decir que cuentan con menos características de las atribuidas a lo indígena. No obstante, es preciso insistir que en tiempos más recientes la autoapelación *Spanish American* se ha utilizado para llamar la atención sobre diferencias de grupo, sean cuales fueren, a fin de disminuir la opresión que ejerce una sociedad anglosajona imbuida de prejuicios sociales y raciales.[28]

Por último, cabe destacar que el Movimiento Chicano ha dado lugar a que algunos de los hijos más jóvenes de estas familias *Spanish American* adopten también ellos el apelativo *chicano*, sea cual fuere la razón, y con la concientización social que el término supone o sin ella. Es más, se hace evidente que *chicano* sigue ganando terreno aun entre los mayores de dichas familias.

Por lo que respecta a la presente antología, uno de sus propósitos es el de presentar, tanto al ya conocedor como al no iniciado, una serie de ensayos genéricos, así como un muestrario de literatura tal que quede caracterizada la variada y compleja temática de las vivencias del pueblo chicano. Más que nada, la antología desea establecer una base orientadora sobre este *ethos* indo-hispano que por más de una década en los Estados Unidos ha venido fraguando y protagonizando un movimiento social visible a escala nacional e internacional.

Se trata del Movimiento Chicano, que se suele también llamar La Causa (social), o bien el Renacimiento Chicano entre los intelectuales. Dicho Movimiento no sólo se ha confrontado con las más apremiantes cuestiones sociopolíticas, económicas y educacionales que

[28] Entre quienes se dicen *Spanish Americans* no siempre se han podido ocultar las muchas o pocas facciones mestizas. Como observa Enrique Hank López al hablar del barrio chicano de Denver en las décadas 20 y 30: "*There we moved into a ghetto of Spanish-speaking residents who chose to call themselves Spanish Americans and resented the sudden migration of their brethren from Mexico, whom they sneeringly called* surumatos (*slang for "southerners"*). *These so-called Spanish Americans claimed direct descent from the original* conquistadores *of Spain. They also insisted that they had* never *been Mexicans, since their region of New Spain (later annexed to the United States) was never a part of Mexico. But what they claimed most vociferously —and erroneously— was an absence of Indian ancestry. It made no difference that any objective observer could see by merely looking at them the results of considerable fraternization between the conquering Spaniards and the Comanche and Navaho women who crossed their paths*" (Enrique Hank López, "Back to Bachimba", *Horizon*, *op. cit.*, p. 80).

hay que solventar si se espera vencer la inmensa poquedad y salir de una "sal-si-puedes" circunstancia —piénsese tan sólo en nuestra baja renta *per capita* y el bajo nivel de escolaridad—, sino que ha podido hacer llegar su análisis crítico a los círculos políticos, trátese de problemas agrarios o de cuestiones urbanas. No menos notables han sido las aportaciones a las esferas intelectuales, académicas y artísticas.

Por lo demás, se evidencia, tanto en Aztlán como en el Medio Oeste e inclusive en el Este del país, que el Movimiento se desenvuelve por la vía de un esfuerzo simultáneo, siempre con las debidas matizaciones que cada región presente. La comunidad chicana en realidad se encuentra dispersa por todo el mapa de los Estados Unidos, como en los estados de Florida, Iowa, Missouri, Nebraska, etc. Con todo, la concentración más extensamente visible radica en el Sudoeste, comprendiendo los estados de Texas, Nuevo México, Arizona, Colorado y California. No pocos son los núcleos de chicanos al norte de Aztlán en los estados de Idaho, Montana, Nevada, Oregon, Utah, Washington y Wyoming.

Otra importante colonia, que a menudo se olvida señalar, se halla desparramada por los estados del Medio Oeste, cuyas ciudades principales serían Chicago (Illinois), Detroit (Michigan) y Minneapolis-St. Paul (Minnesota). Es más, en los últimos diez años se ha hecho sentir en el Este del país la presencia de cohesivos grupos estudiantiles distribuidos entre las diversas ciudades universitarias como Boston-Cambridge (Massachusetts), Filadelfia (Pennsylvania), New Haven (Connecticut), Nueva York (Nueva York), Washington, D. C. (Recuérdese la entrevista al poeta Alurista, en la que se expresan importantes conceptos sobre lo que en términos genéricos es y pretende realizar el Movimiento. *Cf.* Jorge Ruffinelli, "Alurista: Una larga marcha hacia Aztlán", *La palabra y el hombre,* Nueva Época, Jalapa, núm. 17, enero-mayo, 1976, pp. 30-41.)

Lo del Movimiento (Renacimiento) Chicano como fenómeno es, desde luego, un episodio reciente; pero no es como si el pueblo mexicano-americano hubiera estado enteramente humillado y que de repente haya cobrado en los años 60 una concientización social. Lo cierto es que el espíritu luchador contra las estructuras discriminatorias y colonialistas estadunidenses ha estado siempre vivo, expresándose a través de huelgas, protestas civiles y legislativas, manifestaciones callejeras, y por la vía del bandidaje social a lo largo de este siglo y en el XIX.[29]

[29] *Cf.* Octavio Romano, "The Anthropology and Sociology of the Mexican

El presente trabajo se ha confeccionado teniendo en cuenta que sobre nuestra comunidad abundan antologías literarias y libros de temas específicos, así como de carácter general, todos ellos dirigidos al lector de habla inglesa, ya que desde hace años contamos con numerosos estudios acerca de nuestra experiencia en los Estados Unidos. Algunos siguen siendo útiles, valiosos y meritorios (*cf.* las lecturas recomendadas en la nota 38); otros, por haber procedido con equívoca táctica, han sido, desde luego, increíble y mostradamente inferiores. El resultado de estos últimos ha sido un triste espectáculo académico anglosajón que ha terminado por reducirnos a una mezcla de curiosidad y estorbo. Una crítica dominada por una actitud paternalista ha hecho de nosotros especímenes caricaturescos y folklóricos, *quaint and curious*, esto es, bichos raros curiosillos. Léanse, por ejemplo, los estudios sociológicos de antes de 1965, por citar una fecha arbitraria, y asístase al curioso proceso de adjetivarnos *indolent* (perezosos), *fatalists* (fatalistas) y *non-goal oriented* (sin horizontes, meta o propósito alguno en la vida).[30] Piénsese, además, en aquellos estudios lingüísticos que llegan a concluir que lo que hablamos es una especie de *Spanglish* (espaninglés), o sea, ni español ni inglés, lo cual supone entonces que somos *non-lingual*, incapaces de la comunicación ni entre nosotros mismos siquiera. Es de recordar también la tajante afirmación de que hasta hace poco nuestro pueblo no había producido una literatura (más sobre este tema en el siguiente apartado).

Tal ha sido el tinglado de supuestos y de valoraciones que caracteriza estos estudios. Estudios que, por haber sido hechos desde posiciones de seguridad y privilegio, es decir, desde arriba, y las más de las veces desde afuera, nos han llegado ostensiblemente enturbiados por el racismo y el clasismo, o bien por la mera ignorancia. De suerte que se ha venido perpetuando al nivel académico y popular cuanto estereotipo dicha crítica pudo estampar. Apenas es necesario señalar

Americans...", *Voices* (véase nota 38). El bandidaje social se dio mayormente en la última mitad del siglo XIX y durante las dos primeras décadas del XX (véase Albert Camarillo y Pedro Castillo, *Furia y muerte: Los bandidos chicanos*, Aztlán Publications, Chicano Studies Center, University of California, Los Angeles, 1973).

[30] Véase la refutación a estos estudios hecha por Octavio Romano, "The Anthropology and Sociology...", *op. cit.* También Charles Ornelas, Carlos Brazil Ramírez y Fernando V. Padilla, *Decolonizing the Interpretation of the Chicano Political Experience*, Pamphlet Series núm. 2 (1975), Chicano Studies Center Publication, University of California, Los Angeles; en particular el apartado "Academic Colonialism and the Chicano".

su dañino y prolongado efecto a que todavía nos estamos viendo sometidos. Certero verso aquel de nuestro poeta Omar Salinas que lamenta nuestra condición de habérsenos relegado a la categoría de *criminals of a scholarly society*, o sea, los perseguidos de una sociedad académica.[31]

Dígase algo también sobre lo que nos ha llegado desde afuera y que, asimismo, hemos tenido que arrostrar. Tres recientes libros editados en México han enfocado equilibradamente nuestra experiencia en territorio estadunidense: Gilberto López y Rivas, *Los chicanos: Una minoría nacional explotada*, Editorial Nuestro Tiempo, México, 1973; David Maciel y Patricia Bueno, *Aztlán: historia del pueblo chicano (1848-1910)*, Secretaría de Educación Pública, México, 1975; y David R. Maciel, prólogo de Carlos Monsiváis, *La otra cara de México: El pueblo chicano*, Ediciones "El Caballito", México, 1977. Pero hasta la aparición de éstos, sumados a un manojo de ensayos sueltos, apenas en esta década, no se había tratado con seriedad y desde el punto de vista analítico-interpretativo el tema del chicano por un mexicano, si se exceptúa el singular primer capítulo ya indicado de *El laberinto de la soledad* de Octavio Paz, "El pachuco y otros extremos", cuyo enfoque se limita sólo a un aspecto de nuestras vivencias en los Estados Unidos y cuyo análisis, aun así, habría que admitir con reservas y reparos.

Hasta hace muy poco la perspectiva mexicana casi siempre oscilaba entre dos tendencias. Cuando no era una actitud de incomprensión, se desarrollaba una postura de reproche y de desprecio contra esos *pelaos* mexicanos que habían abandonado la patria —el mentado *México lindo*—, yéndose a echar raíces en territorio gringo. Imposible no pensar aquí en José Vasconcelos, quien, como ya se indicó, al comentar el vocablo *pocho* decía que era una palabra usada en California "para designar al descastado que reniega de lo mexicano aunque lo tiene en la sangre y procura ajustar todos sus actos al mimetismo de los amos actuales de la región" (*cf*. nota 5).

Y lo peor todavía era que ya ni sabíamos "correctamente" el limpio castellano. Piénsese, por ejemplo, en la reacción de Amado Ner-

[31] Omar Salinas, "Aztec Angel", *Crazy Gypsy*, Orígenes Publication, Fresno, 1970. Los versos en sí rezan:

I am an Aztec angel
criminal
of a scholarly
society...

[P. 50.]

vo durante su estadía en San Antonio (Texas) en 1900. Se da prisa Nervo en señalar que considera a Texas "una prolongación de México aún, una prolongación tenue ya...", sin embargo, no torna "a oír una palabra española en toda la Unión". En el mismo San Antonio tacha de "innoble" al "tipo mexicano" (mexicano-americano), por lo cual prefiere no acercársele porque, como dice él, "sé que de sus labios sólo han de surgir frases patibularias, y no quiero ver profanado el harmonioso tesoro de mi vieja lengua latina" (la cita íntegra se recoge en la nota 52). Ahora bien, tampoco es insólito que entre las clases populares mexicanas se tenga la misma actitud de superioridad sobre el mexicano-americano, por la simple razón de que el último habla supuestamente un español inferior. Para comprobarlo no se tiene más que cruzar la frontera Texas-México a Ciudad Juárez, Nuevo Laredo o Reynosa, y escuchar, por ejemplo, a los dependientes del mercado o a cualquier viandante mexicano opinar que los del "otro lado" no hablan tan bien el español.

Quien comprobó esta postura de superioridad a base del factor lingüístico fue el antropólogo Manuel Gamio, al realizar numerosas entrevistas al inmigrante mexicano en los Estados Unidos (1926-1927). Entre tantas declaraciones, figura la de un obrero, Anastasio Torres. Que la siguiente sirva de ejemplo de una actitud general mantenida, aún hoy, entre las clases populares mexicanas:

> —No tengo nada en contra de los pochos, pero lo cierto es que, aunque son mexicanos, pues son de nuestra misma sangre ya que sus padres fueron mexicanos, pretenden que son norteamericanos. Solamente quieren hablar inglés y hablan muy mal el español. Por eso no me gustan.[32]

En resumidas cuentas, se diría que, por demasiado tiempo en este siglo, el chicano, el indo-hispano al norte de México, le ha sido repugnante tanto a una clase mexicana como a otra. Por eso, si tuviera que formular algún agravio al mexicano, sería el de su fastidiosa incomprensión: el de ignorar hechos históricos y políticos que modificaron bruscamente el curso de la civilización indo-hispana en lo

[32] El libro de Manuel Gamio, *The Mexican Immigrant: His Life-Story,* se editó originalmente en inglés por The University of Chicago Press, Chicago, 1931. La cita de arriba se toma de la versión española: *El inmigrante mexicano. La historia de su vida,* notas preliminares de Alberto Loyo, Universidad Nacional Autónoma de México, México, 1969, p. 122. Esto de la figura del chicano vista a través del pensamiento mexicano ya ha sido comentado alguna vez por el profesor Luis Leal, "Mexican American Literature: A Historical Perspective", *Revista Chicano-Riqueña,* año I, núm. 1 (primavera, 1973), pp. 33-34.

que serían los Estados Unidos; el de no hacer caso de los factores racistas que, si bien no dieron al traste con la cultura chicana, sí lograron marginarla sin poderla aniquilar. Y si entre nosotros hay quienes parcial o totalmente han perdido el idioma español, buenas razones habrá. El idioma de Cervantes, juntamente con el pueblo mestizo que lo hablaba, llegaron a ser blancos de desdén notablemente a partir de 1821. Para atenuar el prejuicio —oficial y popular— y más tarde para sobrevivir y seguir viviendo como pueblo conquistado, el inglés serviría de instrumento social con el cual se intenta la integración o, por lo menos, la convivencia, y hasta donde se permitía la participación en un nuevo orden de cosas; el saber inglés sería, a despecho del anglosajón, un modo de alzarse política y socioeconómicamente sobre el trauma de la ruptura cultural de 1848 al secarse la tinta sobre el Tratado de Guadalupe-Hidalgo.

Desde esta última fecha, México ha atravesado por dos crisis mayores internas —una, la Revolución de 1910; otra, la debilitación de la economía justamente en estos días finales de la década de los 70—, las cuales han aventado en oleadas a una extraordinaria masa de obreros mexicanos al peregrinaje, no hacia territorios de habla hispana, sino hacia el Norte, con destino al Aztlán anglosajón. El hecho es que los millones de mexicanos que a lo largo de siglo y medio han cruzado la frontera estadunidense han tenido que ajustarse por necesidad a un mismo proceso de socialización que sobre todo obliga a apoderarse del idioma inglés —cuanto más rápido mejor—. Se puede suponer que las fases de asimilación resultan un tanto más fáciles para los hijos de estos inmigrantes, lo cual no quiere decir que se desprecie necesariamente la cultura indo-hispana. El idioma castellano en ocasiones se ha perdido, eso es verdad, o bien se ha modificado con la introducción de los mentados "pochismos"; pero aspectos del saber y el sabor mexicanos se han mantenido vivos en sus diversos niveles de intensidad, según la clase socioeconómica y el grado de asimilación del individuo. De ahí que nos sintamos ofendidos cuando en nuestras modestas giras a México (a las ciudades fronterizas o a la capital, etcétera) se nos trate con condescendencia.

Permítaseme una digresión a fin de señalar que esta actitud mexicana no ha sido menos inflexible con respecto a los mismos compatriotas que por temporadas salen a la recolección de cosechas agrícolas en los Estados Unidos, pero que después de todo vuelven a la patria. Por ser obreros entregados al nomadismo, estos seres constituyen al parecer todo un grupo social que los diferencia de las otras clases populares de su localidad. Hasta se les ha asignado nombre: "norteños".

Si nos dejamos guiar por el capítulo "Los norteños" de la novela *Al filo del agua* (1947) de Agustín Yáñez, nos damos cuenta de que nada menos que un desprecio en su propio país es lo que se tiene por estos peones itinerantes que, en su condición de miseria, "no se sabe qué sea peor: la ausencia o el regreso".[33]

En este punto, Yáñez suministra en la novela un amplio registro de las vituperaciones contra estos individuos, demasiadas para citarlas aquí. Que basten estos últimos reproches que, para ahora, no han de extrañarnos:

> —¿Y dónde dejas el modo de hablar, que parece que se les olvidó el idioma que sus padres les enseñaron? —Para que acabemos pronto, son unos traidores, que yo no sé si de adrede o por tarugos, el caso es que les sirven a los gringos como avanzadas para robarse lo que nos queda de tierra, lo que no se pudieron robar la otra vez.[34]

Por lo visto, Yáñez con esta cita resume una postura —que no es la suya— cuyo origen visible se funda otra vez más sobre el enfado por las supuestas "frases patibularias" y la idea del "descastado", aunque esto no se exprese a la manera de Nervo y Vasconcelos. Las palabras podrán ser distintas, pero el sentido es el mismo y la actitud idéntica.

Pero hablaba de nuestra particular situación como chicanos *vis-à-vis* el mexicano. Que en México se nos oiga hablar más el inglés que el español nos ha perjudicado, sin duda, por la simple razón de que la preferencia por la lengua inglesa se ha interpretado como un rechazo de lo mexicano, o sea, como un no querer identificarnos con la cultura mexicana. Que conste que nuestras breves estancias en la madre patria suponen, en parte, un intento por reanudar lazos culturales; por aprender sobre un país y un pasado de los cuales sólo tenemos un conocimiento anecdótico legado por nuestros abuelos. Por cierto, este interés se acrecienta particularmente a partir de los 60, al surgir el Movimiento Chicano, cuando el orgullo de ser chicano y, más aún, el compromiso con todo lo que fuera mexicano (indohispano) se empieza a manifestar como en ninguna otra época anterior.

Por tanto, se podría decir que nos sentimos relativamente a gusto

[33] Agustín Yáñez, *Al filo del agua*, decimatercera edición, Editorial Porrúa, México, 1975, p. 151.

[34] *Ibid.*, p. 152.

en tierras mexicanas por reconocernos en lo que reconocemos de la cultura mexicana, y sólo lo que pudiera considerarse un flagrante mal entendimiento, que tiene la apariencia de la descortesía, revoca nuestros momentos de elación y, a la postre, frustra cuantos esfuerzos hagamos por asimilar más todavía la civilización mexicana y por volver a la compañía de las raíces sin dejar de ser estadunidenses. En fin, los dictámenes de Nervo, de Vasconcelos y de la opinión pública mexicana en general a lo largo del siglo xx no dan cabida, por lo visto, a la vivencia de estos sentimientos del pueblo chicano hacia México. No es en una, sino en muchas ocasiones, que el pensamiento mexicano nos ha considerado como una especie de niños bastardos; traidores, además, de una patria, de una cultura y de una lengua. Sólo a partir de los 70 se nos empieza a apreciar desde otra óptica.

Quien verdaderamente se adelanta a sus contemporáneos es José Revueltas. Su novela *Los motivos de Caín* (Fondo de Cultura Popular, México, 1957) ya plantea de un modo directo y conciso la problemática del mexicano-americano de aquel entonces en los Estados Unidos. Así, a través de las peripecias del protagonista, el sargente Jack Mendoza, desertor de la guerra de Corea, se percibe el odio racial contra el ciudadano de ascendencia mexicana en general, y contra el pachuco en particular.[35]

Tampoco nos hemos dejado impresionar por los estudios procedentes de la Península, nuestra patria abuela. Con la notabilísima excepción de una nueva sensibilidad interpretativa apenas en esta década —me refiero exclusivamente a las crónicas aparecidas en *Triunfo* (Madrid)[36]— los investigadores españoles suelen terminar

[35] Véase la reseña de esta novela por Sam L. Slick, "The Chicano in *Los motivos de Caín*", *Revista Chicano-Riqueña*, año III, núm. 4 (otoño, 1975), pp. 53-56.

[36] Merece la pena citar algunos títulos de esta revista que indican ya un distinto enfoque al que se venía dándonos: (autor no indicado), "Mexicanos en Texas: Sangre en las botas", núm. 432 (12 de septiembre, 1970), pp. 8-9; Juan Ramón de la Cruz, "Los chicanos: César Chávez, un Gandhi para California", núm. 471 (12 de junio, 1971), pp. 14-16; Carlos Barrios Martínez, "Los chicanos: La no violencia sin acción no cuenta", núm. 471 (12 de junio, 1971), pp. 16-17 (es una entrevista a César Chávez); Ana L. Díaz Chamiso, "Soy chicano", núm. 487 (29 de enero, 1972), pp. 11-12; Antonio Córdova (autor chicano, finado), "Nuevo México: Una colonia de Estados Unidos", núm. 524 (14 de octubre, 1972), pp. 11-12; José Monleón, "Un teatro para el pueblo chicano: 'El campesino' ", núm. 539 (27 de enero, 1973), pp. 36-37; Manuel Vázquez Montalbán, "Los méxico-americanos", núm. 541 (10 de febrero, 1973), pp. 14-19; Alfonso de Lucas, "¡Viva Zapata!", núm. 619 (10 de agosto,

desplazándonos del todo. Quiero decir que, en el momento de discursar sobre el Sudoeste de los Estados Unidos, les atrae más registrar la vasta toponimia española dispersa en nuestro mapa, como también recoger el censo de los famosos exploradores de antaño y de las excelsas personalidades norteamericanas de ascendencia castellana o vasca. Llevados por un machismo cultural, o bien por un *triunfalismo* de posguerra (civil) —ignoro cuál—, los comentaristas ibéricos no han pasado de ahí, por cuanto que han preferido vanagloriarse ante el hecho de haberse propagado esa "gran Hispanidad" del Sudoeste. Nombre demasiado confuso, pues no se sabe qué es exactamente esa Hispanidad a que se refieren, dada la presencia de tanto chicano en dicha región. Habría que plantearse si dentro de esa categoría de "gran Hispanidad" hay lugar también para más de 15 millones de ciudadanos norteamericanos mestizos de procedencia mexicana y de apellido español que hoy se autodenominan chicanos.

De ahí que esta selección se proponga fijar otra perspectiva. Y con ella se desea también llenar un poco, aunque de modo no total dadas las limitaciones que se imponen, esa laguna que se ha venido haciendo muy patente en el vasto sector de lectores hispanos, siendo así que han sido, hasta hoy, poquísimos los estudios críticos y nulas las antologías de literatura que han visto la luz en español.

Es mi intención, además, sacar a relucir a escritores que por la antecitada razón estoy seguro que el mundo hispano a ambos lados del Atlántico no ha leído. Por otra parte, he incluido a autores que, por ser poco conocidos, ni siquiera en círculos chicanos se comentan. Me refiero, por ejemplo, a Ricardo Aguilar, Servando Cárdenas y Louie "The Foot" González, entre otros, como también al casi siempre olvidado grupo de poetisas, representado aquí por tres californianas: Margarita Cota Cárdenas, Lucha Corpi y Yolanda Luera; dos texanas: Ángela de Hoyos y Alivia Nada; y una coloradense: Bernice

1974), pp. 21-27; y Diego A. Manrique, "Chávez: La lucha continua", núm. 638 (21 de diciembre, 1974), pp. 22-23.

Se podría también citar del norteamericano John Womack, Jr., "Los 'chicanos' ", *Revista de Occidente*, núm. 132 (marzo, 1974), pp. 343-374, traducción del artículo de Womack ya citado en la primera parte de este prólogo; y de Julio Rodríguez-Puértolas, "Chicanos y corridos", *Papeles de Son Armadans*, año XIX, tomo LXXV, núms. CCXXIV-V (nov.-dic., 1974), pp. 121-153. Ya escritas estas páginas, ha aparecido un ensayo de carácter general, de Ramón Arturo Gutiérrez, "El problema chicano", bajo "Minorías raciales en los EE.UU.", *Historia 16*, año II, núm. 14 (junio, 1977), pp. 104-109; y un reportaje sobre el muy reciente problema de la entrada masiva de indocumentados mexicanos que emigran hacia Estados Unidos, de Alberto Valverde, "La frontera de hambre", *Cambio 16*, núm. 313 (5-11 de dic., 1977), pp. 84-88.

Zamora. Que la presente antología sirva para otorgarles a todos ellos la debida atención que merecen.

Conste, por último, que no se pretende con esta selección agotar la gama temática de la cultura chicana. Tal objetivo hubiera supuesto mucho mayor espacio. He querido tan sólo ofrecer un conjunto heterogéneo de ensayos y presentar un muestrario de la producción literaria de un pueblo. Un pueblo que en época reciente ha tomado su propia responsabilidad histórica en una situación especialmente conflictiva; un pueblo que se mueve en plena autoconsciencia de su pasado indo-hispano y de las fuerzas posteriores que se le sobrepusieron; un pueblo que, tras la captación de su voluntad colectiva, se rescata del cautiverio psicológico y atiende a las necesidades sociales, políticas, educativas y culturales, de manera que le permitan una vida digna; un pueblo, en fin, que se niega a quedarse a trasmano, desasistido y callado al margen de una sociedad mayoritaria.

APUNTES SOBRE LA POESÍA CHICANA *

A) *Introducción*

La marea creciente de escritores y obras de literatura chicana durante la última década ha llegado, sin ningún género de duda, a una altura impresionante. No menos vital ha sido el aumento del interés por parte de aficionados, críticos y profesores, quienes han prestado atención no sólo a la literatura sino también a otros aspectos de nuestra experiencia chicana referente, por ejemplo, a antropología, sociología, política, etc., sin olvidar nuestra historia y folklore.

El interés ha sido tal que hasta se han creado, al nivel secundario y universitario, departamentos de Estudios Chicanos, así como bibliotecas, seminarios y cátedras dedicados a la investigación y al estudio sobre nuestro modo de ser.[37] De hecho, se podría decir con toda seguridad que en tan poco tiempo ya han aparecido, tanto en el recinto nacional como en la esfera internacional, libros, antologías, ensayos, monografías y revistas de mérito y valía.[38]

* Apareció originalmente en *Papeles de Son Armadans*, núms. cclxxi-lxxii-lxxiii (octubre, noviembre y diciembre de 1978).

[37] Al referirme al americano de ascendencia mexicana que hoy día radica en el Sudoeste, Medio Oeste y Este de Estados Unidos, voy a emplear intercambiablemente los términos chicano, mexicano-americano, indo-hispano, aunque bien reconozco que *chicano* es el término actual que sugiere, entre otras cosas: autodeterminación, orgullo de etnicidad y concientización política, como páginas atrás he señalado.

[38] No hay lugar aquí para dar una abundante bibliografía sobre cada área

Los menos avisados en el extranjero, y aun en los Estados Unidos, dirán que esto de los chicanos es un fenómeno reciente; pensarán que hasta hace poco no había habido escritores mexicano-americanos. Esta es, precisamente, la conclusión a que llega un tal Edward Simmen cuando sin disculpa alguna y de manera tajante proclama que a los chicanos de la clase alta jamás les ha dado por escribir porque mejor prefieren olvidar la experiencia del mexicano en los Estados Unidos, y por otro lado, afirma el mismo crítico que el obrero de la "clase baja" de ningún modo está dotado con el talento necesario para hacer labor creadora.[39]

de nuestra experiencia. Sugiero, sin embargo, las siguientes lecturas básicas: De Carey McWilliams, *North From Mexico*, Greenwood Press, Nueva York, 1968; Julián Samora, *La Raza: Forgotten Americans*, University of Notre Dame Press, Notre Dame, 1969; Leo Grebler, Joan W. Moore y Ralph C. Guzmán, *The Mexican-American People*, The Free Press, Nueva York, 1970; Octavio Romano, "The Anthropology and Sociology of the Mexican Americans: The Distortion of Mexican-American History", en *Voices: Readings From El Grito*, Quinto Sol Publications, Berkeley, 1971; Armando B. Rendón, *Chicano Manifesto*, Macmillan Publishing Co., Nueva York, 1971; Rodolfo Acuña, *Occupied America: The Chicano's Struggle Toward Liberation*, Canfield Press, San Francisco, 1972; Wayne Moquin, Charles Van Dorn y Feliciano Rivera, *A Documentary History of the Mexican Americans*, Bantam Books, Nueva York, 1972; Joan W. Moore y Alfredo Cuéllar, *Los mexicanos de los Estados Unidos y el Movimiento Chicano*, Fondo de Cultura Económica, México, 1972; Antonia Castañeda Shular, Tomás Ybarra-Frausto y Joseph Sommers, *Literatura chicana: Texto y contexto*, Prentice-Hall Inc., Englewood Cliffs, 1972; Octavio Romano y Herminio Ríos, *El espejo/The Mirror: Selected Chicano Literature*, Quinto Sol Publications, Berkeley, 1972; Livie Isauro Durán y H. Russell Bernard, *Introduction to Chicano Studies: A Reader*, Macmillan Publishing Co., Nueva York, 1973; Jack D. Forbes, *Aztecas del norte: The Chicanos of Aztlán*, Fawcett Publications, Greenwich, 1973; Gilberto López y Rivas, *Los chicanos: Una minoría nacional explotada*, Editorial Nuestro Tiempo, México, 1973; Frank Pino, *Mexican Americans: A Research Bibliography*, 2 tomos, Latin American Studies Center, Michigan State University, East Lansing, 1974; Eduardo Hernández-Chávez, Andrew D. Cohen y Anthony F. Beltramo, *El lenguaje de los chicanos: Regional and Social Characteristics Used by Mexican Americans*, Center for Applied Linguistics, Arlington, 1975; David Maciel y Patricia Bueno, *Aztlán: historia del pueblo chicano (1848-1910)*, Secretaría de Educación Pública, México, 1975; Richard V. Teschner, Garland D. Bills y Jerry R. Craddock, *Spanish and English of United States Hispanos: A Critical, Annotated, Linguistic Bibliography*, Center for Applied Linguistics, Arlington, 1975; y David R. Maciel, prólogo de Carlos Monsiváis, *La otra cara de México: El pueblo chicano*, Ediciones "El Caballito", México, 1977.

[39] Me refiero a la introducción de Edward Simmen a su antología de cuentos *The Chicanos: From Caricature to Self-Portrait*, New American Library, Nueva York, 1971, pp. 15 a 26. Cito: "...*until recently there were* no *Mexican-American writers*". Y más adelante: "...*neither the upper-class Mexican-Amer-*

Hay que mostrarse desconfiado ante esta opinión tan difundida en nuestros días, como ante otras tantas generalizaciones sobre nuestro carácter que han servido tan sólo para perjudicar a todo un *ethos* que sigue viviendo y sobreviviendo al margen de la sociedad mayoritaria anglosajona. (Irónicamente, esta opinión ampliamente difundida en los Estados Unidos por el pueblo anglosajón y repetida por sus académicos, aun hoy día, ha contribuido a la toma de conciencia cultural y política del chicano. El prejuicio existe, sí, pero, paradójicamente, ha servido para unificar a los chicanos.) Lamentablemente hay muchísimos otros críticos que sin el apoyo de la más mínima investigación le hacen eco a la tesis de Simmen. Pero se equivocan. De ahí la decisión de reunir, dentro del espacio que aquí se me concede, cierta poesía del siglo XIX así como del nuestro. Como se podrá ver, me he limitado a reproducir sólo textos en castellano y a brindar apenas algunos ejemplos de esa lírica nuestra que por ahora llamaré poesía "bilingüe" y que más adelante discutiré con más detenimiento. En cambio, he dejado fuera todo poema de esa gran parcela de poesía compuesta en inglés. Se notará además que no me he limitado sólo a ofrecer un manojo de poemas de los años 60 para acá como se suele hacer con el fin de destacar nuestra década de Renacimiento. Antes bien he procurado abarcar la lírica del siglo XIX así como la de las décadas del siglo XX antes de los años 60.

Quiero dejar apuntado que es mucha la literatura chicana que no se ha publicado en forma de libro. Aparte de tanta poesía popular, inclusive los corridos, hay un abundante cuerpo de poesía que ha salido a la luz en los centenares de diarios que han existido desde 1848 en nuestros barrios. Las revistas literarias han sido todavía otro órgano de difusión literaria a lo largo de nuestra historia. Lo lamentable, sin embargo, es que mucha de nuestra literatura o se ha perdido al destruirse estas publicaciones o sigue siendo ignorada y descuidada en manos de las familias de tanto autor. (Véase de Herminio Ríos y Lupe Castillo: "Toward a True Chicano Bibliography: Mexican American Newspapers: 1848-1942", *El grito*, vol. III, núm. 4 [verano, 1970], pp. 17-24; y también "Toward a True Chicano Bi-

ican nor the lower class laborer has produced literature: The former is not inclined; the latter is not equipped". Después reitera: "*In the past, then, no Mexican-American has been equipped or inclined to contribute to American literature*". (Para una refutación más elaborada contra las conclusiones de Simmen, véanse los dos "Introductory Comments", el primero de Octavio Romano y el segundo de Herminio Ríos, en *El grito*, vol. V, núm. 1 [otoño, 1971], pp. 6 a 12.)

bliography - Part II", *El grito,* vol. V, núm. 4 [verano, 1972], pp. 38-47.)

Se sabe que aún existen manuscritos que permanecen inéditos y que corresponden a cada género literario. Hasta que haya una seria investigación completa en bibliotecas públicas y universitarias; y hasta que no se desempolven de igual manera las bibliotecas particulares en nuestros barrios y colonias, no será posible abordar el tema con la perspectiva que requiere y que merece. Quien por indocumentado o por ignorancia no tenga en cuenta este hecho, no podrá enterarse cabalmente de nuestra literatura y seguirá siempre proclamando, aun a estas alturas, que la literatura chicana hasta hace poco no había existido.

B) *Nueva frontera, nueva cultura*

El punto de partida de nuestra historia y literatura en el contexto norteamericano es el año de 1848, después de dos lustros de violentas discordias que culminan en la guerra entre los Estados Unidos y México. Lo que cierra estas desastrosas décadas es el Tratado de Guadalupe-Hidalgo, firmado el 2 de febrero de dicho año. Por medio del mismo, Estados Unidos adquiere el vasto territorio de lo que es hoy el sudoeste del país, constituido por los estados de Nuevo México, Arizona, Nevada, Utah, California y Colorado. Esta adquisición se complementaría más tarde con el Gadsen Purchase (1853), en que se compran tierras que hoy constituyen las partes correspondientes al sur de Nuevo México y Arizona, quedando el Río Grande como frontera natural con México.

Es preciso entender que, a consecuencia de estos dos episodios históricos, aquellos a quienes se les consideraba mexicanos antes de 1848, en seguida y automáticamente pasaron a ser vecinos estadunidenses a partir de esa fecha, o sea, ciudadanos norteamericanos hispanohablantes, sujetos de ahí en adelante a la cultura, a la lengua y a las leyes americanas. De ahí que nuestra cultura sea hoy día la fusión de dos: la hispana (mexicana) y la anglosajona (norteamericana), aunque al principio y por algún tiempo siguió siendo netamente mexicana. Más adelante me extenderé sobre las consecuencias culturales y lingüísticas de esta fusión. Por ahora es imprescindible reconocer que la circunstancia única de habernos desenvuelto entre dos culturas desde 1848 ha llegado a producir nuestra verdadera esencia de cada día: biculturalismo/bilingüismo —en realidad, una innegable totalidad intensiva de doble esencialidad.

Nada cambió en los primeros años después de haberse firmado el Tratado. Dos circunstancias, sin embargo, ayudaron a la formación de nuestra cultura, y por consiguiente a la formación de nuestra sensibilidad cotidiana y literaria: *1*) El choque cultural que sufrió la comunidad mexicana (indo-hispana) a raíz de la llegada del anglosajón, que con un modo de vivir distinto al nuestro empezó a poblar —es decir: colonizar— el recién adquirido territorio del Sudoeste, y *2*) La subsiguiente americanización —siempre inseparable del prejuicio y la discriminación racial— del pueblo indo-hispano, lo cual quiere decir que empezó a haber una "asimilación" de la lengua y de la cultura pertenecientes a la cultura anglosajona. Aquí conviene matizar notando que esta "asimilación" no fue total, pero sí abarcadora. Es decir, por ejemplo, que la lengua inglesa la fuimos aprendiendo poco a poco, aunque es verdad que en nuestros días todavía existen personas mayores que no la han aprendido.[40] Por otro lado, hubo un intenso proselitismo por parte de las religiones protestantes, de suerte que hoy en día en el Sudoeste del país hay una extensa comunidad chicana de bautistas, presbiterianos, metodistas, pentecostales, etc. En definitiva: pese a toda contrariedad, empezó el indo-hispano a participar más y más en los asuntos culturales, sociopolíticos y educativos de los Estados Unidos.[41]

Este proceso de "asimilación" se aceleró un tanto más durante la década de los cuarenta, al allegarse gran parte de nuestra comunidad al proceso de la urbanización, y debido también a que gran número de los que habían prestado servicio militar ingresaron en universidades o en programas educativos a su regreso de la segunda Guerra Mundial. En seguida empezó a extenderse más la clase media al lado de una mucho más amplia clase obrera, y a la par se hizo sentir una participación mexicano-americana en asuntos políticos y cívicos. Sin jamás olvidar las luchas agrarias que mantuvo el campesinado a lo largo de las décadas anteriores, las huelgas laborales que se dieron en muchos centros urbanos también dieron un impulso vital al Movimiento social y al Renacimiento cultural que le ha sucedido. Nacido en los años 60, el Movimiento hoy día sigue muy puesto en pie, erguido desde la base de sus obreros (campesinos y urbanos) y de sus estudiantes universitarios.

Pues bien, debido a lo gradual de esta "asimilación", nuestra lite-

[40] Ver nota 43.

[41] Una breve explicación acerca de nuestra situación histórico-literaria en el siglo XIX se puede conseguir en la obra de Castañeda-Shular, Ybarra-Frausto y Sommers, *op. cit.*, pp. XXVI *ss.*

ratura del siglo XIX —ya sea el drama religioso y secular, los autos sacramentales, a más de las pastorelas, coplas, inditas, trovas y corridos, etc.— fue escrita exclusivamente en la lengua de Cervantes. Sólo a principios del siglo XX vemos aparecer una literatura en inglés al lado de la escrita en castellano, como igual sigue ocurriendo hoy. Y si a lo largo de nuestra historia el escritor chicano se ha decidido y sigue decidiéndose por el castellano, sus razones tendrá. Yo diría que a veces se debe a que en el primer momento de la fiebre/furia creadora, las primeras imágenes pueden brotar y aflorar del fértil terreno cultural hispano. Hablo por experiencia. O será por el acto consciente de un orgullo tanto lingüístico como étnico. O será también por la simple razón de sentirse el escritor más cómodo expresándose en dicha lengua, sabiendo que se comunicará ante un público más hispanohablante que anglohablante. No erraría, estoy seguro, si digo que es también a veces por una toma de conciencia política, o sea, por una actitud de protesta encendida en la indignación que a su vez impulsa al escritor a utilizar la lengua chicano-castellana como blasón y estandarte, como arma de resistencia ante lo que a él le parece ser un rudo empellón de una cultura impuesta que más de una vez ha alcanzado a herirlo.

Mención aparte merece la poesía "bilingüe" —lo que el crítico Philip D. Ortego llama el *binary phenomena*,[42] en que se emplea una calculada distribución de inglés y de español para elaborar y apurar un mismo poema hasta su finalidad—, que no emerge hasta los años sesenta, ya en pleno Renacimiento cultural chicano. Los forjadores de esta nueva expresividad son los poetas Alurista y José Montoya, quienes hoy en día cuentan con un gran número de seguidores que, por coincidir tanto en espíritu como en ideología todos ellos —inclusive los que no coinciden en edad y los que no han adoptado la forma "bilingüe" para expresarse—, pertenecen a nuestra joven Generación del Renacimiento. Todos parecen romper con las

[42] Philip D. Ortego, "The Chicano Renaissance", *Social Casework*, 52, mayo, 1971, pp. 294 a 307. Comprueba el profesor Ortego: "*...the Chicano language is at the heart of the Chicano experience; but unlike black English, the Chicano languaje deals not only with dialects of American English but with dialects of American and Mexican Spanish. Moreover, it has produced a mixture of the two languages resulting in a unique kind of* binary phenomena, *in which the linguistic symbols of two languages are mixed in utterances using either language's syntactic structure*" (p. 306).

Remitimos al lector todavía a otro estudio de Ortego en colaboración con Marta Sotomayor, *Chicanos and Concepts of Language*, Marfel Associates, San José, 1974.

tendencias estilísticas de antes, y en la mayoría de los casos rompen también con la temática que había cobrado vigencia hasta 1960.

Bien, el lector se quedará seguramente desconcertado al leer por vez primera esta poesía "bilingüe". Se preguntará por qué y para qué esta chocante mezcolanza de dos idiomas tan distintos. Uno que otro intelectual chicano se habrá preguntado lo mismo. Conviene, pues, decir unas palabras explicatorias sobre este bilingüismo de cada día y señalar el modo en que les ha servido de estética a no pocos de nuestros escritores.

C) *Vivencias y convivencias: El biculturalismo y la expresividad "bilingüe"*

Antes de poder iniciar el comentario sobre el *bilingüismo*, es imperioso hablar acerca de nuestro *bivisualismo*, por cuanto que existen ocasiones en que enfocamos desde dos perspectivas una realidad dada. Lo que quiero decir es que tenemos la capacidad de ver y de considerar una cosa o situación desde dos puntos de vista. Tal vez sea más exacto decir que tenemos la capacidad de reaccionar de dos modos ante la misma realidad. Por consiguiente, no voy a hablar de un *bivisualismo per se*, aunque este proceso óptico también tiene su papel, sino que voy a discutir algo más fundamental aún: la doble sensibilidad, que voy a llamar *bisensibilismo*, que ha sido engendrada por nuestra circunstancia bicultural. Es decir que, como ciudadanos norteamericanos de estirpe mexicana, claro está que nos movemos entre dos culturas: la de la intrahistoria, o sea, la heredada, que a diario seguimos mamando del seno del hogar; y la otra, la oficial, la que formula nuestra vida educativa y que rige nuestro comportamiento profesional de acuerdo con las tradiciones y las leyes anglosajonas-norteamericanas.

Hasta ahora los críticos e investigadores han reparado en algo muy obvio: se han entretenido investigando el fenómeno del biculturalismo/bilingüismo del chicano. Pero nadie se ha encarado con lo que opino es el meollo de todo el asunto, que en realidad viene siendo lo central de nuestra esencia: el *bisensibilismo*. Por ello hago notar aquí que ser bicultural y bilingüe supone que ante una determinada realidad la veamos bivisualmente, o mejor, que la sintamos bisensiblemente desde dos puntos de referencia: por una parte, desde la dimensión que pueda sugerir el objeto (circunstancia o situación, ya iré dando ejemplos) dentro del ámbito chicano; y, por otra, desde la dimensión que pueda sugerir esa misma realidad en un contexto anglosajón. Debo aclarar que no creo que un calcetín, una sábana, un semáforo, un reloj o un sinfín de otras cosas puedan suscitar en nosotros una doble sensación, aunque bien pudieran. Pero entrar en eso rebasaría los límites de este somero ensayo.

Por ahora interesa precisar lo que quiero decir por *bisensibilismo*. Pongo por caso la concreta realidad de las canicas. ¿Cómo se explica que esta realidad la sintamos bisensiblemente, especialmente entre los niños varones? La respuesta nos llega simple y clara: es que en nuestro contacto en los planteles escolares con los niños anglosajones hemos visto, aprendido y jugado con delicia aquellos juegos de canicas procedentes de su cultura. Pero la campana suena; las clases terminan y ahora nos encontramos en un barrio de Texas, y entre los juegos predilectos del atardecer figuran los de canicas —como son: la chuza, la ponzoña (cinco pocitos)—, juegos, desde luego, muy distintos a los de los niños anglosajones. Así, las canicas pueden suscitar dos series de asociaciones: *1*) juegos de canicas típicamente chicanos, aprendidos y jugados exclusivamente en el barrio, y 2) juegos de canicas aprendidos por niños chicanos en las escuelas públicas, por el contacto con amiguitos anglosajones.

Es de notar también cómo reaccionamos ante el maíz. Tenemos aquí un ejemplo clásico. A las preparaciones culinarias que nos llegan del mundo anglosajón y que encontramos en el hogar chicano, como el maíz tierno (hervido en su mazorca), el maíz desgranado (hervido o cocinado en su crema), y el producto *Fritos*, podríamos añadir la variedad de comidas a base de maíz que se preparan, y hasta con más frecuencia, en nuestras cocinas: tamales, que por lo general se elaboran para el Día de Acción de Gracias y para la Navidad; tortillas, que no sólo se comen en vez de pan blanco, sino que también se usan para hacer enchiladas (dos tipos: rojas o verdes), tacos (dos tipos: blandos o tostados), chalupas y nachos.

Igual ocurre con la hierbabuena (menta), que en el hogar anglosajón se puede usar para decorar un vaso de té con hielo; para ensaladas y para platos de cordero; y para una bebida alcohólica llamada *Mint Julep*. Añádanse los usos de la hierbabuena en nuestro hogar: para sopas, caldos, dolor de estómago, estreñimiento de vientre y mal aliento.

Otra interesante manifestación de nuestra bisensibilidad tiene que ver con dos fechas: el 16 de Septiembre y el 5 de Mayo —fechas que se refieren a la independencia de México, país que se liberó primero del poder español, luego del francés—. En estos dos días la comunidad chicana va y cumple con sus deberes de trabajo, como en cualquier otro día hábil en el mundo del calendario anglosajón. Sin embargo, son dos días muy especiales, muy sentidos, en que se llevan a cabo: desfiles, fiestas, concursos de belleza, bailes y recitales de poesía patriótica. Son, dos días tan cargados de significado como el 4 de Julio, día en que declararon los Estados Unidos su independencia de Inglaterra en 1776.

Pongo todavía otro ejemplo y con éste vuelvo a lo de nuestro fenómeno lingüístico. Ante nosotros se desenvuelve la siguiente escena: juega en su patio un niño chicano claramente enternecido con un conejito que le acaban de comprar y que ahora está metiendo dentro de una jaula. (Bien pudiera ser un perro o un gato, pero no siempre un animal doméstico, pues da igual que sea una lagartija, una serpiente, una ardilla, o un conejillo de Indias.) Bien, el niño está acariciando al conejito cuando por la calle pasa una vieja amiga de la familia que ve por vez primera la escena ya descrita. Esta señora bilingüe —y subrayo que es bilingüe—,[43] al expresar su sorpresa y agrado de lo visto, seleccionaría, creo yo, una de las siguientes oraciones: 1) "*I see you now have a pet rabbit*"; 2) "Veo que ahora tienes un *pet rabbit*"; 3) "Veo que ahora tienes un conejito".

Ahora bien, me aventuro a decir que nuestra amiga optaría por una de las primeras dos oraciones y no por la tercera, puesto que es bilingüe, lo cual supone que sabe inglés, y por eso puede usar una oración completamente en ese idioma. Consideremos la segunda posibilidad: "Veo que ahora tienes un *pet rabbit*". Preguntémonos por qué y para qué recurrir a una mezcla de dos idiomas. La explicación gira en torno de un hecho cultural. Y es que en la mentalidad hispana no existe como en el mundo anglosajón la noción de *pet*, ese animalito, sea cual fuere, al que cariñosamente se le pone un nombre y al que tanto se le cuida con esmero alimentándolo con las vitaminas recetadas, bañándolo con el jabón también recomendado, claro, por el veterinario.[44] Es decir, un animalito miembro de la

[43] A lo largo de este ensayo me estoy refiriendo a personas netamente bilingües —que hablan el español con más o menos la misma facilidad que el inglés— y no a personas cuyo conocimiento y desarrollo de uno de los idiomas, sea cual fuere, supera al otro. Contamos con individuos, por ejemplo, que sin saber el español, hablan un inglés impecable, y viceversa. *Cf.* el libro de Moore y Cuéllar, nota 38, en que señalan: "Las encuestas muestran que la mayoría de los mexicano-norteamericanos en Los Ángeles, en San Antonio y en Albuquerque, habla español e inglés. Algunos casi no hablan inglés y una pequeña proporción no habla español. Este modelo es normal para los grupos étnicos norteamericanos. Casi todos los que hablan español en Los Ángeles y en San Antonio, o nacieron en México o tienen padres nacidos en México" (p. 223).

[44] No sólo se le consulta al veterinario sino que también a los *pet shops*, que

familia hasta tal punto que se le echa de menos al separarse los dueños de él, cualquiera que sea la razón.

Me he extendido aquí para señalar que la realidad *pet* resulta foránea a la cultura netamente hispánica —me refiero a la española y a la latinoamericana—, donde un perro es un perro y nada más, o sea, un animal que vive fuera y no dentro del hogar mismo y, como tal, vive fuera y dentro de la conciencia del hispano. Bien, lo que ha ocurrido con nuestra comunidad chicana —y con esto vuelvo a mi tema central— es que hemos "asimilado" la costumbre anglosajona de tener no simplemente animales sino *pets*, que son dos cosas distintas. Así que ante el episodio del niño, nuestra amiga ha podido expresar con precisión lo que siente usando una oración enteramente en inglés, o una oración "bilingüe" que en realidad es una expresión reveladoramente bisensible: "Veo que ahora tienes un *pet rabbit*".[45]

Entiéndase, en fin, que como estadunidenses vivimos en un país que en la actualidad se coloca en cuarto lugar en el mundo en cuanto al número existente de hispanohablantes. Si entendemos, pues, que nuestra sensibilidad se ha desarrollado entre dos culturas; que

desde hace años han venido disponiendo de tantos productos y géneros accesorios, especialmente por lo que a perros se refiere, como: polvos medicinales para pulgas; jabones; cremas y polvos perfumados; champús; vitaminas; peines y cepillos; cortaúñas; almohadas; chaquetas y suéteres; impermeables; soperas y platos; y productos alimenticios en lata. Tanto se estiman estos animalitos que últimamente en Estados Unidos ha habido un *pet boom* que raya en lo ridículo, pues también es posible conseguirle a un querido perro un collar de diamantes, anteojos y un reloj de pulsera. Se le puede llevar a una escuela de adiestramiento, como también a un salón de belleza. Hay también moteles y cementerios para perros. Y los canes más privilegiados pueden hasta disponer de un chofer particular que los saque a pasear por la gran urbe. (*Cf.* "The Great American Animal Farm", *Time*, 23 de diciembre, 1974, pp. 58-64. Es el número en que aparece un perro en la portada.)

[45] Podríamos apuntar muchos otros ejemplos en que el término inglés es preferido en vez del vocablo español. Debido a los medios comunicativos, el cine de Hollywood, la música *rock* y en general al prestigio universal del inglés, *picnic*, *weekend*, *sandwich* y *bestseller* van cargados de asociaciones y resonancias muy especiales, y por tanto no es igual decir: una jira campestre, un fin de semana, un emparedado y un libro de gran éxito.

Es también posible oír en nuestros barrios: mucho *suspense*; un libro de *underground*; ¡hola *hello*!; es un *superstar*; el *manager* del boxeador; tienen *leasing* de maquinaria; el *poster*; una *jeep*; es un *single* de Elvis Presley; un *stand* de libros. Lo curioso es que estas últimas 10 frases/palabras, tal como arriba las he reproducido, llegué a oírlas pronunciar por locutores de Radio Madrid en el verano de 1975. Parece ser que, debido al matiz especial de cada voz inglesa, ésta ha desplazado a la que pudiera ser considerada la equivalente en español.

amén de ser hispanohablantes e hispanoactuantes somos también angloparlantes y angloactuantes, y que es de esta circunstancia de donde brota la expresión de cada día, y que de ahí también surgen las asociaciones verbales y las dos sintaxis con que han de trabajar nuestros escritores, entonces se nos facilita más la comprensión de un poema como "Bendito sea tu vientre", por ejemplo, de Alurista:

bendito sea tu vientre
madre
virgin of love
—sin condiciones
you've chiseled me well—
el lustre de mi bronce
—a ti lo debo
y la herencia of our caciques
—we owe nuestro calor
    and the candor of joy
—our madres taught us
    to germinate
in the passions of our lives
bendita seas
    Raza [46]

[46] Alurista, "Bendito sea tu vientre", *Floricanto,* Chicano Cultural Center Publications, University of California, Los Ángeles, poema núm. 17.

Se puede también llevar esta técnica a la prosa al reproducirse el habla de un determinado personaje, como por ejemplo en el cuento "The Purchase", de Nick Vaca, de quien cito, aunque bien me parece que el autor ha extremado la utilización de dicha técnica llevándola a un nivel exagerado y artificioso. El cuento nos llega redactado enteramente en un inglés normativo, salvo en los momentos en que monologa Doña Lupe:, "Ave María Purísima, I must make another pago hoy or else it'll be too late. Sí, too late and then what would I do? Christmas is so close and if I don't hurry con los pagos I'll have nothing to give any of mis hijos. If that should happen it would weight muy pesado on my mind. Even now, con el pensamiento that I may not be able to give them anything, I have trouble durmiendo en la noche. And, Santo Niño de Atocha, if Christmas should come and catch me sin nada I would never sleep well por el resto de mi vida." (Aparece en *El espejo/The Mirror: Selected Mexican American Literature,* Octavio Romano, editor, Quinto Sol Publications, Berkeley, 1969, p. 144.)

Una situación cultural semejante a la nuestra es la del puertorriqueño en Nueva York y en otros centros urbanos en Estados Unidos. La misma fusión de sensibilidades se lleva a cabo en su lírica, aunque no con tanta frecuencia, según lo que he podido ver. Que sirva de ejemplo un poema de Amina Muñoz que abre así:

Permítase que insista: se trata no de una poesía "bilingüe" sino de una poesía bisensible, y este *bisensibilismo* se nutre del contorno social, del suelo histórico-cultural del hablante. Por esta misma razón pudo también escribir aquel poeta anónimo en la Inglaterra del siglo XV:

DE AMICO AD AMICAM

A celuy que pluys eyme en mounde,
Of allĕ tho that I have found,
Carissima,
Saluz od treyé amour,
With grace and joye and alle honour,
Dulcissima.

Sachez bien, pleysant et beele,
That I am right in good heele,
Laus Christo!
Et moun amour doné vous ay,
And also thine owene night and day
In cisto.

Ma tresduce et tresamé,
Night and day for love of thee
Suspiro.
Soyez permenant et leal;
Love me so that I it fele,
Requiro.

Jeo suy pour toy dolant et tryst;

sit in my '57 Cadillac
with your john's bargain store blouse,
bubblegum sticking to your frizzies,
and bare feet smelling of bacalao.
little anthony and tito puente sing
through black sweat—
aquí viene the coquito man
aquí viene superman
who does the cha-cha-cha
and lives in the white house.

(Amina Muñoz, "Puerto Rican Graffiti", *Nuyorican Poetry: An Anthology of Puerto Rican Words and Feelings,* selección de Miguel Algarín y Miguel Piñero, William Morrow & Company, Nueva York, 1975, p. 107.)

Thou me peinist bothe day and night
Amore.
Mort ha ! tret tost sun espeye.
Lovè me wel er I deye
Dolore.[47]

donde el amante no sólo intercala voces latinas sino que también consigue los ritmos y la rima deseados del anglo-normando y del inglés de su época dentro de una comunidad en que dos culturas y dos lenguas tienen contacto entre sí mismas. Huelga decir que dicho público bien podía apreciar una lírica de tal fusión arquitectónica.

Para más poemas de este tipo, véase el libro de Leonard Forster, *The Poet's Tongues: Multilinguism in Literature*, Cambridge University Press, Londres, 1970. Aunque de hecho sus cinco capítulos no abordan la poesía mediante una *explication de texte*, el autor por cierto reconoce las posibilidades estéticas y el vigor con que se desenvuelve un texto tal como el que reproducimos aquí. Lo importante es que Forster reconoce el contexto histórico-cultural de esa Inglaterra en que están ambientados estos dos poemas. Es un estudio muy básico el de este autor —el único que conozco que por lo menos encara algo hasta ahora muy mal percibido.

Un análisis más de acuerdo con lo que aquí deseo mostrar es el de Gary D. Keller, "Toward a Stylistic Analysis of Bilingual Texts: From Ernest Hemingway to Contemporary Boricua and Chicano Literature", *The Analysis of Hispanic Texts: Current Trends in Methodology*, M. A. Beck, L. E. Davis, J. Hernández, G. D. Keller, I. C. Tarán, editores, Bilingual Press/Editorial Bilingüe, Department of Foreign Languages, York College, CUNY, Jamaica, Nueva York, 1976, pp. 130-149. Meses después de haberse escrito estas páginas ha aparecido un ensayo —que yo sepa es el primero que explícitamente trata el tema de la poesía "bilingüe" chicana— de Guadalupe Valdés Fallis, "Code-Switching in Bilingual Chicano Poetry", *Hispania*, vol. 59, núm. 4 (diciembre, 1976), trabajo considerablemente ampliado por la misma autora y presentado con el título "The Sociolinguistics of Chicano Literature: Towards an Analysis of the Role and Function of Language Alternation in Contemporary Bilingual Poetry", en la sesión Hispanic Literature of the American Southwest de

[47] Anónimo, "De Amico ad Amicam", *Early English Lyrics*, E. K. Chambers y F. Sidgwick, editores, Londres, 1907, p. 15. El poema consta de 12 estrofas y es seguido por la contestación de la amante, "Responsio", de 9 estrofas arquitectónicamente semejantes a las del primero.

la reunión anual de la Modern Language Association (Nueva York, 27 de diciembre, 1976). Los dos ensayos de Valdés Fallis los considero utilísimos para la comprensión de este aspecto muy estético de nuestra lírica.

Dicho sea de paso, lo que han llegado a llamar los críticos poesía "bilingüe", "híbrida", escrita en la España de los siglos IX a XIV, no es más que una poesía inconfundiblemente bisensible que aflora de un terreno cultural muy semejante al nuestro. Me refiero a la poesía hispano-árabe e hispano-hebrea: los *zéjeles* (en particular los del poeta ciego Muqáddam al-Qabri), como también las *muwaššaḥas* hebreas y árabes que debían terminar siempre en una breve cancioncilla romance llamada *jarŷa*.[48] Reza una *jarŷa* de Yĕhudá ha-Levi (n. *c.* 1075- m. *c.* 1141):

Vayse meu corachón de mib,
¿ya Rab, sise me tornarad?

[48] *Cf.* Ángel González Palencia, *Historia de la literatura arábigo-española*, Editorial Labor, Barcelona, 1928; y "La poesía arábigo-andaluza y su influencia", *Revista Hispánica Moderna*, tomo I, núm. 2, 1935, pp. 1-16.

Sobre el origen de este género literario, el de los *zéjeles* y las *muwaššahas* en el Alandalus, véase el esclarecedor pasaje de Ibn Bassām de Santarén, historiador de la literatura arábigo-andaluza, traducido por Julián Ribera y Tarragó, *Disertaciones y opúsculos*, vol. I, Imprenta de Estanislao Maestre, Madrid, 1928, pp. 101 *ss.*

Véase también: Ramón Menéndez Pidal, *Poesía árabe y poesía europea*, Espasa-Calpe, Madrid, 1973, en que hablando del *zéjel* afirma que "es una poesía nacida para ser cantada en medio de un pueblo birracial y bilingüe, que hablaba un árabe romanizado y un romance arabizado, en medio del pueblo andaluz, donde a la sazón se interferían el orbe islámico y el orbe cristiano" (p. 26).

En cuanto a las *jarŷas* romances en *muwaššaḥas* árabes y hebreas, consúltese un pequeño estudio panorámico de Emilio García Gómez, "El apasionante cancionerillo mozárabe", *Clavileño*, 1950 (mayo-junio), 3, pp. 16-21. Y del mismo autor: "Veinticuatro *jarŷas* romances en *muwaššaḥas* árabes", *Al-Andalus*, XVII (1952), fasc. 1, pp. 57-127.

Sobre las *jarŷas* en *muwaššaḥas* hebreas, véase el artículo indispensable que arrojó la primera luz sobre este género literario, de S. M. Stern, "Les vers finaux en espagnol dans les muwaššaḥas hispano-hebraiques", *Al-Andalus*, vol. XIII (1948), fasc. 2, pp. 299-346. También Francisco Cantera, "Versos españoles en las muwaššaḥas hispano-hebreas", *Sefarad*, vol. IX (1949), pp. 197-234; y dos artículos de Emilio García Gómez, «Más sobre las "jarŷas" romances en "muwaššaḥas" hebreas», *Al-Andalus*, XIV (1949), fasc. 2, pp. 409-417; y «Nuevas observaciones sobre "jarŷas" romances en "muwaššaḥas" hebreas», *Al-Andalus*, XV (1950), pp. 157-177.

¡Tan mal meu doler li-l-habīb!;
enfermo yed, ¿cuánd sanarad? [49]

Aquí también, como en la poesía chicana, dos sistemas léxicos y

[49] Recogida por Emilio García Gómez: «Más sobre las "jarŷas" romances en "muwaššahas" hebreas», *Al-Andalus*, XIV (1949), fasc. 2, p. 414.

Ignoro si en el país vasco sigue habiendo una lírica que funde dos sensibilidades como a veces se hizo en la época medieval:

Sut egon
ezin geldirik egon.
Por mi fe, señora mía,
en miraros cada día
que es razón
ezin gelderik egon.

(*Cf.* Jesús María de Leizoala, *Estudios sobre la poesía vasca,* Editorial Vasca Ekin, Buenos Aires, 1951, p. 27.)

En relación con lo que aquí llevo planteado sobre el fenómeno de convivencias, y más en concreto con lo que a las convivencias históricas del chicano atañe, no puede pasar inadvertida aquella literatura sustentada bisensiblemente por el castellano y el náhuatl, escrita en la época de la posconquista en Tenochtitlan, como la poesía religiosa del indio Francisco Plácido:

Dios quiyocoya *yehuaya* yacatto yehuatl in tlanextli *ya*
in ic om ilhuiltl ye quichiuh in ilhuicatl *ohuiya.*
Yei ilhuitl ica ya quichihua in huey atl in tlalli
auh in ye nahuilhuitl ye quimanan tonatiuh oo
ihuan in metztli ihuan in ixquich in citlali *ohuiya*...

o como la narrativa fantástica de Alvarado Tezozómoc. El trozo que sigue fue escrito hacia 1598 y forma parte de una crónica más extensa:

Respondió el viejo y dijo al perrito:
—Y vos ¿no sois mi agüero? Pues, ¿cómo siendo perro me habláis?
Y levantándose luego el viejo, tomó un palo, diole al perrillo en la cabeza y murió el perrillo.
Luego hecho esto, un gallo, o gallipavo, *huexolotl,* que andaba por el patio contoneándose como pavón, dijo a su amo, el mismo viejo que acababa de matar al perrito:
—*Ma topan:* ¡Ah, que no seas sobre mí!
Arrebatólo luego el mismo viejo y díjole:
—*Nocné, in tehuatl amo no tinotezauh:* Pues bellaco, ¿no sois también mi agüero, que habláis?
Y luego le cortó la cabeza.
Tenía este viejo una máscara, con que bailan en el areito y mitote, cuando hacen *macehuaz,* y era la máscara figura de un viejo, y ésta estaba colgada y habló y dijo:

fónicos alternadamente se abrazan a la mitad de los versos. Lo interesante de este tipo de unión lingüística en la literatura *aljamiada* es que se debe a la confluencia no de dos sino de tres culturas: la árabe, la judía y la hispano-cristiana. Y más de una vez se hará notar el resultado de este convivir. ¿Qué no son, la arquitectura y las artes mudéjar y mozárabe de esa misma época, creaciones bisensibles también?

Debo completar estas sumarias notas señalando que cuando se reflexiona en lo que ha sido nuestro pasado, se olvida con frecuencia algo muy significativo: que nuestra historia ha sido una de convivencias culturales y raciales que a su vez han permitido la compenetración de costumbres, culturas, y, por supuesto, de sensibilidades. Una convivencia ha sucedido a otra: el encuentro del español —aquel español, síntesis él mismo de aculturaciones y de fusiones raciales llevadas a cabo a lo largo de muchos siglos en la Península Ibérica— con el indígena en Tenochtitlan llegó a producir al individuo mexicano.

Este mestizo, este indo-hispano que somos nosotros, emigraría, cualesquiera que hayan sido o sigan siendo las razones, desde el valle de Texcoco hasta el valle de Texas; desde el estado de Michoacán hasta el estado de Michigan, para luego llegar a llamarse mexicano-americano, y después: chicano. Este nuevo contacto en los Estados Unidos con otro pueblo distinto al nuestro no viene siendo todavía más que otro episodio en esa continuación de un largo proceso de convivencias en el que nuestro pueblo ha ido desarrollando sus sensibilidades.

Por el momento ignoro cuál será el resultado final de todo este *biculturalismo* en que hoy día nos encontramos y que hemos venido viviendo ya por siglo y medio. ¿Continuará habiendo una transculturación pluralista? ¿Y de qué aspectos y de qué valores anglo-norteamericanos se tratará? ¿O terminará todo en un separatismo total y decisivo? El Movimiento Chicano sugiere estas y otras interrogantes de parecido tenor. Las perspectivas acerca de la instrucción bicultu-

—¡Poco a poco!: ¿qué es lo que se ha de decir de esto? ¿*Zan ihuiyan tlen nozo mitiz axcan*?

Respondió el viejo y díjole:

—Responded lo que quisiéredes. Y ¿quién sois vos?

Arrebató la máscara, la descolgó y la hizo pedazos.

(*Cf*. Ángel María Garibay K., *Historia de la literatura náhuatl, Segunda parte: El trauma de la Conquista* (1521-1750), Editorial Porrúa, México, 1954, pp. 104 y 304.)

ral/bilingüe tendrán, seguramente, un papel importante que jugar. No me sorprendería, por ejemplo, si este tipo de pedagogía terminara por hacer que un idioma no incidiera en el otro. Ciertamente, en filosofías y en opiniones somos un pueblo heterogéneo, no homogéneo. De ahí que éste siga siendo, precisamente, uno de los temas más candentes dentro de nuestro Movimiento que no deja de poner en tela de juicio todo cuanto somos, hemos sido y esperamos ser. De lo que sí estoy seguro es que los versos de Alurista, "bendito sea tu vientre/madre/virgin of love", vienen a ser un trozo de tiempo de nuestra historia. Son tan pronto un recuerdo de nuestra actual convivencia como también un eco bilingüe que empezó a resonar en nuestro pasado cuando en otro espacio, cuando en otra época de convivencia y mestizaje, parte de nosotros pudo escribir: "¡Tan mal meu doler li-l-habīb!/enfermo yed, ¿cuánd sanarad?" Tal ha sido el dramático itinerario de nuestras sensibilidades y, en parte, de nuestra expresión reflejada a través de la literatura.[50]

Resumiendo: el *biculturalismo* se refiere a la circunstancia vivida; el *bisensibilismo* a la experiencia sentida; mientras que el *bilingüismo* —dentro del contexto de nuestro enfoque— es la fiel representación lingüística, ya sea en forma escrita o pronunciada, de lo vivido y de lo sentido. El *bilingüismo* que a otros les puede parecer nada menos que el caos mismo, es, para el poeta chicano y sus precursores de antaño, tan pronto la lógica fusión como el normal fluir de dos lenguas que transmutan la anécdota y la experiencia humana en poesía. Mediante esta selectividad, ejecutada intuitiva o calculadamente, es como se consigue la unidad de pensamiento, la biensonante armonía de expresión. (Esto ya supone entrar en otra disertación en la que con mayor amplitud se discutiera justamente ese proceso de selectividad. Un análisis de este tipo se hace insoslayable para apreciar y comprender mejor el porqué de esa selectividad esmeradamente entresacada del conjunto de vividas y matizadas circunstancias que, ultimadamente, impulsa la imaginativa del poeta-creador para optar

[50] Aunque la idea de convivencia histórica tal como la conceptúo y la planteo aquí no figura en las observaciones de Richard Santos, este historiador para el condado de Béxar, estado de Texas, ha escrito un breve y sustancioso ensayo que vale la pena citar: "Mexican-Americans: A Jewish Background?", *San Antonio Express*, 1º de julio de 1973, donde sostiene una discusión sobre aquellas costumbres y aquellos rasgos culturales del mexicano-americano (de Texas) de hoy día que proceden realmente de la cultura judía, puesto que fueron los sefardíes quienes poblaron lo que son hoy (al norte de México) los estados de Tamaulipas, Nuevo León y Coahuila, y lo que en los Estados Unidos es hoy el estado de Texas.

por una u otra lengua al momento de plasmar esa experiencia humana. El fascinante tema queda por explorarse más a fondo, pero he de dejarlo para otra ocasión, ya que entrar en ello ahora excedería los límites de estos sumarios apuntes.) El *bilingüismo* es, pues, un proceso en que la lengua —la hablada, y en particular la poética, pues con ésta ya estamos al nivel de una estética— se adecua a lo vivido y a lo sentido para captar y acentuar el verídico ambiente de la escena, y para vivificar y revivificar la verdadera sensación de ese singular y poético momento. Es un modo de poner orden al universo, y a fuer de tal es un proceso conceptual [51] que da expresión y que a la vez define dos sensaciones que obedecen al *biculturalismo* y a su correlato, el *bisensibilismo* de quien escribe. Dos sensaciones que en realidad son una: el poema íntegro, vivo y constante, y nacido de una total exaltación bisensible.

No quedaría completo este comentario sin hacer constar, finalmente, que este proceso creador que acabamos de describir se vuelve intrincado y más elaboradamente complicado, pues el poeta se ha propuesto jugar con las cadencias, los ritmos, matices y datos sensoriales de dos idiomas. Es más, se ha entregado a manejar y a manipular el léxico y las asociaciones verbales de dos sistemas lingüísticos, así como también a tejer y a entretejer la simbología fónica y la imaginería que corresponden ora al inglés ora al español. Ésta es la quintaesencia del *bisensibilismo*; estamos ya en el centro de su estética. El resultado: composiciones literarias que llamamos poemas —todos tan variados como el tema y la estructura que cada uno desenvuelve; y cada uno tan distinto del otro en estilo como el temperamento, las dotes personales y la impronta de cada poeta—. Y si es poeta, a su arte llevará ineludiblemente su libre albedrío y su profunda intuición.

D) *Nota final*

Decía páginas atrás que hasta ahora mucha ha sido la atención que se le ha prestado a nuestro biculturalismo/bilingüismo, y no la suficiente a lo que se refiere al *bisensibilismo*. Recordemos aquí que

[51] Véase la somera explicación acerca del "biconceptualismo" en el ensayo de Salvador Rodríguez del Pino en esta antología: "El idioma de Aztlán: una lengua que surge". (*Cf.* un estudio panorámico y más reciente en torno también a las nociones del conceptualismo y bilingüismo: Nigel Lemon, "Linguistic Development and Conceptualization: A Bilingual Study", *Journal of Cross-Cultural Psychology*, vol. 6, núm. 2, junio de 1975, pp. 173-188.)

sobre nuestro idioma abundan artículos y ensayos en su mayoría, hasta donde yo sepa, de carácter descriptivo. Unos señalan nuestro bilingüismo en términos genéricos; otros las diferencias entre el español chicano y el español normativo; todavía otros catalogan todos nuestros "errores": arcaísmos, anglicismos, voces con metátesis, aféresis, y así por el estilo. Varios de los comentaristas hasta han llegado a condenar nuestra lengua llamándola *Tex-Mex*, *pocho*, o *Spanglish* —todos ellos términos denigratorios que hoy por hoy tienen poco alcance—. Los que se aproximan al tema de esta manera me parece que nada tienen que decir, y por consiguiente quedan por hacerse investigaciones más sustanciosas.[52] Si de poesía se trata, hace falta que vayamos más allá de la mera descripción facilona, para realizar toda clase de análisis sobre la estética y el dinamismo de este tipo de poesía. Estimo que sería más útil, por ejemplo, ver en qué modo cada poema —si es que de hecho lo sea— funciona como unidad sistemática y orgánica; tratar de desentrañar su imaginería y simbología; investigar su tono, su procedimiento retórico, su decoro y propiedad verbales, y entender, desde luego, su valor histórico e ideológico. Es decir, estudiar esta poesía interna y externamente de una forma analítica. Así, en vez de tan sólo ir poniendo etiquetas, se podría ir definiendo ese proceso compuesto de categorías gramatica-

[52] Exhorta Philip D. Ortego: "*We can no longer tag the Chicano language as 'poor Spanish' or 'poor English' or as 'Mex-Tex', 'Spanglish', 'Pachuco', or other such denigrations. We must guard against stupidities that suggest that Mexican Americans are nonlingual because they speak neither English nor Spanish. We must bear in mind that we do not depreciate the language of Chaucer's time by calling it 'Frenglish', though more French than English was spoken by the upper classes*" (*op. cit.*, p. 307).

Considérese el siguiente comentario hecho sobre nuestra lengua a principios de este siglo. Lo emitió el poeta mexicano Amado Nervo al pasar por Texas en 1900 con destino a París. El texto habla por sí mismo:

> Los confines de una nación no están allí donde la geografía política los marca, sino allí donde vibra la última palabra del idioma. Texas es una prolongación de México aún; una prolongación tenue ya, apenas visible, porque consiste en algo como leve estela de idioma nuestro. Pero yo no torno a oír una palabra española en toda la Unión. En San Antonio, recorriendo las calles, sorprendo tal o cual tipo mexicano, pero tan innoble, que no me acerco, porque sé que de sus labios sólo han de surgir frases patibularias, y no quiero ver profanado el harmonioso tesoro de mi vieja lengua latina.

(Amado Nervo: "El último fragmento del idioma", del libro *El éxodo y las flores del camino* en *Obras Completas*, tomo I, Aguilar, Madrid, 1951, p. 1383. *El éxodo y las flores del camino* se publicó por vez primera en 1902.)

les, léxicas y semánticas que integran una obra de la imaginación —categorías que cargan cada poema con su *tour de force* particular—. A más de profundizar en el *"thought world"* [53] de las dos lenguas, que son el poema mismo, urge, en fin, que los interesados aborden el tema con sensibilidad y diligencia inteligente.

Hasta aquí estas apoyaturas para ir viendo y explorando esto que llamamos poesía chicana, una poesía que al calor del Renacimiento Chicano se sigue forjando por nuestros escritores de armas y letras. Por cierto nuestra lírica expone una variedad de temas; la forma de expresión se matiza según quien empuñe la pluma. Pero a la hora de la hora, cada quien que se considere poeta o poetisa tendrá que hablar por sí mismo y por sí misma.

T. V.

Madrid, agosto de 1975

Wellesley College, abril de 1977
Wellesley, Massachusetts

[53] Véase Harry Hoijer, editor, "The Sapir-Whorf Hypothesis", *Language and Culture,* University of Chicago Press, Chicago, 1954, pp. 92-105. Al finalizar estas páginas llegan a mis manos tres interesantes estudios en que figura el antecitado. Los otros dos son de Roger W. Brown, "A Study in Language and Cognition", *The Journal of Abnormal and Social Psychology,* vol. 49 (julio, 1954); y de Benjamin Lee Whorf, "Science and Linguistics", *Language, Thought, and Reality: Selected Writings of Benjamin Lee Whorf,* John B. Carroll, editor, Cambridge, Massachusetts, The Technology Press of MIT, 1957. Los tres artículos me parecen fundamentales y útiles para el entendimiento de lo que es la lengua desde la perspectiva de la etnolingüística.

No menos importante para el estudio de nuestra lírica son los campos de la sociolingüística y psicolingüística, que me parecen indagar más allá de la mera lingüística descriptiva y que podrían arrojar más luz sobre la poesía bisensible.

ENSAYOS

RODOLFO ACUÑA

LA LIBERTAD ENJAULADA: LA EXPANSIÓN HACIA NUEVO MÉXICO *

DURANTE una conferencia en la Universidad de California de Los Ángeles, en 1968, el activista Reies López Tijerina resumió las quejas de los mexicanos en Nuevo México:

> Estamos encolerizados porque nos han robado nuestras tierras y nuestro idioma. Nos dan la "libertad" que se da al pájaro enjaulado. Tomaron las tijeras y nos cortaron las alas (tierra e idioma). El idioma es nuestra libertad —idioma que es resultado de los siglos acumulados—, el alimento que nos legaron nuestros antepasados.[1]

La supresión de la cultura mexicana y el robo de tierras en Nuevo México están bien documentados. Sin embargo, las injusticias han sido oscurecidas por el proceso de socialización mediante el cual muchos mexicanos han llegado a aceptar mitos acerca de su papel en la vida política, económica y cultural del Estado, adoptando los valores de los conquistadores y olvidando su pasado, presente y futuro. En su discurso, Tijerina recordaba el genocidio cultural de los chicanos.

Muchos ciudadanos de Nuevo México han hallado seguridad en la creencia de que han sido asimilados a la nueva cultura y de que han llegado a participar efectivamente en el proceso democrático. Esta creencia ha sido manejada con tanta frecuencia, que algunos colonizados llegan a negar su opresión y así han llegado incluso a considerar sus fracasos como éxitos. La realidad de que una pequeña oligarquía de angloamericanos estableció sus privilegios a expensas de las masas mexicanas ha sido ahogada por el deseo que los nativos de Nuevo México tienen de creer que son aceptados en la nueva sociedad. Incluso el notable fray Angélico Chávez, prominente sacerdote católico de Nuevo México, historiador y escritor, afirmó apenas en 1970:

* Capítulo 3 del libro de Acuña, *América ocupada*: *Los chicanos y su lucha de liberación*, aparecido originalmente en inglés, Harper and Row Publishers, Nueva York, 1972; traducción al español de Ana María Palos, Ediciones Era, México, 1976.

[1] Patricia Bell Blawis, *Tijerina and the Land Grants*. International Publishers, Nueva York, 1971, p. 156.

En resumen, Nuevo México pronto se convirtió en un lugar favorable de los Estados Unidos, cuando todos sus ciudadanos, de cualquier nivel social o económico, se proclamaron sinceros y leales norteamericanos. Y lo que evidentemente les gustaba más, tanto a los pobres, como a los opulentos, era el juego político dentro del marco de los partidos demócrata y republicano. Este deporte —con sus triquiñuelas y mañas— se ha convertido en el más popular de Nuevo México, tanto dentro como fuera de casa.[2]

Aunque el punto de vista de fray Angélico es un reto a la historia, nuestra misión principal consiste en corregir los mitos de Nuevo México. Con el fin de sobrevivir económicamente, a muchos de los descendientes de los primeros colonizadores de Nuevo México les fue necesario separarse de los demás chicanos. Esto llevó a muchos habitantes de Nuevo México a llamarse a sí mismos hispanoamericanos, diferenciándose así de otros mexicanos. Se juzgaban descendientes de los pobladores originales, que fueron conquistadores españoles. Según ellos, Nuevo México permaneció aislado del resto del sudoeste y de México durante la época colonial; así, se conservaron racialmente puros y eran europeos, en contraste con los mexicanos.

Por este proceso, pensaron que podrían aislarse de la intensa discriminación contra los mexicanos, lo que les permitiría mejorar su situación económica y, en algunos casos, su posición social. George Sánchez, Arthur L. Campa, Carey McWilliams y otros explotaron esta "herencia fantástica". Ciertamente, los hispanos eran mexicanos, puesto que la mayoría de los pobladores originales provenientes de México en 1598 eran hombres que, a través de los años, se mezclaron con los indios pueblo de la región, así como con indios mexicanos establecidos en el área. Durante el siglo XIX, aunque el calificativo hispanoamericano era empleado en todo el sudoeste y en Latinoamérica, los angloamericanos se referían comúnmente a los originarios de Nuevo México como mexicanos. Nancie González escribe que no fue sino hasta el siglo XX cuando los nativos de Nuevo México abandonaron conscientemente su identidad mexicana. La causa de ello fue que durante las décadas de 1910 y 1920 hubo gran afluencia de trabajadores mexicanos a Nuevo México y que, al mismo tiempo, muchos texanos, nativos de Oklahoma y otros sureños se establecieron en las planicies orientales, intensificando la discriminación contra los mexicanos. Los habitantes de Nuevo México más ricos, en la creencia de ser caucasianos, argüían ante los angloamericanos: "A ustedes no les gustan los mexicanos, y a nosotros

[2] *Albuquerque Journal*, 18 de diciembre de 1970.

tampoco nos gustan; pero nosotros somos hispanoamericanos, no mexicanos."[3] Mediante esta simple negación de su origen creían poder escapar a la discriminación y resultar elegibles para trabajos mejor remunerados.

El mito de la conquista incruenta

Fray Angélico también difundió el mito de que los nuevomexicanos se unieron pacíficamente a la nación angloamericana para convertirse en una "colonia voluntaria de los Estados Unidos". Esto es conocido como "el mito de la conquista incruenta de Nuevo México", que ha sido repetido por la gran mayoría de los historiadores y creído por casi todo el mundo. Por medio de esta trampa los originarios de Nuevo México no eran ya víctimas de la historia y, por consiguiente, los enemigos, sino que eran los bien dispuestos amigos de los angloamericanos. Sin embargo, esto no era cierto, puesto que las 50 000 o 60 000 personas que vivían en Nuevo México no eran entusiastas de la invasión de sus tierras por los Estados Unidos; solamente un puñado de mercaderes veía en ello una ventaja. El historiador angloamericano de Nuevo México, Lynn I. Perrigo, destruye el mito de la conquista incruenta, escribiendo:

> La leyenda de que la ocupación de Nuevo México fue realizada pacíficamente se basa solamente en las circunstancias que rodearon la entrada original de Kearny. Antes de que el territorio quedara totalmente bajo administración norteamericana, la conquista provocó un considerable derramamiento de sangre. En Santa Cruz, Taos, Mora, Las Vegas y El Brazito, cerca de trescientos mexicanos y unos treinta norteamericanos perdieron la vida.[4]

En realidad, las hostilidades comenzaron muchos años antes de la entrada de Kearny a Nuevo México en 1846. Los texanos declaraban que su territorio se extendía a lo largo del Río Grande e incluía una vasta porción de Nuevo México. Después de 1836 aumentaron las tensiones entre los habitantes de Nuevo México y los texanos. Aquéllos se sabían odiados por los anglotexanos y resentían el trato que sufrían los mexicanos a manos de los angloamericanos. Tuvie-

[3] Nancie González, *The Spanish-Americans of New Mexico: A Heritage of Pride.* University of New Mexico Press, Albuquerque, 1967, p. 205.

[4] Lynn I. Perrigo, *The American Southwest.* Ed. Holt, Rinehart and Winston, Nueva York, 1971, p. 168.

ron motivos de alarma cuando los amenazó, en 1841, la controvertida aventura de Santa Fe.

Algunos historiadores texanos alegan que la situación comenzó con una simple expedición comercial a Nuevo México. Sin embargo, los habitantes de Nuevo México consideraron el incidente en forma distinta. Los hechos son que el general Hugh McLeod dirigió una expedición de unos 300 texanos, divididos en seis compañías militares, a Nuevo México. El gobernador Manuel Armijo proclamó el estado de alarma general. Sus tropas estaban mal equipadas, pero logró engañar a los texanos haciéndoles creer que contaba con un gran ejército, lo que dio por resultado la rendición de los texanos.

La suerte de los angloamericanos provocó grandes controversias. Una fuente dice: "Muchos de los prisioneros fueron fusilados a sangre fría, otros cruelmente torturados, y la mayor parte de ellos fueron forzados a emprender una marcha de muerte hacia el sur, aparentemente tan espantosa como la marcha de Bataán." [5] No obstante, la versión del historiador Hubert Howe Bancroft es diferente. Da crédito a las atrocidades, escribiendo que para los vecinos de Nuevo México

> ellos [los texanos] eran simplemente invasores armados, que debían esperar el ataque y que, en caso de derrota, esperaban ser tratados por los mexicanos como rebeldes o, en el mejor de los casos —puesto que la beligerancia e independencia texana había sido reconocida por muchas naciones—, como prisioneros de guerra.[6] [Bancroft concluye]: No cabe duda de que el gobernador Armijo estaba plenamente justificado al capturar a los invasores texanos, desarmarlos, confiscar sus propiedades y enviarlos a México como prisioneros de guerra.[7]

Los texanos respondieron: saquearon, robaron y asesinaron a los mexicanos después de la aventura de Santa Fe. De ahí se siguió una sucia guerra de guerrillas con matices raciales, en la que ambos bandos fueron culpables de cometer atrocidades. El problema, sin embargo, es que los historiadores, queriendo justificar la agresión angloamericana y absolver de culpa a los Estados Unidos, han ig-

[5] Warren A. Beck, *New Mexico: A History of Four Centuries.* University of Oklahoma Press, Norman, 1962, pp. 126-27. Resulta irónico que se hagan referencias a la infame marcha de la muerte de Bataán en las Filipinas durante la segunda Guerra Mundial, puesto que un número considerable de los que intervinieron en la marcha eran chicanos de la Guardia Nacional de Nuevo México.

[6] Hubert Howe Bancroft, *History of Arizona and New Mexico 1530-1888.* Ed. Horn & Wallace, Albuquerque, Nuevo México, 1963, p. 327.

[7] Bancroft, *op. cit.*, p. 324.

norado las actividades de los texanos concentrándose en los excesos de los mexicanos.

Por la época en que Zachary Taylor dirigió su ataque al norte de México, aún no terminaba el amor entre los anglotexanos y los habitantes de Nuevo México. El coronel Stephens Watts Kearny, en junio de 1846, preparó voluntarios del Ejército del Oeste para invadir Nuevo México y posteriormente California. Sus instrucciones fueron que se emplease la persuasión pacífica siempre que fuese posible, y la fuerza sólo en caso necesario. A finales de junio, estaba preparado para llevar a su ejército hacia el oeste desde el fuerte Leavenworth a lo largo de la carretera de Santa Fe. El gobernador Manuel Armijo se había preparado para defender Nuevo México. Mientras Kearny se aproximaba a Nuevo México, envió a James W. Magoffin con un ultimátum al gobernador Armijo, prometiendo que si los de Nuevo México se rendían no serían molestados pero, en caso contrario, sufrirían las consecuencias. Magoffin era un comerciante bien conocido y estimado en Nuevo México.[8] Algunas fuentes declaran que los negociadores sobornaron a Armijo para que vendiera la provincia. De hecho, Magoffin presentó una cuenta de 50 000 dólares a Washington, D. C., por "gastos", de los que recibió 30 000.[9] No hay pruebas de que Armijo aceptara el soborno, pero no hay duda de que sus acciones posteriores fueron muy sospechosas, especialmente considerando que más tarde Magoffin se jactó de haber sobornado a Armijo.[10]

Armijo, a pesar de que en efecto estaba mal provisto de armas y de hombres entrenados, pudo haber defendido la provincia. Para agosto de 1846, Kearny había tomado Las Vegas, Nuevo México, y se preparaba a atacar Santa Fe. Tenía que atravesar el Cañón Apache, un estrecho paso al sudeste de Santa Fe, donde Armijo hubiera podido fácilmente prepararle una emboscada. Sorprendentemente, no encontró ninguna resistencia en el cañón. Armijo había huido hacia el sur sin disparar un solo tiro, permitiendo que el Ejército del Oeste entrara en la capital. Con toda probabilidad el gobernador vendió a su pueblo.

El mito de la conquista incruenta nació principalmente de la pasi-

[8] James Magoffin se entrevistó con el presidente Polk antes de la marcha, dándole una cantidad considerable de información sobre Nuevo México. Stella M. Drumm, ed., *Down the Santa Fe Trail and Into New Mexico*. Yale University Press, New Haven, Conn., 1962, p. XXIV.

[9] Perrigo, *op. cit.*, p. 164; Drumm, *op. cit.*, p. XXIV.

[10] Drumm, *op. cit.*, p. XXIV.

vidad de Armijo. Kearny se ilusionó con la idea de que no habría más resistencia, y el 25 de septiembre emprendió la marcha hacia California. A mediados de diciembre el coronel Alexander W. Doniphan fue enviado hacia el sur a conquistar Chihuahua. En realidad, la resistencia había seguido actuando clandestinamente, pero en el otoño de 1846 salió a la luz. El coronel Doniphan observaba: "Un pueblo conquistado apenas ayer no puede tener sentimientos amistosos hacia sus conquistadores, que han tomado su tierra, cambiado sus leyes y nombrado nuevas autoridades, principalmente extranjeras." [11] Warren A. Beck, una autoridad sobre Nuevo México, escribió: "Los nativos, especialmente los de las clases elevadas, no serían seres humanos si no hubieran resentido los actos de los opresores, explotadores e insultantes norteamericanos, que no perdían oportunidad de mostrar su desprecio a los *greasers*." [12] De hecho, se formó un movimiento para expulsar al odiado gringo.

Los influyentes de Nuevo México conspiraron para expulsar de la provincia a los opresores. Los patriotas incluían a Tomás Ortiz, al coronel Diego Archuleta, al discutido padre Antonio José Martínez y al reverendo Juan Felipe Ortiz, vicario general de la diócesis y hermano de Tomás. Los conspiradores planeaban atacar a las autoridades angloamericanas durante las navidades, época en que gran parte de las mismas estarían en Santa Fe y era de suponerse que los soldados angloamericanos se dedicarían a beber en grandes cantidades; el plan fracasó porque una espía informó al coronel Price, el comandante militar, de la inminente rebelión.

Después de esto, los líderes originales no tomaron parte en nuevas conspiraciones. Los angloamericanos, por otra parte, creían que el espíritu de lucha de los de Nuevo México había sido destruido, pero estaban equivocados. El resentimiento de las masas seguía latente. Pablo Montoya, campesino mexicano, y Tomasito Romero, indio pueblo, continuaron al frente de la resistencia, atacando a los colonizadores y matando al gobernador Bent, junto con otros cinco importantes personajes. Inmediatamente después, los de Nuevo México mataron a muchas decenas más de enemigos. La rebelión fue espontánea.

Entre tanto, el padre Martínez trató de impedir la rebelión. Como hombre realista, sabía que una rebelión desorganizada sería desastrosa; también sabía cuáles habrían de ser las consecuencias del fracaso. Sin embargo, el pueblo no estaba dispuesto a escucharlo; las condiciones

[11] Citado en Beck, *op. cit.*, p. 134.
[12] *Ibid.*, p. 134.

se habían hecho intolerables. Al mando del coronel Price, soldados bien equipados respondieron atacando a unos 1 500 mexicanos e indios armados con arcos, flechas y lanzas. El ejército masacró a los rebeldes en el campo cubierto de nieve a las afueras de la capital insurgente de Taos. Los defensores se retiraron a la iglesia del pueblo, luchando valientemente frente al intenso fuego de artillería.

> Como 150 neomexicanos fueron muertos en esta acción; veinticinco o treinta prisioneros fueron fusilados por el pelotón, y muchos de los que se rindieron fueron azotados públicamente. Se dice que las tropas del coronel Price estaban tan borrachas que la acción de Taos fue más una matanza que una batalla.[13]

El juicio de los rebeldes sobrevivientes fue semejante a los de otras situaciones de ocupación: "Uno de los jueces era íntimo amigo del gobernador muerto y el hijo del otro había sido asesinado por los rebeldes. El presidente del gran jurado era hermano del gobernador asesinado y uno de los jurados era pariente de un *sheriff* muerto." [14] La ciudad estaba tan enardecida que resultó sorprendente que los acusados fueran sometidos siquiera a juicio. Quince fueron condenados a muerte, uno de ellos por alta traición. Después de esto, se hizo evidente que la rebelión armada en reducida escala no podía triunfar.

La toma de tierras en Nuevo México

La cuestión de la tierra es el punto central de los agravios mexicanos en contra de los Estados Unidos. El control angloamericano de Nuevo México no ocurrió espontáneamente; una toma de tierras organizada siguió a la conquista. Para comprender cómo sucedió, deben compararse las experiencias de los pioneros angloamericanos y mexicanos. La experiencia angloamericana se basó principalmente en el movimiento de individuos aislados hacia nuevas zonas que luego fue seguido por las adquisiciones de la civilización; los mexicanos avanzaban hacia el noroeste colectivamente. La tierra era árida y, para sobrevivir, era precisa la cooperación de la comunidad. La colonización de Nuevo México fue planeada previamente. La institución principal era el pueblo; sus plazas, acequias y economía comunal eran semejantes a las de otras ciudades de toda la América española. El gobierno proveía a los nuevos pobladores del equipo básico para

[13] Carey McWilliams, *op. cit.*, p. 137.
[14] Beck, *op. cit.*, p. 138.

cultivar sus tierras. Éstos se convertían en miembros de un pueblo y, a cambio, adquirían derechos para trabajar una porción de tierra y utilizar los terrenos de pastoreo y bosques comunales. El colono poseía derechos de riego, y la necesidad lo unía a los demás miembros de la comunidad. Existía una interdependencia entre los habitantes del pueblo, y cada uno contaba con la necesaria ayuda de los demás para construir sus casas, la atención de los sembrados y de los animales, el mantenimiento del pueblo y el cuidado de los viejos y los enfermos, así como para enterrar a los muertos.

La vida en los pueblos no era idílica, porque el privilegio de unos pocos estaba establecido por la tradición. Algunos explotaban a sus vecinos, así como a los indios de los alrededores; sin embargo, aun con las obvias fallas del sistema mexicano, el pequeño campesino compartía la tierra, y la ley mexicana lo protegía. Muchos pequeños granjeros pastoreaban su ganado en tierras que pertenecían al Estado. Algunos mexicanos poseían grandes extensiones de tierra, y muchas familias pobres vivían en estas haciendas, con libertad de usar la tierra y el agua que necesitaran. Después de las primeras confrontaciones entre los mexicanos y los indios nativos sedentarios, ambos grupos siguieron viviendo en relativa armonía, produciéndose el mestizaje.

A pesar de las injusticias, la sociedad permitía un uso más amplio de la tierra que bajo el sistema de propiedad de los Estados Unidos, que supuestamente era más democrático porque favorecía al individuo más que a la comunidad. El sistema angloamericano apartaba al mexicano de su tierra y su pasado, poniendo la tierra casi exclusivamente bajo el control de una minoría.

El ciclo angloamericano de toma de tierras fue semejante al que tuvo lugar en Texas, ya descrito anteriormente. La diferencia fue que en Nuevo México las tierras de los chicanos eran más extensas. La provincia tenía muchos pueblos y algunas ciudades. Santa Fe se había convertido en centro comercial. Existía una agricultura extensiva. La cría de ovejas daba a los pobladores su principal contacto con el mundo exterior. Un estilo de vida definido había echado raíces, y a pesar de los concertados esfuerzos de los representantes de los Estados Unidos para cambiarlo no hubo grandes diferencias. Este estilo de vida existe en muchas pequeñas poblaciones de Nuevo México, donde aún se habla el español a pesar de los programas puestos en práctica para sustituirlo por el inglés.

Después de 1848, oportunistas angloamericanos se trasladaron a Nuevo México para disfrutar el botín de la conquista. La victoria significaba para ellos el derecho de explotar los recursos del territorio. Tales invasores establecieron sus privilegios, controlando el gobierno territorial y administrando sus leyes para ampliar su dominio político, económico y social. En este proceso, los mexicanos perdieron sus tierras. Los angloamericanos se apoderaron de ellas sistemáticamente por medios legales e ilegales. Es necesaria una breve discusión de estos métodos para comprender la ira de tantos ciudadanos de Nuevo México.

Primero, los angloamericanos impusieron su ley y sus normas administrativas a la mayoría hispanohablante. Muchas de estas normas eran antitéticas a las tradiciones de Nuevo México. En muchos casos las autoridades exigían a los mexicanos que registraran sus tierras, y cuando no lo hacían dentro del plazo concedido, las perdían. Muy frecuentemente esas ordenanzas eran publicadas inadecuadamente.

Segundo, los angloamericanos imponían altos impuestos a las tierras de los mexicanos, práctica que contrastaba con la costumbre mexicana. Muchos mexicanos carecían de capital para pagarlos y sus tierras eran vendidas en subasta. Inmediatamente después de la subasta, los inescrupulosos administradores de la ley, coludidos con los privilegiados, volvían a reducir los impuestos.

Tercero, el sistema económico angloamericano abría el camino a los imperativos del capital. Los angloamericanos poseían los bancos, fuentes primarias de las que los mexicanos podían obtener capital. Los banqueros cargaban intereses excesivos, y la imposibilidad en que se hallaban los mexicanos de pagar sus deudas tenía como resultado la pérdida de los bienes hipotecados.

Cuarto, el auge que siguió a la guerra civil provocó una voracidad y una explotación sin precedentes. Hordas de especuladores llegaron a Nuevo México en busca de dinero fácil, indiferentes al destino de la tierra o los pastos naturales. El exceso de cultivo y pastoreo provocó la erosión del suelo y, con los cultivos destruidos, se aceleró la ruina del pequeño campesino. Además, los bosques fueron talados sin consideración y la erosión de las aguas destruyó aún más el suelo.

Quinto, el gobierno dispuso para la agricultura grandes extensiones de tierra pero, en contra de lo que pudiera creerse, en general estos proyectos no ayudaban al pequeño campesino. Favorecían a las corporaciones de agricultores que cultivaban en gran escala. La eficacia de estas asociaciones completó la decadencia del pequeño campesino que no podía competir con ellas. Por otra parte, los proyectos de restauración transformaban el balance de la naturaleza, afectando gravemente al Río Grande. En muchas zonas se redujo el suministro de agua, y en otros lugares fue aumentado excesivamente. Los habitantes de los pueblos ya no tuvieron prioridad como la habían tenido bajo la ley mexicana. El pueblo no podía opinar respecto a los lugares donde el gobierno decidía construir represas. Los granjeros de Nuevo México tenían que pagar por las "mejoras", tanto si las deseaban como si no. Cuando los granjeros no podían pagar estos impuestos, les quitaban la tierra a cambio de esos impuestos que no podían cubrir.[15]

Nancie L. González, en *The Spanish-Americans of New Mexico*, presenta otros ejemplos documentados de cómo los proyectos gubernamentales desplazaban al agricultor mexicano. La doctora González afirma que el uso creciente que hacen los agricultores de Colorado de las aguas del Río Grande, disminuyó la provisión de agua del norte de Nuevo México, privando a los pequeños agricultores del riego necesario, así como los proyectos en el valle de La Mesilla en el sur de Nuevo México desplazaron más aún al pequeño agricultor. Un ejemplo de los desastrosos efectos de un proyecto de recuperación es la presa Elephant Butte, construida en 1919. A las grandes asociaciones agrícolas se les concedieron inmensas extensiones de tierras y, utilizando la mecanización, se dedicaron a cultivos muy productivos, como el del algodón. El pequeño agricultor no podía competir, porque no contaba con el capital necesario para adquirir máquinas. La presa elevó el nivel de las aguas del río en el Valle Medio, de manera que cuando llegaron las lluvias en 1930, la mayor parte de la zona fue anegada y todo el pueblo de San Marchial fue barrido por las aguas. Además, la crecida a lo largo de las riberas convirtió gran parte de la tierra de los pequeños agricultores en pantanos, y una vez más los chicanos fueron víctimas del "progreso gringo".[16]

Sexto, el gobierno federal otorgó grandes concesiones de tierras a las corporaciones ferroviarias y a algunas instituciones de enseñanza superior. La historia de fraudes y explotación de los ferrocarriles nacionales está bien probada. Por otra parte, la educación pública en los Estados Unidos ha sido tradicionalmente una vaca sagrada a la que nadie se atreve a desafiar. En el pasado, los fondos destinados a la educación pública eran aprobados automáticamente, y las instituciones educativas no comenzaron a ser atacadas hasta que se convirtieron en centros y partidarios del cambio. Antes como ahora, los

[15] González, *op. cit.*, p. 52.
[16] *Ibid.*, pp. 121-122.

colegios y universidades nunca han beneficiado al chicano. La mayor parte de los mexicanos nunca llegaron a la enseñanza secundaria, para no hablar de las instituciones de enseñanza superior, que siempre estuvieron reservadas para las minorías. Por otra parte, estas instituciones producían maestros que americanizaban a muchos chicanos, función tradicional de las escuelas en las colonias, donde la educación se utiliza para integrar a los colonizados. Además, las universidades servían como centros de investigación para desarrollo de la maquinaria en beneficio de los grandes negocios, especialmente de las grandes empresas agrícolas. Esto se hacía a expensas del gobierno, utilizando máquinas y técnicas agrícolas modernizadas para sustituir la mano de obra mexicana. La tragedia es que el hombre común tuvo que pagar estas mejoras, puesto que los ferrocarriles recibían tierras pertenecientes al dominio público y las universidades se mantenían con el producto de los impuestos.

Séptimo, a principios del siglo xx los conservadores, preocupados por la destrucción que la industria realizaba en los bosques y zonas de recreo, tomaron medidas con el fin de crear parques nacionales. ¿Retrospectivamente, quién pagó por la conservación? Los originarios de Nuevo México pueden responder a esa pregunta; muchos de ellos achacan su pobreza a la creación del Servicio de Parques de los Estados Unidos.

> El suceso de mayor alcance [para destruir las tierras comunales] fue el establecimiento de los Parques Nacionales a principios de este siglo. Redujo el número de las ovejas y cabras apropiándose gracias a sus privilegios de las tierras de pastoreo y los prados. Así se eliminaron indirectamente los hilados, tejidos y manufacturas relacionadas.[17]

Como resultado de la conservación y los fraudes descritos en esta sección, los mexicanos de Nuevo México perdieron 800 000 ha de tierras particulares y 700 000 de tierras comunales.

Los resentimientos de los mexicanos de Nuevo México contra los servicios forestales siguen siendo vehementes hasta hoy. Stan Steiner, en *La Raza*: *The Mexican Americans*, cita la denuncia que hace un habitante de Nuevo México contra el servicio forestal y el gobierno: "Nuestra pobreza es hechura y creación del gobierno de los Estados Unidos... El problema del pobre es que el gobierno de los Estados Unidos crea la pobreza en los pueblos." [18] La acusación se apoya

[17] Citado en González, *op. cit.*, p. 53.

[18] Stan Steiner, *La Raza*: *The Mexican Americans*. Ed. Harper & Row, Nueva York, 1969, p. 7.

en el hecho de que el gobierno federal posee el 34.9 % de la tierra de Nuevo México, el gobierno estatal posee el 12 %, mientras que las reservaciones indias federales poseen el 6.8 %. Por lo tanto, los gobiernos federal y estatal unidos poseen el 53.7 % de Nuevo México, y el servicio forestal controla un tercio de la tierra del estado.

La propiedad del gobierno sería deseable si manejara las tierras en beneficio de la mayoría, pero no ha sido éste el caso. Los burócratas manejan la tierra como si fuese su propiedad particular, dando preferencia a los grandes intereses. Además, el servicio forestal cercó los bosques y los separó de los pueblos a que pertenecían. El mismo vecino de Nuevo México anteriormente citado por Steiner, se lamentaba: "Estamos casi en un campo de concentración... El Servicio Forestal está cercando todos los pueblos, de modo que en unos pocos años estaremos en un campo de concentración. En otras palabras, estamos oprimidos..." [19] Resulta irónico que el gobierno de los Estados Unidos, que apremió a las naciones latinoamericanas a reformar su política agraria para un reparto más equitativo de la tierra, esté por su parte despojando de la tierra a sus ciudadanos y poniéndola en manos de los modernos latifundistas.

Los forestales se defienden alegando que están haciendo lo que resulta mejor para la mayoría, y que se han concedido permisos para pastorear en los bosques nacionales. Esto es bastante retórico, puesto que los permisos de pastoreo han sido concedidos únicamente a los grandes criadores de ganado. De hecho, el gobierno ha desalentado sistemáticamente a los pequeños ganaderos elevando las cuotas de pastoreo, añadiendo nuevas cuotas y acortando la temporada de pastoreo. Esta política no es equitativa, puesto que en un tiempo la tierra perteneció a los pueblos de Nuevo México. Peter Nabokov escribe que la política gubernamental de los Estados Unidos "está obligando [a los chicanos] a recibir la odiada bolsa parda de leche en polvo de la beneficencia". Como consecuencia de esto, los habitantes mexicanos de Nuevo México aún conservan el recuerdo "difícil de entender para un angloamericano, de que esta tierra era posesión de un pueblo español, que nunca tenía por qué haber sido vendida, sino que debía haber sido disfrutada y explotada por la comunidad".[20]

Se propusieron soluciones improvisadas. Después de 1906 se concedieron permisos de pastóreo limitado en los bosques nacionales.

[19] Steiner, *op. cit.*, p. 8.

[20] Peter Nabokov, *Tijerina and the Courthouse Raid.* University of New Mexico Press, Albuquerque, 1969, p. 65.

Estaban codificados por el Acta de Pastoreo Taylor de 1934. Se concedían permisos a los ganaderos para pastorear en las tierras del gobierno de acuerdo al número de cabezas que poseían, de modo que, naturalmente, los que poseían más recibían más. Los permisos no podían ser vendidos, pero sí traspasados cuando los propietarios vendían sus animales. Los grandes ganaderos formaban sus rebaños comprándoselos a los pequeños ganaderos.[21] De esta forma los más débiles eran despojados y no podían volver a la cría de ovejas.

Un interesante epílogo al problema de la concesión de la tierra es que la mayor parte de los archivos que guardaban importantes documentos de Nuevo México fueron destruidos alrededor de 1870. La historia cuenta que el entonces gobernador William A. Pike quería ampliar sus oficinas, de modo que ordenó al bibliotecario que sacara todos los documentos de la habitación en que estaban. El bibliotecario vendió algunos de los documentos para papel de envolver y el resto fue a dar a la basura.[22] Así valiosos documentos que podían haber arrojado alguna luz sobre las demandas de tierras fueron destruidos en beneficio de los inescrupulosos acaparadores de tierras. Los verdaderos motivos de la acción de Pike se desconocen. Muchos lo acusaron de haber destruido los documentos intencionalmente porque estaba implicado en el infame "Círculo Santa Fe" que defraudó a los chicanos por millones de ha de tierra. Otros dijeron que fue una burda equivocación. Otros opinan que fue simplemente un acto estúpido.

Muy relacionada con la difícil situación económica de los chicanos está su exclusión política. Hasta 1912, el gobierno federal designaba al gobernador, y éste era frecuentemente un títere designado con el apoyo de la maquinaria política de Nuevo México. Los angloamericanos poseían el control de los departamentos claves. En la legislatura del estado eran mayoría los chicanos, pero con gran frecuencia estaban controlados por la oligarquía angloamericana. A pesar de esto, persiste el mito de la "autodeterminación hispanoamericana".

Sin duda, Nuevo México ha producido más líderes chicanos de reputación nacional que cualquier otro estado del sudoeste. Nuevo México ha tenido dos gobernadores de extracción mexicana (pero ambos duraron menos de un año en su cargo). Además, el estado ha tenido tres senadores chicanos y gran número de diputados, mayores, jueces y otros empleados menores. Algunos habitantes de Nuevo México señalan estos hechos para probar que tienen mayor

[21] González, *op. cit.*, p. 53.
[22] Nabokov, *op. cit.*, p. 48.

autodeterminación y más triunfos políticos que sus iguales en otras partes. Muchos atribuyen estos éxitos a la sutileza política —su habilidad para manejar las reglas del juego angloamericano— de los mexicanos de Nuevo México. Sin embargo, este éxito no es sorprendente, considerando que son mayoría en el estado. Durante la década de 1850 la población de Nuevo México se estimaba en 60 000 habitantes, la mayor parte de la cual era mexicana. La calidad de la representación es discutible, porque la mayoría de los representantes elegidos sirvieron por merced del *establishment* angloamericano y apoyaban su dominio colonial. Hubiera sido imposible para los colonizadores conservar el control de tantos mexicanos insatisfechos si los propios líderes de éstos no hubieran estado interesados en el gobierno. Por otra parte, esta falsa representación hacía pensar a muchos chicanos que "no es el gobierno, sino nuestros propios líderes los que nos explotan". Además los chicanos que desempeñaban cargos públicos podían ser mostrados ante los otros como ejemplos a seguir, y las ocasionales protestas de estos representantes a favor suyo, servían para apaciguarlos. El hecho, sin embargo, es que la pobre actuación de los representantes mexicanos facilitó la usurpación de las tierras. Si los ciudadanos de Nuevo México hubieran ejercido una real autodeterminación, es poco probable que los hubiesen despojado de más de 1 millón y medio de hectáreas.

La norteamericanización de la Iglesia católica

En sus discursos y escritos, Tijerina se ha referido ampliamente a los intentos de suprimir el idioma chicano, conservado, a pesar de una concertada oposición, por la comunidad. En muchos pueblos de Nuevo México, sigue siendo la lengua básica, y esto simboliza su negativa a ser norteamericanizados. La reacción de los mexicanos no fue como la de otros grupos étnicos que, con el paso del tiempo, han olvidado su idioma y han tratado de "superar" a los angloamericanos en su modo de vida. En el caso de los norafricanos y asiáticos, las instituciones religiosas sirvieron de influencia consolidadora, con frecuencia estaban formadas exclusivamente por los colonizados. La iglesia era un lugar donde las personas se congregaban y daban rienda suelta a sus agravios, lo que constituía un punto de partida de la resistencia organizada. La misión religiosa de las iglesias se convirtió en una misión para mejorar la calidad de la vida de su congregación, y gradualmente comenzó a verse envuelta en la acción social.

La Iglesia católica romana era la más importante entre los habitantes de Nuevo México; alcanzaba a las masas en la forma más directa, permaneciendo a su lado desde la cuna hasta la tumba. No obstante, al revés de lo que ocurría con el clero irlandés que proporcionaba un apoyo unificador a sus congregaciones cuando los irlandeses-norteamericanos se enfrentaban a la represión en el este de los Estados Unidos, el clero de Nuevo México se convirtió en un aliado pasivo del Estado. Inmediatamente después de la ocupación, la Iglesia se limitó a atender estrictamente las necesidades espirituales de sus feligreses. Salvo raras excepciones, no volvió a defender los derechos de los pobres. Por el contrario, trabajó para norteamericanizar al pueblo de Nuevo México, mientras que antes de la conquista, había participado activamente en su defensa. Después de 1850, el control de la Iglesia pasó de los mexicanos a la jerarquía angloamericana. Era un clero extranjero más ligado al *establishment* y a unos cuantos angloamericanos que a las masas populares. En realidad, se convirtió en agente pacificador, incitando a los mexicanos a aceptar la ocupación. Puede alegarse que estas conclusiones no son justas, puesto que la Iglesia era responsable ante Roma y no ante Washington, D. C.; también podría alegarse que se tomaron medidas para contrarrestar las corrientes anticatólicas existentes en Angloamérica durante ese periodo. Tal vez esto sea cierto. Sin embargo, hay que aclarar si la responsabilidad primordial de los sacerdotes y obispos —por encima de los intereses de Roma, las vicisitudes de la política y economía nacionales o la construcción de imponentes edificios— no es hacia Dios y aquéllos hechos a su imagen y semejanza.

Antes y durante los años de la ocupación de Nuevo México, vivió un hombre que servía al pueblo como verdadero siervo de Dios. Su devoción a la Iglesia católica era profunda y constante, pero veía en ella una institución para beneficio —no para la esclavización— de la humanidad. El padre Antonio José Martínez fue una de las figuras más importantes de la historia de Nuevo México, así como una de las más amadas. Aunque criticado por no ser célibe, pues tuvo numerosas concubinas y varios hijos, su valerosa defensa y la lealtad con que sirvió a los humildes de Nuevo México reducen esas críticas a un nivel trivial.

El "cura de Taos", como era conocido, nació en Abiauir, en el condado de Río Arriba, el 7 de enero de 1793. Se casó en 1812 y tuvo una hija, pero cuando murió su mujer tomó los hábitos y fue ordenado en 1822. Su hija, Luz, murió en 1825.[23] En 1824 Martí-

[23] William A. Keleher, *Turmoil in New Mexico, 1846-1868.* The Rydal Press, Santa Fe, Nuevo México, 1952, p. 132, nota 71.

nez se hizo cargo de la parroquia de Taos, donde dos años después estableció un seminario. Esta escuela aumentó la influencia de Martínez sobre los sacerdotes de Nuevo México que se ordenaban en la institución, resultando grandes partidarios de su filosofía. Enseñaba gramática, retórica, teología y leyes. De 1830 a 1836 fue miembro de la Asamblea Departamental. En 1835 comenzó a publicar un periódico llamado *El Crepúsculo*. También escribió y publicó libros y folletos. Durante este periodo adquirió una actitud progresivamente religiosa, negándose a aceptar diezmos de los pobres y oponiéndose a las grandes concesiones de tierras, alegando que la tierra debía pertenecer al pueblo.[24]

Después de la ocupación angloamericana, Martínez continuó su actividad y se vio envuelto en el primer movimiento de liberación. Sirvió en la legislatura desde 1851 hasta 1853. Conocido como luchador tanto contra la Iglesia como contra el Estado, criticaba a la Iglesia por "su política de permitir al clero exigir diezmos y cuotas excesivas y opresivas por los matrimonios, funerales y servicios similares".[25]

Sin embargo, en 1851, la filosofía del padre Martínez, liberal y orientada hacia el pueblo, encontró un obstáculo con la llegada de un nuevo vicario general a Nuevo México. Fray J. B. Lamy, aunque francés de nacimiento, pertenecía a la diócesis de Baltimore. A mediados de la década de 1850, fue designado obispo.[26] Sus partidarios proclamaban que él había revitalizado la religión fundando escuelas, construyendo iglesias y aumentando el número de sacerdotes de su diócesis de 10 a 37.[27] No obstante, sus críticos alegaban que había hecho todo eso a un costo enorme, y lo condenaban por no hablar contra las injusticias padecidas por el pueblo. Esto no debe sorprendernos, puesto que Lamy mantenía excelentes relaciones con los dirigentes angloamericanos y era amigo íntimo de Kit Carson, que era detestado por su explotación de los mexicanos.

Poco después de la llegada de Lamy, estalló una lucha por el poder entre él y el clero mexicano, gran parte de cual estaba formado por los ex-discípulos de Martínez. Surgió el tema del celibato, pero el desacuerdo más importante tenía que ver con la intervención del

[24] William A. Keleher, *The Maxwell Grant*. The Rydal Press, Santa Fe, Nuevo México, 1942, p. 15.
[25] Keleher, *The Maxwell Grant*, p. 133.
[26] Robert W. Larson, *New Mexico's Quest for Statehood, 1846-1912*. University of New Mexico Press, Albuquerque, 1968, p. 82.
[27] Perrigo, *op. cit.*, pp. 219-220.

clero mexicano en cuestiones temporales, especialmente su actuación como abogado del pueblo.

Al principio, Martínez evitó un enfrentamiento directo con Lamy, permaneciendo silencioso aun cuando sus amigos más cercanos eran excomulgados. Sin embargo, gradualmente los adictos de Lamy fueron haciéndose más molestos. Finalmente, cuando envió una carta a todos los párrocos insistiendo en que los sacerdotes exigieran diezmos y primicias, y recomendándoles negar los sacramentos a quienes no pagaran, Martínez se rebeló. Consideraba inmoral recibir dinero de los pobres. Finalmente Lamy excomulgó a Martínez, pero el sacerdote desafió al obispo, sin dejar de administrar los sacramentos hasta su muerte, en 1867. Otros sacerdotes mexicanos prosiguieron su tarea.

Los sacerdotes angloamericanos no intervinieron en la misión de ayuda material de los mexicanos. Por el contrario, cooperaron con los angloamericanos en la norteamericanización de los habitantes de Nuevo México para hacerles aceptar la colonización.

Los grandes ladrones de tierras

Después de la conquista, Nuevo México atrajo a más oportunistas de los que podía soportar. Muchos eran burócratas profesionales especialistas en manipular las cuestiones de gobierno y de leyes. De hecho, en la década de 1880, "uno de cada diez angloamericanos de Nuevo México era abogado".[28] Durante la ocupación, estas aves de rapiña dominaron completamente el gobierno, utilizando sus poderes para robar la tierra del pueblo. Para facilitar estos robos formaban pequeñas organizaciones políticas, semejantes a las máquinas políticas del este de los Estados Unidos. La mayoría de estos grupos estaba asociado y dependía del Círculo de Santa Fe, al que Carey McWilliams describía como "un grupo pequeño, compacto, de banqueros, abogados, negociantes y políticos anglonorteamericanos que dominaba el territorio por medio de sus lazos con los *ricos*, quienes, a su vez, controlaban los votos de la gente de habla española".[29] Esta red tejida por el Círculo hacía palidecer a sus semejantes del Este.

Los líderes eran Thomas B. Catron, Stephen B. Elkins y Le Baron Bradford Prince, todos ellos republicanos prominentes. Cierto número de demócratas así como de mexicanos ricos de Nuevo México

[28] Armando Valdez, "Insurrection in New Mexico: The Land of Enchantment". *El Grito*, otoño de 1967, p. 21.

[29] McWilliams, *op. cit.*, p. 142.

también eran miembros del Círculo. El Círculo controlaba al gobernador y a la mayor parte de los empleados gubernamentales del estado. Además, estaba apoyado por Max Frost, editor del *New Mexican*, el periódico más influyente del territorio:

> Frost, que en cierto momento de su carrera fue inculpado en una acusación por fraude de tierras, actuaba como representante periodístico del Círculo, utilizando efectivamente la prensa para desacreditar a los enemigos del Círculo y para situar sus actividades a la luz más favorable.[30]

En este breve espacio sería imposible estudiar la red del Círculo en toda su extensión, pero será esclarecedora una breve descripción de sus principales líderes.

Thomas B. Catron era el líder titular del Círculo, su hombre clave, y el cerebro organizador de las operaciones en Nuevo México. Llegó a Nuevo México a fines de la década de 1860, logrando el cargo de procurador general de los Estados Unidos para el territorio. "Durante su vida en Nuevo México, Catron llegó a ser el más poderoso de todo el territorio. Litigando concesiones de tierras o comprándolas, adquirió más de medio millón de ha..." [31]

Stephen Elkins, íntimo amigo de Catron, llegó a Nuevo México en 1863. Era abogado y, desde 1871, presidente del Banco First National de Santa Fe. Representaba los intereses del Círculo en Washington, D. C., llegando a ser delegado ante el Congreso de los Estados Unidos, y posteriormente, secretario de la Guerra bajo el presidente Benjamin Harrison.[32] En 1884, fue nombrado presidente del comité ejecutivo del Comité Nacional Republicano.

Le Baron Bradford Prince provenía de Nueva York, donde había adquirido experiencia en maniobras políticas. Tenía poderosos amigos en Washington, D. C., y le fue ofrecida la gubernatura de Nuevo México, en 1879. Posteriormente, en la década de 1890, fue nombrado gobernador.

El gobernador Edmund Ross, designado por el presidente Grover Cleveland, describió la estructura e influencia del Círculo:

> A partir del Círculo de concesión de tierras surgieron otros círculos a medida que aumentaban las oportunidades de especulación y despojo. Círculos ganaderos, círculos para el robo de las tierras comunales, círcu-

[30] Larson, *op. cit.*, p. 144.
[31] Keleher, *op. cit.*, p. 152.
[32] Larson, *op. cit.*, p. 143.

los mineros, círculos del tesoro, y círculos de todos los tipos imaginables, hasta que los asuntos del territorio llegaron a ser manejados casi exclusivamente por el interés y para el beneficio de grupos organizados y encabezados por unos pocos astutos, ambiciosos e inescrupulosos norteamericanos.[33]

Una de las tretas más infames del Círculo fue adquirir la Concesión de tierras Maxwell, que antes había sido la Concesión Beaubien-Miranda, otorgada a los concesionarios en 1841. Cuando, dos años más tarde, los partidos exigieron la ejecución, el padre Martínez se opuso alegando que parte de la concesión pertenecía al pueblo de Taos.[34] Durante los años siguientes, otros grupos reclamaron partes de la Concesión Beaubien-Miranda: indios, agricultores arrendatarios mexicanos, pueblos y colonos usurpadores angloamericanos.

Lucien Maxwell era yerno de uno de los concesionarios originales, Charles Beaubien. En 1858, Maxwell compró la parte Guadalupe Miranda de la concesión, así como un lote de la parte perteneciente a su suegro. Algunos años más tarde, cuando el suegro murió, Maxwell siguió comprando otros más. Su desembolso total no fue superior a 50 000 dólares.

En 1868, Maxwell vendió su concesión a una asociación británico-holandesa.[35] La venta creó problemas porque cierto número de arrendatarios vivía en la propiedad. Otra complicación fue que Maxwell no sabía la extensión de tierra incluida en la concesión.

Después de tomar posesión de la Concesión de tierras Maxwell, la asociación británico-holandesa se vio en muchos problemas. En 1867-68 se descubrió oro en la concesión, lo que atrajo muchos gambusinos. Más tarde, cuando se supo que el gobierno federal había hecho una reclamación sobre una parte de la Concesión Maxwell para establecer una reservación y un parque, muchos colonos ilegales se establecieron en las tierras, creyendo que pasarían a ser de dominio público y que la ley de los Estados Unidos les daría derecho a establecerse en ellas.*

Finalmente, la asociación británico-holandesa vendió la concesión

[33] Citado en Howard R. Lamar, *The Far Southwest, 1846-1919*. Yale University Press, New Haven, Conn., 1966, p. 150.

[34] Keleher, *op. cit.*, p. 150.

[35] *Ibid.*, p. 82.

* Los indios implicados en este asunto pertenecían a los Utes y a los apaches Jicarilla. Debido a la insistencia del Círculo, fueron trasladados de sus campos de caza a reservaciones.

al Círculo de Santa Fe (o se fusionó con éste), lo que permitió expulsar a los colonos ilegales.

Lucien Maxwell calculaba la extensión de la concesión entre 13 000 y 39 430 ha, pero una vez que el Círculo logró controlar la asociación británico-holandesa, la concesión fue aumentada a 700 000 ha.[36] Los residentes del condado de Colfax empezaron a sentir temores a medida que los límites de la concesión avanzaban amenazando engullir incluso las tierras cuyos propietarios poseían títulos legales. En muchas ocasiones estallaron conflictos. Por ejemplo, el 14 de septiembre de 1875, T. J. Tolby, ministro metodista y conocido opositor del Círculo, fue asesinado. Cruz Vega, mexicano y alguacil del distrito Cimarrón, fue acusado del crimen; aunque negó haber participado en aquél, fue linchado. Los vigilantes creyeron que había sido contratado por el Círculo. Pero según algunas fuentes, el linchamiento parece haber tenido características raciales, y los vigilantes se aprovecharon de la situación para conseguirse un *meskin*.[37] La consecuencia del asesinato y el linchamiento fue que se desencadenó un estado de guerra general en el condado de Colfax, que provocó mayor número de muertes que durante la guerra del condado de Lincoln.[38]

El caso Maxwell terminó yendo a las cortes que estaban controladas por el Círculo.

Mientras duró esta violencia, el grupo de Santa Fe continuó su ininterrumpido avance para lograr el control de la tierra mediante manipulaciones de la ley. Influyó sobre la legislatura territorial consiguiendo una legislación que: "autorizaba a las cortes a repartir concesiones o a ponerlas en venta, aun cuando fuera el más pequeño de los propietarios quien solicitara esa acción. Otra ley territorial, promulgada en enero de 1876, anexó el condado de Colfax al de Taos por razones políticas durante por lo menos dos periodos legales".[39] Así, donde el Círculo poseía aunque sólo fuese un terreno pequeño, podía forzar una venta; y puesto que el Círculo también controlaba a los jueces de Taos, la anexión representaba un gran beneficio. Durante este periodo el Círculo recibió la cooperación de los gobernadores designados, que rehusaron intervenir a pesar del gran derramamiento de sangre. Además, cuando el gobierno deslindó las tierras de la concesión Maxwell, John T. Elkins, hermano de Stephen

[36] *Ibid.*, p. 29.
[37] *Ibid.*, p. 79.
[38] F. Stanley, *The Grant that Maxwell Bought.* World Press, Denver, Colorado, 1953, p. 1.
[39] Larson, *op. cit.*, p. 138.

B. Elkins, fue uno de los supervisores. Finalmente, el 18 de abril de 1887, la Suprema Corte de los Estados Unidos llegó a una decisión que desatendía completamente los derechos de los indios, los mexicanos y los colonos ilegales. Falló a favor de la Compañía Maxwell [40] (entonces en poder del Círculo), desposeyendo así a los arrendatarios indios y mexicanos (los cuales habían vivido en las tierras incluidas en la concesión hasta la llegada de los usurpadores), y poniendo de este modo fin a una era.

La guerra del condado de Lincoln

La guerra del condado de Lincoln fue semejante en sus orígenes a los conflictos del condado de Colfax. La lucha fue difícil e involucró al Círculo de Santa Fe, pero centrándose sobre todo en un círculo más pequeño y en un grupo de enemigos. Los bloques de poder en esta rivalidad, que dominó la década de 1870, estaban encabezados por angloamericanos: uno republicano y uno demócrata. Los perdedores, como siempre, fueron los pobres: principalmente los ovejeros y granjeros mexicanos.

El condado de Lincoln estaba en las llanuras de Nuevo México, y contrariamente a los mitos perpetrados por historiadores como Walter Prescott Webb en su libro *The Great Plains*, los mexicanos se habían establecido en esa zona. Antes de 1870, cuando los angloamericanos comenzaron a llegar en gran número, los mexicanos ya habían establecido pueblos y granjas en el condado. Charles L. Kenner, en *A History of New Mexican-Plains Indian Relations*,[41] demuestra el hecho de que el chicano era un llanero de primera categoría e, incidentalmente, destruye el mito del mexicano cobarde:

> Al combatir a los comanches, los habitantes de Nuevo México, cuando eran bien dirigidos y adecuadamente armados, eran más que capaces de defender lo suyo. Si hubieran sido tan pusilánimes y cobardes como han declarado tantos angloamericanos, su provincia nunca hubiera soportado dos siglos de continuos ataques indios.[42]

Los mexicanos pastoreaban ovejas en terrenos comunales, costumbre que incomodaba a los aventureros angloamericanos que se habían infiltrado en el condado de Lincoln. Los angloamericanos no sólo

[40] Keleher, *op. cit.*, pp. 109-110.

[41] Charles L. Kenner, *A History of New-Mexican-Plains Indian Relations*. University of Oklahoma Press, Norman, 1969.

[42] Kenner, *op. cit.*, p. 41.

querían la tierra para pastorear su ganado, sino que querían el dominio de toda la zona. Durante la década de 1870, la ciudad principal era Lincoln, el antiguo pueblo mexicano de La Placita.

La guerra del condado de Lincoln (1876-78) ha sido definida frecuentemente como una guerra de ganaderos o una guerra de lindes en la que el conflicto se habría originado por cuestiones de ganado o problemas de deslinde. Algunos historiadores, por su parte, han limitado su alcance al de una enemistad personal. Robert N. Mullin, editor de *Maurice Garland Fulton's History of the Lincoln County War,* aclaró este punto, escribiendo:

> La guerra del condado de Lincoln fue esencialmente una lucha por el poder económico. En una tierra en la que las operaciones al contado eran raras, los contratos federales para el abastecimiento (principalmente de carne de vaca) de los puestos militares y las reservaciones indias, resultaban una codiciada presa. Desde los primeros años de la década de 1870, Laurence Gustave Murphy había sido subcontratista en el condado de Lincoln para William Rosenthal y la camarilla política de Santa Fe que disfrutaba un casi monopolio suministrando carne al gobierno, aunque ni Rosenthal ni el propio Murphy criaban o poseían ganado en número suficiente como para ello. Éstos sufrían la competencia de John H. Chisum, dueño de los mayores rebaños del territorio, que se negaba a hacer negocios a través de Rosenthal, y se empeñaba en obtener directamente los contratos de carne. De esta forma comenzó la lucha de Chisum contra Murphy, sus sucesores y quienes lo apoyaban en Santa Fe, lucha que dio origen a la guerra del condado de Lincoln.[43]

Para los mexicanos, sin embargo, la única significación de la guerra del condado de Lincoln fue su efecto sobre las personas: el total desprecio a la vida.

Inmediatamente después de la llegada de los angloamericanos, el condado de Lincoln se convirtió en el paraíso de los perseguidos por la justicia. Elementos destructivos de Texas se expandieron por todo Nuevo México. El grupo de Murphy, encabezado por Laurence Gustave Murphy, el subcontratista para el abastecimiento de carne del Círculo de Santa Fe, propició este estado de anarquía contratande gangsters angloamericanos para impulsar su negocio de abastecimiento de carne, infestando así el territorio de hombres a los que les preocupaba muy poco la ley o la vida —especialmente la vida mexicana.

[43] Maurice G. Fulton, *History of the Lincoln County War.* Ed. Robert N. Mullen. University of Arizona Press, Tucson, 1968, p. 8.

Una banda de malhechores, el clan Harrell, llegó a Lincoln en 1873 y empezó a buscar diversión molestando a los ciudadanos. Cuando el alguacil Juan Martínez trató de reprimirlos, se produjo un combate a tiros en el que murieron tres de los bandidos y el alguacil Martínez.

Los malhechores vengaron la muerte de sus amigos atacando la ciudad y disparando indiscriminadamente contra un grupo de personas que asistía a un baile. Murieron cuatro mexicanos. Aunque finalmente las tropas ahuyentaron a los Harrell fuera del condado, por el camino mataron a José Haskell porque su mujer era mexicana. Cuando cabalgaban hacia Texas, Ben Turner, miembro de la banda, recibió un balazo disparado por algún emboscado y se produjo otra balacera en la que resultaron muertos cinco cargadores mexicanos.

En el juego por el poder entre el grupo de Murphy, que controlaba a los políticos del partido republicano de Lincoln, y John H. Chisum, representante de los demócratas, Juan Patrón surgió como líder de los mexicanos. Su padre había sido asesinado por el clan Harrell. Patrón, originario de La Placita, nació en 1855, asistió a la escuela parroquial de Nuevo México y terminó sus estudios en la Universidad de Notre Dame, en Indiana. Sus amigos lo describen como "honrado, estudioso y trabajador".[44] En 1878, fue nombrado delegado ante el congreso del estado, donde los diputados lo eligieron representante de ese cuerpo. También ejerció, gratuitamente, como único maestro de escuela de la ciudad.

La aparición de Patrón ya como líder comenzó en 1875, cuando tenía el empleo de escribiente en el tribunal encargado de la comprobación de los testamentos. John Copeland, ranchero anglo, y su vecino John Riley, miembro del clan Murphy, acusaron a dos trabajadores mexicanos (que habían huido a causa de las amenazas de Copeland) de haber robado propiedades de sus ranchos. Los persiguieron, mataron a uno y capturaron al otro. Decidieron llevar al mexicano prisionero a Fort Stanton, a siete millas de distancia, y estos *cowboys*, acostumbrados a cabalgar, emprendieron la marcha *a pie* con el prisionero delante de ellos. Cuando supuestamente el chicano inerme trató de escapar, los dos anglos le dispararon. Dieron su versión del incidente al juez Laurence Murphy, socio de Riley y líder del círculo Murphy, quien los absolvió.

Patrón investigó el incidente y concluyó que los hombres habían sido asesinados en el rancho y no, como se alegaba, en el camino. Su

[44] Fulton, *op. cit.*, pp. 406-407.

demanda de llevar a cabo una investigación a cargo de un gran jurado fue denegada. Decidido a no dejar sin castigo esta injusticia, Patrón, en su calidad de secretario del juzgado, firmó una orden de arresto contra Copeland y Riley, reclutó unos cuantos hombres y se dirigieron a caballo al rancho de Copeland. Allí encontraron a los dos hombres, los tomaron prisioneros y los interrogaron. Como llegaron a la conclusión de que los dos mexicanos habían sido asesinados a sangre fría, entre la comitiva había muchos que querían fusilar a los dos acusados, pero Patrón los calmó. Cuando llegaron las tropas del Fuerte Stanton (su ayuda había sido solicitada por uno de los amigos de Riley), el grupo dejó libres a los dos gringos. Riley entró en su casa, tomó un arma y le disparó a Patrón por la espalda. Los soldados arrestaron a los mexicanos.

Patrón fue hecho prisionero y retenido en el hospital del puesto, donde permaneció en situación crítica durante algún tiempo. Aunque, a petición de John Riley, Patrón fue acusado, no compareció ante el tribunal. Se recuperó y se puso al frente de los mexicanos durante la guerra del condado de Lincoln.

Durante los conflictos que condujeron a la guerra del condado de Lincoln, Juan Patrón y otros muchos mexicanos se aliaron con Chisum y contra el círculo de Murphy, probablemente porque consideraban a este último como su principal y más inmediata amenaza. La relación del grupo de Murphy con la banda de Harrell y el asunto Riley-Copeland influyeron indudablemente en los mexicanos para tomar la decisión de apoyar a sus opositores. Luego, James Dolan —un hombre violento que había cometido muchas atrocidades— se convirtió en líder del grupo de Murphy.[45]

Los motivos de la guerra del condado de Lincoln surgieron durante la primavera de 1877, cuando un inglés, John H. Tunstall, abrió un almacén en competencia con el establecimiento de Murphy. Alexander McSween, un abogado, y John Chisum, el rey ganadero, eran socios de Tunstall. Además, el grupo Chisum-Tunstall abrió un banco para competir con el First National Bank, controlado por Stephen B. Elkins y T. B. Catron.

Cuando Dolan amenazó a Tunstall, se formaron dos campos enemigos. La mayoría de los mexicanos se unió a Juan Patrón respaldando al grupo Tunstall. Las tensiones aumentaron y empezó el derramamiento de sangre. Dolan empleó a la banda de Jesse Evans para que se encargara de los trabajos sucios. Aunque la banda contaba con unos cuantos miembros mexicanos, asesinó y persiguió en-

[45] *Ibid.*, pp. 45-47.

sañadamente a la comunidad mexicana. Finalmente, Tunstall fue asesinado por los hombres de Dolan, y de inmediato buscaron venganza sus asociados y seguidores ingleses, entre los que estaban el famoso Bonnie, alias "Billy the Kid". Durante las hostilidades Dolan atacó a Patrón en el *New Mexican*, acusándolo de ser el líder de los forajidos mexicanos del condado. Desde el punto de vista del grupo de Murphy todos los mexicanos estaban en el bando de Tunstall.

El terreno de la ilegalidad en el condado de Lincoln atraía a los bandidos de todo el oeste, y ambos grupos reclutaban pistoleros para sus filas. Entre los recién llegados al territorio estaban John Selman y sus llamados "scouts". Selman era un conocido ladrón de ganado, y fue empleado por Dolan inmediatamente después de su llegada. Según Maurice Fulton, "durante la última mitad de septiembre [1878], el grupo de Selman se trasladó a las cercanías de Lincoln e inauguró un terrorismo peor que todos los conocidos anteriormente". Con las fuerzas de Dolan, cometieron "hechos de violencia aparentemente sin motivo".[46] Sam Corbet, en una carta al padre de Tunstall, escribía: "Mataron a dos hombres y a dos muchachos [mexicanos] de apenas 14 años, desarmados, que estaban trabajando en los sembrados. Llegaron hasta ellos a caballo y los mataron a tiros." [47] Maurice Fulton comentó: "[Estos actos] enardecieron a los mexicanos, generalmente dóciles; algunos decidieron incluso vengarse en los primeros norteamericanos, en particular texanos, que se cruzaran por su camino." [48]

Durante la mayor parte de la guerra del condado de Lincoln, el gobernador Samuel B. Axtell se puso del lado del bando de Dolan, permaneciendo en silencio, y sosteniendo que la situación del condado no hacía necesaria la intervención. Mucha gente creía que Axtell era miembro del Círculo de Santa Fe. Sin embargo, los asesinos del reverendo Tolby en Colfax y de Tunstall, un súbdito británico, cuya muerte atrajo la atención internacional, señalaron la muerte política de Axtell. El 4 de septiembre de 1878, pasando sobre las protestas de Catron, Elkins y otros prominentes miembros del Círculo, el general Lew Wallace fue designado gobernador por el presidente Rutherford B. Hayes. Wallace era republicano, de modo que los habitantes de Nuevo México aguardaban inquietos para ver si demostraba ser otro Axtell. Pero el presidente Hayes le había dado

[46] *Ibid.*, pp. 291-292.
[47] Citado en Fulton, *op. cit.*, p. 292.
[48] *Ibid.*, p. 294.

la orden de acabar con los problemas del condado de Lincoln, y tomó vigorosas medidas con este fin. Formó una milicia local, dirigida por Juan Patrón, para limpiar el condado, y la paz fue restablecida en 1879.

Dolan, sin embargo, siguió ejerciendo considerable poder en el condado y llegó a ser influyente en la política territorial. Chisum dejó el condado, y Patrón, a causa del hostigamiento, terminó por irse a Puerto de Luna, a muchos kilómetros de distancia. La desgracia lo perseguía. Cuando estaba en un *saloon* tomando unas copas con un amigo, un *cowboy* llamado Mitch Maney le disparó, matándolo. Muchos creyeron que Dolan había contratado a Maney para el crimen, y ciertamente el juicio que se celebró planteaba muchas dudas. Aunque Maney era un *cowboy* que no tenía un centavo, fue defendido por una de las firmas de abogados más caras del territorio. Y más aún, el fiscal principal fue Thomas Catron, líder del Círculo de Santa Fe. El resultado fue un jurado dividido, y Maney nunca volvió a ser procesado.[49]

Juan Patrón era un líder eficaz y honesto, y por lo tanto una amenaza para el sistema imperante en el condado de Lincoln y para el Círculo en Nuevo México. Se puede especular que, si su desafío hubiese quedado sin castigo, otros disidentes hubieran podido animarse a la rebelión. En consecuencia, su violenta muerte —tanto si fue o no premeditada— sirvió para intimidar a los posibles rebeldes.

Algunos podrán argüir que estos actos de violencia eran cometidos por hombres violentos: angloamericanos que mataban a sus iguales, tanto como a los mexicanos. Pero no hay que olvidar que la población mexicana era el blanco principal y cientos de mexicanos fueron asesinados durante el curso de la guerra del condado de Lincoln. Patrón simbolizaba la resistencia mexicana a esta opresión.

Como epílogo a la violencia de la guerra del condado de Lincoln, y señalando además el fin del viejo estilo de vida, después de 1879 llegó el ferrocarril a Nuevo México. Este hecho había sido temido y combatido por muchos de los mexicanos, porque significaba la llegada de más gringos, que podrían acabar por superar en número a los pobladores originales. Cuando inevitablemente llegó el ferrocarril, fue estimulado el envío de cargamentos de lana, y muy pronto cerca de tres millones de cabezas de ganado lanar, la mayoría propiedad de angloamericanos, recorrían el territorio. Mientras que mil

[49] *Ibid.*, pp. 405-409.

de estas ovejas producían 15 000 dólares por año, un pastor mexicano podía ser empleado por menos de 200 dólares anuales.[50]

La resistencia

La tierra, como dijimos antes, está en la base de las reclamaciones de los mexicanos contra el gobierno de los Estados Unidos. Este último permitió y propició que unos cuantos hombres sin escrúpulos le arrebataran la tierra al pueblo. La historia de la resistencia mexicana contra la apropiación de la tierra, y con ella un estilo de vida, está saliendo actualmente a la luz. Los Gorras Blancas que —en la resistencia de 1889-91— operaban en el condado de San Miguel contra los anglos y los hispanos ricos, acaparadores de tierras, fueron una de las muchas sociedades formadas en Nuevo México para oponerse a los privilegios. Este grupo empleaba tácticas ofensivas, saboteando los esfuerzos de los despojadores de tierras para apropiárselas y arrojarlos de ellas.[51]

El condado de San Miguel está situado en el norte de Nuevo México; es una tierra montañosa. La ciudad principal es Las Vegas. "La porción de tierra que luego fue conocida como la Concesión de Las Vegas contenía 200 000 ha de bosques de maderas finas, tierras agrícolas y de pastoreo, siendo especialmente ricas las praderas de la zona de la futura ciudad de Las Vegas." [52] Ya en 1821, se habían dado concesiones sobre partes de esta región a algunos individuos; sin embargo, a causa de los ataques de los indios, la mayoría de los concesionarios fue incapaz de establecerse en sus tierras. No obstante, para 1841, ya se habían establecido 131 familias en la zona conocida como Las Vegas. "El 21 de junio de 1860, el Congreso confirmó 200 911 ha como concesión de tierra hecha a la ciudad de Las Vegas." [53] También fue confirmada la concesión dada a Luis María Cabeza de Vaca en 1821. En aquel tiempo la población de Las Vegas era de tipo comunal, y la mayor parte subsistía criando ovejas y cultivando la tierra. De acuerdo con las leyes y tradiciones mexicanas, la tierra pertenecía al pueblo en común y no podía ser vendida. Sólo después de la guerra civil fue recusado este sistema

[50] Perrigo, *op. cit.*, p. 279.

[51] Este informe está basado en Andrew Bancroft Schlesinger, "Las Gorras Blancas. 1889-1891". *Journal of Mexican American History*, primavera de 1971, pp. 87-143.

[52] Schlesinger, *op. cit.*, p. 93.

[53] *Ibid.*, p. 44.

de vida por los angloamericanos ávidos de tierras, acostumbrados a usurpar los dominios públicos. Tenían poco conocimiento y poco respeto por las tierras propiedad del pueblo o por las áreas comunales. En la década de 1880-90, estos angloamericanos empezaron a comprar tierras a los pobladores originales, que según la ley mexicana, los usuarios no podían vender, por lo que en muchos casos chocaban con los intereses comunales.[54]

Los usurpadores de tierras reclamaban un derecho absoluto sobre ellas y cercaron sus terrenos, abarcando hasta 4 000 ha. Este acto impedía a los mexicanos el acceso a los bosques, al agua y a los pastizales. Naturalmente los mexicanos lo resintieron especialmente cuando los usurpadores angloamericanos entablaron una demanda judicial, Milhiser *versus* Padilla, en 1887, para probar la propiedad de la tierra. El tribunal decidió que la tierra pertenecía a Las Vegas, lo que en realidad dejaba la ciudad a merced de las compañías ganaderas y madereras. Los cercados siguieron avanzando, igual que las demás usurpaciones. La favorable decisión del tribunal no ayudó en nada para disuadir a los usurpadores.[55] La actitud de las autoridades territoriales era de apatía e indiferencia.

El 1º de noviembre de 1889, los mexicanos se decidieron a defenderse ellos mismos. "Armados con rifles y pistolas, cubiertos con largos abrigos e impermeables negros, las caras ocultas tras máscaras blancas..." 66 jinetes entraron en Las Vegas.[56] Acudieron a la prisión en busca del alguacil Lorenzo López, y luego a la casa de Miguel Salazar, el procurador de justicia. No fue dañada ninguna propiedad en esa ocasión, pero a esta acción siguió un año de destrucción de cercas a cargo de jinetes nocturnos. Las acciones ofensivas eran achacadas a los Gorras Blancas, y se formularon acusaciones contra ciertos mexicanos. Durante esta época, sin embargo, los Gorras Blancas contaban con el apoyo popular, y el 16 de diciembre de 1889, 300 personas desfilaron por la ciudad pidiendo la liberación de los acusados que presumiblemente pertenecían a este grupo. El secreto en que actuaba la organización era también una ventaja, pues dificultaba que se pudiera identificar y acusar a los participantes en las correrías.

Los Gorras Blancas declaraban contar con 1 500 hombres y el 11 de marzo de 1890 recorrieron la zona este de Las Vegas, dejando copias de un programa cuyo texto decía:

[54] *Ibid.*, p. 95.
[55] *Ibid.*, pp. 96, 99-100.
[56] *Ibid.*, p. 97.

NUESTRA PLATAFORMA

Nuestro propósito es proteger los derechos e intereses de las personas en general y especialmente los de las clases indefensas.

Queremos que se establezca la Concesión de Las Vegas para el beneficio de todos los interesados, y sostenemos que éstos son todos los miembros de la comunidad incluida en la Concesión.

No queremos que interfieran "usurpadores de tierras" u obstruccionistas de ninguna clase. Los vigilaremos.

No estamos contra los abogados como clase, pero las estafas acostumbradas y el trato injusto al pueblo deben terminar.

Por lo tanto el sistema judicial debe entender que sólo lo apoyaremos cuando la "justicia" sea su norma.

Estamos contra la discriminación racial, y estaremos pendientes de que no sea propiciada.

Estamos a favor de las empresas de irrigación, pero combatiremos cualquier proyecto que tienda a monopolizar el suministro de agua en detrimento de los residentes que vivan en tierras regadas por las mismas corrientes.

El pueblo está sufriendo los efectos "patronales" partidarios, y será mejor que estos patrones se estén quietos. El pueblo ha sido perseguido y pisoteado en todas las formas posibles para satisfacer sus caprichos.

Debemos tener voto libre y justicia honesta, y debe ser respetada la voluntad de la mayoría.

No estamos en contra de ninguna persona en particular, pero somos enemigos de los matones y tiranos.

Si el viejo sistema continúa, la muerte será el alivio para nuestros padecimientos. Y en la lucha por nuestros derechos, la vida es lo menos que podemos empeñar.

Si el hecho de que somos ciudadanos respetuosos de la ley es puesto en duda, vengan a nuestras casas y vean el hambre y la desolación. Estamos sufriendo; y "éste" es el resultado de los falsos y corruptos métodos "patronales".

Los Gorras Blancas, 1 500 hombres y un número creciente cada día.[57]

Por supuesto, muchos anglos y mexicanos del sistema condenaron la plataforma como antinorteamericana y revolucionaria, y no se puede negar que el tema del documento era la resistencia contra la opresión y el derecho del pueblo a conservar la tierra.

Los Gorras Blancas continuaron tirando cercas y destruyendo propiedades durante la década de 1890. Para entonces, otros los esta-

[57] *The Optic*, 12 de marzo de 1890, citado en Schlesinger, *op. cit.* pp. 107-108.

ban emulando dejando manifestarse sus frustraciones por los agravios sufridos pero, en general, la mayor parte de los incidentes fueron achacados a los Gorras Blancas. El diario de la ciudad los calificaba de influencia destructiva para la comunidad, y el gobierno puso en marcha acciones contra ellos.

Otro enemigo de este grupo y del pueblo era el ferrocarril. La tierra fue expropiada para los derechos de vía del ferrocarril, y la incursión de nueva gente y del comercio destruyó el viejo estilo de vida. Por consiguiente, los Gorras Blancas también destruyeron la vía del tren. Esta acción perjudicó a cientos de ciudadanos angloamericanos. *The Optic* desarrolló este tema.[58] El gobernador Le Baron Prince amenazó con mandar tropas a la zona si las autoridades locales no acababan con los actos de los Gorras Blancas y, de hecho, fue a esa zona a hablar con los miembros. Félix Martínez, líder de los mexicanos pobres, le hizo frente, declarando: "Por un lado, ustedes tienen el poder del dinero —los ricos usurpadores de tierras—, por el otro, está el poder físico del pueblo. Lo cierto es que hacen sufrir injustamente a los inocentes con legítimos títulos de propiedad en beneficio de los ladrones de tierras." [59] Estas observaciones encontraron una general aprobación entre los mexicanos de Las Vegas. El gobernador Prince respondió que los agravios del pueblo no podían ser satisfechos hasta que se restablecieran "la ley y el orden".[60]

Russel Kistler, editor de *The Optic*, no era totalmente insensible, y condenó a los usurpadores de tierras que compraban pequeñas concesiones por 5 dólares y ampliaban estas posesiones hasta 2 000 ha.[61] Sin embargo, para muchos mexicanos los Gorras Blancas simbolizaban una solución extremista, porque operaban fuera de la ley. Había quienes no comprendían que para lograr las reformas era precisa la acción; las reformas pacíficas habían fallado.[62] Por otra parte, también se dejaban engañar por la decisión favorable en la causa Milhiser-Padilla y confiaban en la acción oficial. La historia demostró que estaban equivocados.

Las soluciones alternativas también competían con el movimiento de los Gorras Blancas. Los Caballeros del Trabajo, un primitivo sindicato, capitalizaban los intereses. Publicaron una declaración el 25 de agosto de 1890: "Un clamor de descontento se ha hecho general entre la gente del condado de San Miguel a causa de los abusos de quie-

[58] *Ibid.*, p. 113.
[59] *The Optic*, 18 de agosto de 1890, citado en *ibid.*, p. 115.
[60] *Ibid.*, p. 115.
[61] *The Optic*, 7 de agosto de 1890, citado en *ibid.*, p. 116.
[62] *Ibid.*, p. 116.

nes están contra la soberanía del pueblo, y los intereses públicos y privados de éste, especialmente contra los intereses de los trabajadores." [63]

El firmante principal de la declaración fue Juan José Herrera, organizador de distrito de los Caballeros, de quien se sospechaba que era cabecilla de los Gorras Blancas. Como sindicalista, sin embargo, Herrera quería apartar a los Caballeros de la actividad ilegal, de modo que se ha especulado acerca de que el supuesto lazo entre los Gorras Blancas y los Caballeros pudo ser un pretexto para hacer fracasar la unión. De cualquier modo, la declaración puso en marcha al Partido del Pueblo Unido, que operaba enteramente dentro del sistema, y al mismo tiempo asestó un golpe mortal a los Gorras Blancas. Schlesinger concluye:

> El campesino no era un animal político, ni estaba entrenado en los enredos de la democracia tal como se aplicaba en el escenario norteamericano. Además, vivía bajo una constante presión económica que aumentaba a medida que cambiaba la sociedad. En tal situación, era un fácil blanco para los dirigentes políticos que, por un precio, podían garantizarle la subsistencia.[64]

No hay duda del efecto de los Gorras Blancas en los mexicanos y, de habérseles permitido evolucionar, hubieran producido un impacto de alcance aún mayor. El proceso político conducía por un camino de sentido único, por lo que resultaba más fácil de manipular para los políticos. Algunos dirigentes chicanos abandonaron el Partido del Pueblo cuando éste nombró candidatos a cargos oficiales en 1890 y, significativamente, la destrucción de cercados disminuyó.

Sin embargo, los republicanos que controlaban el territorio sacaron provecho de los Gorras Blancas: [65] un voto para los demócratas o para el Partido del Pueblo equivalía, según ellos, a un voto por los Gorras Blancas. A pesar de todo, el Partido del Pueblo triunfó en las elecciones en todo el territorio.[66] Obtuvo cuatro asientos en la Asamblea. Pero poco después, un miembro de ésta por el Partido del Pueblo, Pablo Herrera, anunció su desilusión. Hablando ante la legislatura en febrero de 1891, dijo:

[63] *The Optic*, 25 de agosto de 1890, citado en *ibid.*, p. 117.
[64] *Ibid.*, p. 117.
[65] *Ibid.*, p. 121.
[66] *Ibid.*, p. 122.

Señores... He servido durante muchos años en la penitenciaría, pero sólo seis días en la legislatura... he observado cuidadosamente los procedimientos que se siguen aquí. Quisiera decir que el tiempo que pasé en la penitenciaría fue más agradable que el que he pasado aquí. Hay más honradez en... la prisión que... [en] la legislatura. Preferiría pasar otra temporada en la prisión que ser reelegido aquí.[67]

Pablo Herrera regresó a San Miguel y trató de revivir los Gorras Blancas, pero fue acosado por todas partes y por último, fatalmente, fue asesinado de un tiro por Felipe López, un teniente alguacil. Las reformas a nivel del condado fueron frustradas y prosiguieron los ataques a los Gorras Blancas. Sin embargo, como un síntoma del resentimiento de los campesinos de Nuevo México, empezaron a surgir nuevas organizaciones semejantes a ésta en sus propósitos.[68] Los Gorras Blancas desaparecieron; muchos de sus líderes se habían metido en la política, quizá en persecución de sus ambiciones personales.

Conclusión

Hacia finales del siglo se descubrieron muchas minas en Nuevo México: cobre, carbón, cinc y otros minerales eran extraídos en cantidades importantes. Como siempre, los dueños eran angloamericanos, y también como siempre, los mexicanos eran la mano de obra barata generadora de grandes ganancias. La irrigación trajo a Nuevo México una agricultura en gran escala, cambiando el estilo de vida de los residentes en detrimento de los paisanos, que proporcionaban el grueso de la fuerza de trabajo también en la industria. Para 1900, el privilegio económico de un puñado de angloamericanos se había hecho permanente: con pocas excepciones, el mexicano no compartía el control de la producción. Mientras tanto, más *cowboys* texanos penetraron en Nuevo México, aumentando la discriminación. Para 1912, cuando Nuevo México fue convertido en estado de la Unión, las sociedades mineras, agrícolas y transportistas eran las propietarias de éste.

Este capítulo sencillamente ha proporcionado una visión general de la colonización de Nuevo México. Debe emprenderse una investigación mucho más profunda, semejante a la realizada por Andrew Bancroft Schlesinger sobre los Gorras Blancas, para que la historia del sudoeste pueda ser vista a través de los ojos de los chicanos y de

[67] *Ibid.*, p. 123.
[68] *Ibid.*, p. 125.

quienes simpatizan con su historia. Ya no podemos seguir tolerando la justificación que hacen los historiadores de la agresión angloamericana. Solamente mediante una comprensión más amplia de la historia podremos apreciar las protestas de hombres como Tijerina. Perpetuar muchos de los mitos, tales como el mito de la autodeterminación de los habitantes de Nuevo México, es reforzar la opresión que existe actualmente. Hombres como Juan Patrón y J. J. Herrera fueron los precursores de la actual generación de rebeldes o insurrectos. Al comprenderlos, así como a los Catron, los Dolan, y otros de su especie, comprenderemos mejor el presente, y las palabras de Reies López Tijerina adquirirán mayor significado:

> ¡Estados Unidos está violando la Carta de las Naciones Unidas!
> ¡Abajo los usurpadores de tierras!
> ¡Abajo los violadores del Tratado!
> ¡Estados Unidos viola la Ley Internacional! [69]

[69] Blawis, *op. cit.*, p. 57.

LOS CHICANOS: ENSAYO DE INTRODUCCIÓN *

DAVID R. MACIEL
CHRISTINE IRIART DE PADILLA
AMADO M. PADILLA

Este ensayo introductivo al pueblo chicano tiene como propósito exponer cierto marco histórico de referencia al proceso social de los chicanos; mostrar ciertas limitaciones tradicionales de la literatura chicana, y ofrecer algunos comentarios críticos sobre ciertas obras básicas, escritas sobre el pueblo chicano.

El pueblo chicano constituye la segunda minoría étnica numérica dentro de la sociedad norteamericana. Según las estadísticas del censo anual de 1971 más de cinco millones de personas de origen mexicano viven en los Estados Unidos. La gran mayoría de esta población reside en los estados fronterizos con México: California, Texas, Nuevo México, Arizona y Colorado. Aparte de estos estados del sudoeste, se encuentra cierta cantidad de la población chicana en las ciudades de Chicago, Kansas City, Detroit y Milwaukee.

A pesar de su cantidad numérica y de su importantísima contribución en la formación de la vida económica y social de los Estados Unidos, hasta los últimos años los chicanos han sido una minoría invisible.

A distinción de otros grupos, que vinieron exclusivamente como inmigrantes de Europa, el pueblo chicano constituye una minoría incorporada a la sociedad norteamericana por medio de la conquista. Con el triunfo de la Guerra del 47, los Estados Unidos aumentaron notablemente su territorio y su posición como una potencia en América. Igualmente adquirieron una colonia interna, pues con la adquisición del sudoeste, alrededor de 75 000 mexicanos se encontraron de repente en tierra extranjera. Así es que por conquista principia el proceso histórico chicano, y por medio de las varias conquistas políticas, económicas, sociales y culturales seguirá dicho proceso. Sistemáticamente el pueblo chicano, en sus diversas clases sociales y niveles económicos, ha cambiado de ser dueño de su tierra y su destino a ser una minoría explotada. En la etapa traumática de 1848 a 1900 las estructuras del sudoeste cambian radicalmente, despojando de

* Ensayo publicado en la *Revista de la Universidad de México*, vol. XXVII, núm. 6, febrero de 1973.

bienes y privilegios al pueblo chicano. Al perder su poder y su identidad, éste se vio forzado a incorporarse y "aculturarse" a la sociedad norteamericana. Mas sólo se les incorpora como una colonia interna, y se les niega su cultura, su herencia y su propia historia. Durante más de un siglo el pueblo chicano ha sido sometido a tremendas injusticias políticas, sujeto a la discriminación social y a explotación económica; siempre ha ocupado el nivel económico más bajo de la población estadunidense.

En las diversas disciplinas académicas poco o nada de la investigación se dedicaba a los chicanos. Aun cuando los estudios trataran los temas relacionados con el pueblo chicano, sufrían generalmente de cinco limitaciones: el prejuicio social; la falta de investigación seria; el exceso de generalización; la falta de una metodología apropiada para el estudio, y la falta de investigadores chicanos.[1]

En la década de los 50 y aún más en los 60 se desarrolla el movimiento chicano. Este movimiento lucha sistemáticamente por un mejoramiento total de las condiciones socioeconómicas, políticas y culturales del pueblo chicano. Parte esencial de las metas del movimiento es la necesidad de una enseñanza bilingüe y bicultural que se arraigue en la tradición sociohistórica del pueblo chicano. Por ende se vio la urgente necesidad de estudios con una nueva visión y diferentes enfoques metodológicos que revelaran la realidad del proceso social chicano.

Los trabajos reseñados en este ensayo son el resultado de las investigaciones que han salido en los últimos años y algunas obras que por su mérito fueron reeditadas. Por conveniencia, las obras se han dividido de la manera siguiente: estudios generales, historia, estudios regionales, ciencias sociales, educación, revistas académicas y guías y bibliografías.[2]

Estudios generales

La primera obra seria sobre el pueblo chicano fue *North from Mexico: The Spanish Speaking People of the United States* (Nueva York, Greenwood Press, 1968) de Carey McWilliams.[3] Esta obra,

[1] Estas limitaciones han sido estudiadas detalladamente por Amado M. Padilla, en su trabajo titulado "Psychological Research and the Mexican American", Margaret Mangold (ed.), *La Causa Chicana: A Movement for Justice,* Nueva York, Family Service Association, 1972.

[2] No se incluyen aquí obras de literatura.

[3] Hay traducción en español de la obra de McWilliams publicada por la Editorial Siglo XXI.

que se publicó originalmente en 1948, es una historia interpretativa de la población mexicana que inmigró hacia el norte de México. Con sumo conocimiento personal, y gran sensibilidad cultural, el autor narra las relaciones entre los ascendientes mexicanos y los norteamericanos. McWilliams expone, detalladamente, las injusticias, la discriminación y la violencia que han sufrido los chicanos. *North from Mexico* ha salido en varias ediciones, lo que prueba su mérito. El estudio ofrece aún, en muchos aspectos, la mejor introducción general al pueblo chicano. Esta obra sigue siendo el punto de partida para las más recientes investigaciones.

Una de las mejores narraciones del movimiento chicano es la obra de Stan Steiner, *La Raza: los méxico americanos* (*La Raza: The Mexican Americans*. Nueva York, Harper and Row, 1969). El estudio analiza tres aspectos fundamentales del movimiento: Reies Tijerina y la lucha por la recuperación de las tierras en Nuevo México; la situación socioeconómica en los barrios de Los Ángeles y las luchas para mejorarla, y el movimiento campesino de César Chávez.

Otra seria aportación es *La Raza: americanos olvidados* (*La Raza: Forgotten Americans*. Notre Dame, Indiana, University of Notre Dame Press, 1966). Esta obra, editada por Julián Zamora, aporta siete ensayos sobre diversos aspectos del pueblo chicano: la educación, el papel de la Iglesia, la política, la legislación, las clases sociales, y las características demográficas.

Semejante a la obra anterior, la antología editada por John H. Burma, *México americanos en los Estados Unidos* (*Mexican Americans in the United States*, Cambridge, Massachusetts, Schenkman Publishing Co., 1970), ofrece varios ensayos sobre la educación, el prejuicio social, la economía, familia y religión, política, la situación social, la aculturación y la asimilación, y la salud.

La mayor obra que se ha escrito sobre los chicanos es el resultado de un plan de cuatro años conducido por Leo Grebler, Joan W. Moore y Ralph C. Guzmán, de la Universidad de California en Los Ángeles. Titulado *La gente méxico americana* (*The Mexican-American People*, Nueva York, The Free Press, 1970), este libro fue financiado por la Ford Foundation a un gasto de casi medio millón de dólares. Sin duda este libro es el análisis más amplio que se ha escrito sobre el chicano; contiene más de setecientas páginas y describe la perspectiva histórica desde la conquista del sudoeste por los Estados Unidos, el nivel socioeconómico actual del chicano, el sistema individual y social, el papel de la religión, y la interacción política del chicano con los órganos de gobierno. De los veinticuatro capítulos, los más valiosos son los que se ocupan de los problemas educativos, la familia, el matrimonio interracial, la Iglesia católica, el liderato, y la efectividad política. Los grandes apéndices presentan el esquema experimental sobre el cual está basado el libro, y resultarán inestimables para los científicos sociales que intenten en el futuno ampliar el trabajo de Grebler, Moore y Guzmán.

Los aspectos más débiles del libro son su falta de conocimiento de la historia mexicana y el no presentar al chicano como partícipe en el proceso histórico. El historiador no quedará satisfecho con esta obra, mientras que al investigador sin interés histórico le resultará de mucha importancia. Otra debilidad es la poca atención que se presta a los movimientos sociales que han formado la nueva identidad del chicano; por ejemplo, los autores prestan poca o ninguna atención al comité organizador de los obreros agrícolas y al movimiento de Nuevo México por la recuperación de tierras.

A pesar de las limitaciones del libro, *La gente méxico americana* seguirá siendo por muchos años el estudio clásico sobre los chicanos. El libro está atestado de información para el investigador interesado sobre el tema, y servirá como punto de partida para investigaciones más completas y detalladas. Lo que le da valor es que, más que cualquier otro libro sobre el chicano, los autores de éste presentan descubrimientos empíricos que se prestan a un mayor examen, lo que no es el caso en muchas de las obras que veremos a continuación. Además, representa la primera investigación interdisciplinaria del chicano, puesto que es el trabajo colectivo de antropólogos, economistas, historiadores, politólogos y sociólogos.

Otra ventaja de este libro es la amplia bibliografía de artículos, libros, publicaciones del gobierno, folletos y datos no publicados. En ningún otro lugar se encontrará tal suma bibliográfica.

En *México americanos* (*Mexican Americans*, Englewood Cliffs, New Jersey, Prentice-Hall, 1970), Joan Moore, con una perspectiva sociohistórica, sintetiza gran parte de *The Mexican American People*, con poca variación. Alfredo Cuéllar contribuye con él capítulo final sobre la política contemporánea chicana.[4]

Historia

La historia del pueblo chicano está por escribirse. Los temas fundamentales para un conocimiento profundo del proceso histórico chi-

[4] El Fondo de Cultura Económica ha publicado una traducción en español de este estudio.

cano como son los estudios regionales, los movimientos obreros, la pérdida de las tierras y del poder económico y político; el bandolerismo social y otros movimientos de resistencia; la urbanización y otros, están por investigarse. Parte de este olvido se debe a que la gran mayoría de las historias nacionales norteamericanas tradicionalmente han omitido totalmente al pueblo chicano dentro del proceso histórico y social del país. Incluso la historiografía del Sudoeste y las historias regionales excluyen toda referencia a la población chicana después del Tratado de Guadalupe Hidalgo. Claro, las razones de dicho olvido son evidentes, resultado directo de la situación colonial en la que ha vivido el pueblo chicano. Primeramente, un concepto esencial en la ideología del colonizador es el de negarle su historia, su herencia y su cultura al colonizado, tratando así de aculturarlo y someterlo a una posición de dependencia. Segundo, si las historias patrias o regionales norteamericanas incluyeran la narración del pueblo chicano se verían forzadas a revelar las múltiples injusticias y la tremenda explotación que han sufrido los chicanos en el país fundado en los ideales de la libertad y la democracia, y en el que "todos los hombres gozan de los mismos derechos y son protegidos por las mismas leyes". Por último, el sistema educativo norteamericano no ha favorecido a los jóvenes chicanos, ni en la menor forma, con los instrumentos o los recursos necesarios para la investigación; al contrario, ha frustrado sus oportunidades educativas en los diversos niveles.

Sin embargo en los últimos años empieza a florecer la historiografía chicana. Hasta la fecha se han publicado dos monografías, un estudio folklórico con trasfondo histórico de la frontera, dos síntesis generales, una historia documental, una bibliografía general y dos artículos fundamentales.

La pérdida de las tierras y del poder económico y social de los californianos forma el tema de la obra de Leonard Pitt, *Decadencia de los californianos: historia social de los californianos de habla española (The Decline of the Californios: A Social History of the Spanish Speaking Californios,* Berkeley, University of California Press, 1966). El autor narra ahí, detalladamente, el proceso de usurpación de las tierras y del poder económico y político por los anglos. El estudio de Pitt sirve como modelo para semejantes investigaciones en los otros estados del Sudoeste. Su limitación mayor es que sólo aporta un análisis sobre los californianos de la clase alta. Igualmente se necesitan los estudios sobre los efectos del colonialismo en los otros niveles sociales. *Furia y muerte: Los bandidos chicanos* (Los Angeles, Aztlán, 1972), editado por Pedro Castillo y Alberto Camarillo, examina y evalúa el papel de cinco figuras: Tiburcio Vázquez, Joaquín Murrieta, Elfego Baca, Juan Cortina y Gregorio Cortez, como líderes de la resistencia contra el colonialismo anglo. Otro estudio sobre Gregorio Cortez, aunque diferente en enfoque y metodología, es el del renombrado investigador Américo Paredes, *With his Pistol in his Hand — A Border Ballad and its Hero* (Austin, University of Texas Press, 1958). El autor ilumina, a través de un estudio histórico y social del corrido de Gregorio Cortez y otros corridos, la vida social de la frontera, desmintiendo estereotipos y demostrando la vigencia de la cultura chicana.

La primera síntesis panorámica sobre el pueblo chicano es *Los chicanos: historia del méxico americano (Los Chicanos: A History of the Mexican-American,* Nueva York, Hiss and Wang, 1972) de los historiadores Matt S. Mier y Feliciano Rivera. La obra es un resumen de trabajos publicados y carece de investigación seria de fuentes primarias. Aunque tenga cierto valor como síntesis, aporta poco nuevo. Hace unos años este estudio hubiera resultado valioso, pero hoy día se espera encontrar una investigación de fuentes primarias que aporten nuevos datos del proceso histórico chicano.

Mucho mejor, desde la perspectiva chicana, es *América ocupada: la lucha de los chicanos por la liberación (Occupied America: The Chicano's Struggle for Liberation,* San Francisco, Canfield Press, 1972) del historiador chicano Rodolfo Acuña. Empleando el concepto del colonialismo interno, a través de crónicas, testimonios personales y diversas fuentes primarias, el autor expone cómo la conquista del sudoeste creó una situación de colonialismo interno para la población chicana que existe hasta la fecha. Con profundo conocimiento de primera mano, Acuña esquematiza los movimientos de resistencia del pueblo chicano en la lucha por su identidad y su liberación. Más que todo, el valor de *Occupied America* es que el autor siente y toma parte en la historia que narra, aproximándose así verdaderamente a lo que ha sido el proceso histórico chicano.

Otra seria aportación es *Una historia documental del mexico americano* (*A Documentary History of the Mexican American,* Nueva York, Praeger, 1972), editada por Wayne Moquin y Charles Van Doren. Como indica el título, la obra es una recopilación de los documentos que cubren los años desde 1536 hasta 1970.

En la revista *Aztlán* se publicaron dos importantísimos artículos sobre la historia chicana. El primero, "Resumen y bibliografía tentativa sobre la historia chicana" ("A Precis and a Tentative Bibliography on Chicano History", I:1, primavera de 1970), por Jesús Chavarría, aunque sumamente breve, aporta un esquema general del proceso histórico chicano, separándolo en etapas culminantes con sus respectivas características y temas sobresalientes. Se refiere también a las influencias mexicanas y norteamericanas en la formación del pueblo chicano. El segundo artículo, "Hacia una perspectiva sobre la historia chicana" ("Toward a Perspective on Chicano History", II:2, otoño de 1972) por Juan Gómez-Quiñones, es indudablemente el mejor y el más esclarecedor artículo sobre la historia chicana. El autor, con un conocimiento como pocos, analiza críticamente los múltiples temas del proceso histórico chicano: la definición del tema histórico, las características y limitaciones de la historiografía mexicana, norteamericana, y chicana sobre los chicanos; la periodicidad de la historia chicana y sugerencias metodológicas. Estos dos artículos servirán como punto de partida para futuras investigaciones.

La única guía bibliográfica de la historia es la aportación de Matt Mier y Feliciano Rivera, *Una bibliografía selectiva para el estudio de la historia méxico americana* (*A Selective Bibliography for the Study of Mexican American History*, San José, Apartan Book Store, 1971). Lamentablemente, no está anotada y se han omitido muchas obras esenciales.

Movimientos regionales

En años recientes acontecieron dos movimientos regionales que han exaltado la existencia de los chicanos en los Estados Unidos. El principal, sin duda, fue la huelga agrícola encabezada por César Chávez. Hay varias obras que analizan los varios aspectos de la lucha de los obreros agrícolas en California. *Huelga* (California, Farmworkers Press, 1966), de Eugene Nelson, describe en detalle los primeros cien días de la "huelga de Delano". El autor, que participó en el boicot, se refiere a la lucha para obtener apoyo, a los tremendos conflictos con los agricultores, y sobre todo, a los efectos regionales y nacionales de la huelga.

Un análisis algo más amplio es *Sal si puedes: César Chávez y la nueva revolución americana* (*Sal si puedes: César Chávez and the New American Revolution*, Nueva York, Random House, 1969) de Peter Matthiessen. El autor, en estilo periodístico, describe el periodo desde el principio hasta el fin de los años sesenta, por medio de largas y numerosas entrevistas concentradas en César Chávez. Una tercera obra importante sobre Chávez y la lucha de los campesinos es la de John Gregory Dunne, *Delano: cuento de una huelga de la uva* (*Delano: The Story of a Grape Strike*, Nueva York, Farrar, Straus and Giroux, 1967). Dunne, en magnífico estilo, narra la historia de Chávez y su compromiso social con las organizaciones que han conducido a la formación del sindicato de los obreros agrícolas. El estudio más reciente es un libro por Mark Day, *Cuarenta acres: César Chávez y los obreros agrícolas* (*Forty Acres: César Chávez and the farmworkers*, Nueva York, Praeger, 1971).

Juntos, estos libros presentan una penetración analítica de las condiciones que histhóricamente han mantenido al chicano en una posición sometida, de la cual ahora está escapando.

En el mismo nivel de importancia en la lucha chicana por su liberación está el movimiento regional de Reies López Tijerina en Nuevo México. Aquí el tema se concentra sobre la propiedad de las tierras concedidas a los antepasados de los chicanos, pero posteriormente perdidas a manos de los anglos por medio del engaño y el fraude. Para movilizar a su gente en defensa de sus terrenos, Tijerina formó la Alianza Federal de Mercedes el 7 de octubre de 1963. El propósito de la Alianza era el de organizar y poner en contacto a todos los hacendados de mercedes españolas, respaldados por el Tratado de Guadalupe Hidalgo.

Casi cuatro años después, el día 5 de junio de 1967, Tijerina y unos veinte de sus discípulos invadieron la casa del juzgado en Tierra Amarilla, Nuevo México, para hacer pública su reclamación en el sentido de que mucho del terreno del estado había sido robado a sus antepasados. Esto fue, a la vez, el principio y la terminación de la Alianza. El papel desempeñado por Tijerina en este movimiento se analiza en varios libros.

Tijerina y la invasión de la casa del juzgado (*Tijerina and the Courthouse Raid*, Albuquerque, University of New Mexico Press, 1969), de Peter Nabokov, es un informe de primera mano, por un periodista presente en la escena de la invasión. Otro estudio importante que se ocupa de las actividades de la Alianza y que ofrece fondos históricos sobre el problema de las mercedes, es el libro de Michael Jenkinson, *Tijerina: Conflicto en Nuevo México sobre las tierras mercedadas* (*Tijerina: Land Grant Conflict in New Mexico*, Albuquerque, Paisano Press, 1968). Una narración emocionante sobre la existencia paupérrima de los chicanos en Nuevo México y su conflicto armado con los funcionarios del estado y del gobierno nacional por las tierras que fueron suyas, es la relatada por Richard Gardner en *Grito: Reies Tijerina y la guerra nuevo mexicana de 1967 sobre las tierras mercedadas (Grito: Reies Tijerina and the New Mexico Land Grant War of 1967*, Nueva York, Bobbs-Merrill, 1970). En este libro, las entrevistas con los socios de la Alianza y los testimonios directos de chicanos de todas edades constituyen el "grito" por la justicia social.

Las ciencias sociales

Los antropólogos y sociólogos mexicanos interesados en leer trabajos sobre los chicanos no tendrán ninguna dificultad en encontrar los artículos. Lo importante aquí no es la cantidad de artículos y libros que se han escrito, sino la calidad de las obras. Al novicio en este tema se le ha de advertir que su lectura debe ser crítica y que esté prevenido para la obvia mala interpretación de lo que es el chicano.

Tal vez antes de discutir las obras de selectos investigadores, el estudiante mexicano estaría más sobre aviso si leyera dos artículos del antropólogo chicano Octavio I. Romano-V. En el primero, "La antropología y sociología del mexicoamericano: deformación de la historia mexicoamericana" ("The Anthropology and Sociology of the Mexican American: The Distortion of Mexican American History", *El Grito: A Journal of Contemporary Mexican American Thought*, 2[1]:13-26, 1968), la tesis principal de Romano es una polémica contra los investigadores contemporáneos que han intentado el estudio del chicano desde la perspectiva de una "cultura tradicional". Su argumento es que el chicano forma parte de un proceso histórico: realidad ésta que han olvidado o ignorado los escritores anglos. En el segundo artículo, "La presencia histórica e intelectual de los mexicoamericanos" ("The Historical and Intellectual Presence of Mexican Americans", *El Grito: A Journal of Contemporary Mexican American Thought*, 2[2]:32-46, 1969), Romano acentúa la heterogeneidad del chicano. Analiza la filosofía indianista que forma parte del chicano, las demasiado numerosas confrontaciones históricas que ha enfrentado y, en fin, pone énfasis en el nacionalismo que está surgiendo entre la comunidad chicana. Ambos artículos, en consecuencia, suministran una base necesaria para evaluar las obras de otros sociólogos y antropólogos.

Un libro introductorio sobre el chicano es el de John Burma, *Los grupos de habla española en los Estados Unidos (Spanish-Speaking Groups in the United States*, Durham Duke, University Press, 1954). El libro de Burma, aunque no representa una mayor contribución, sirve para introducir al principiante en los diversos problemas enfrentados por los chicanos en los Estados Unidos. Una importante cuestión que presenta Burma se refiere a la dificultad que han tenido los chicanos para asimilarse dentro de la sociedad común de los Estados Unidos.

Otro libro introductorio es el que fue escrito por tres investigadores chicanos: Ernesto Galarza, Herman Gallegos y Julián Zamora. Su libro, *México americanos en el Sudoeste (Mexican-Americans in the Southwest,* Santa Bárbara, McNally and Toffin, 1969), es un legible análisis. Algunas secciones del libro ofenden al chicano; por ejemplo, los autores declaran que los chicanos viven en una cultura de pobreza y que la única salvación es la ayuda desde fuera de la comunidad chicana. Sin embargo, el libro sirve para introducir al lector en el asunto.

Varias obras ponen énfasis sobre los chicanos de específicas zonas geográficas. Dos de ellas intentan analizar al chicano de Texas, desde una perspectiva antropológica. La primera de estas obras es la de William Madsen, *Los mexicoamericanos del sur de Texas (The Mexican Americans of South Texas,* Nueva York, Holt, Rineholt and Winston, 1964), y la otra es de Arthur Rubel, *Al otro lado de los rieles: mexicanos en una ciudad en Texas (Across the Tracks: Mexicans in a Texas City,* Austin, University of Texas Press, 1966). El libro de Madsen ha resultado una de las obras más disputadas en lo que se relaciona a los chicanos. El libro es rechazado virtualmente por todos los investigadores chicanos, debido al estereotipo que se le pone al méxico americano. Esta es la obra que mejor aclara la actitud que han tenido muchos de los investigadores angloamericanos hacia el chicano, considerado como un grupo inferior que debía ser absorbido lo más pronto posible por la superior vida americana. La mejor crítica contra la descripción de Madsen se puede hallar en el ensayo de Octavio Romano-V. El libro de Rubel es una narración mucho más precisa de la vida diaria del chicano en Texas. La materia del libro fue acumulada por medio de entrevistas y se concentra en las interacciones sociales entre los méxico americanos de la comunidad y otros grupos. Este libro permanece como uno de los mejores estudios del chicano hecho por un investigador angloamericano. El estudio clásico regional fue escrito por un chicano, sobre la gente de Nuevo México. En *La gente olvidada (Forgotten People,* Albuquerque, University of New Mexico Press, 1940), George Sánchez, con excelente sensibilidad, describe las condiciones de la vida de una gente que desde el siglo XVII ya había colonizado la tierra que hoy día es el estado de Nuevo México. Sánchez demuestra cómo la conquista y la dominación por los Estados Unidos, que tuvo por resultado la pérdida de sus tierras, trajo el empeoramiento del modo de vida del chicano. A pesar de que el libro pone énfasis en las condiciones sociales y económicas del chicano de Nuevo México, también se ocupa de los problemas educativos que acosan al chicano en general. Brevemente, este libro es indispensable para el alumno interesado en conocer más sobre el chicano. Lo que uno aprende por medio de Sánchez es que hasta muy recientemente el chicano era un hombre "olvidado" que existía en una tierra que en un tiempo él llamó suya.

Otro libro sobre el chicano de Nuevo México, escrito por la antropóloga Nancie González, es *Los hispanoamericanos de Nuevo México: una herencia de orgullo (The Spanish-Americans of New Mexico: A Heritage of Pride,* Albuquerque, University of New Mexico Press, 1967). Este libro adolece de muchas de las mismas fallas que se encuentran en el análisis de Madsen sobre los chicanos de Texas. Sin embargo, tiene valor al tratar de los movimientos de militantes que están ocurriendo en Nuevo México. El lector de este libro debe ser precavido con las interpretaciones que hace González sobre el modo de vida del chicano. También sería una buena idea comparar esta obra con el estudio anterior de Sánchez.

Esta sección no estaría completa si no mencionara los estudios de carácter psicológico. Hasta la fecha poco se ha escrito sobre la psicología del chicano; uno de los recursos primarios para información sobre las dimensiones psicológicas del chicano se encuentra en *Estudios de psicología del mexicano* (México, Editorial F. Trillas, 1968), de Rogelio Díaz Guerrero. En la segunda parte del libro, Díaz Guerrero presenta las aportaciones de varios estudios trasculturales con relación a los valores de los mexicanos, anglos y chicanos de Texas.

Otro texto psicológico es un libro que reúne 32 artículos con relación a varios aspectos de la psicología del chicano. Editado por Nathaniel N. Wagner y Marsha J. Haug, este libro, *Chicanos: perspectiva social y psicológica (Chicanos: Social and Psychological Perspectives,* Saint Louis, C. V. Mosby Co., 1971), contiene lecturas sobre temas tales como las percepciones interétnicas, la familia, la personalidad y la salud mental. La calidad de los artículos es de buenos a muy pobres.

Educación

Hace mucho se ha creído en los Estados Unidos que la educación es la ruta para conseguir una mejor situación social y para lograr la asimilación dentro del proceso social norteamericano. Así es que cualquier persona interesada en el chicano tendrá que interesarse sobre cómo el sistema educativo en los Estados Unidos ha respondido a la tarea de educar al niño chicano. Inmediatamente encontrará impresa la afirmación de que al chicano no le interesaba la educación y, por lo tanto, no aprovechó la que se le ofrecía. Este era el argumento de los educadores anglos para explicar su fracaso escolar y su temprana deserción del proceso educativo.

Es sólo en los últimos años que se ha examinado la pertinencia del sistema educativo para los chicanos en los Estados Unidos. Ahora empiezan a publicarse estudios y su impacto se está sintiendo en los distritos escolares que tienen una gran población chicana. El primero de los libros dedicados enteramente a la educación del chicano se titula *Los niños de habla española del Sudoeste: su educación y el bienestar público (Spanish-Speaking Children of the Southwest: Their Education and the Public Welfare*, Austin, University of Texas Press, 1965), escrito por Herschel T. Manuel. En su libro, Manuel discute los problemas que encuentra el niño chicano al empezar en la escuela: los de una educación en lengua extraña y dirigida hacia una cultura distinta.

Un análisis más crítico de los problemas señalados por Manuel aparecen en *Mexicoamericanos en la escuela: historia de una negligencia educativa (Mexican Americans in School: A History of Educational Neglect*, Nueva York, College Entrance Examination Board, 1970), de Thomas Carter. Carter trata su análisis desde una nueva perspectiva, o sea, en vez de culpar al chicano por su fracaso escolar, demuestra cómo el sistema educativo de los Estados Unidos ha fracasado en proporcionarle iguales oportunidades educativas. Sus datos vienen de amplias entrevistas con educadores del sudoeste y el libro representa un cambio total de las investigaciones tradicionales sobre la educación.

A pesar de que el libro de Carter presenta una perspectiva nueva, ha sido superado por el estudio sobre la educación mexicoamericana de la Comisión de los Derechos Civiles de los Estados Unidos (United States Commission on Civil Rights Mexican American Education Study). El propósito de este estudio fue hacer una evaluación global del carácter y alcance de las oportunidades educativas para los chicanos en las escuelas públicas del sudoeste. Para lograr su objeto el estudio procuró: *a*] determinar las *prácticas* de los educadores que afectan significativamente las oportunidades educativas de los chicanos; *b*] revelar las *condiciones* que dentro de las escuelas influyeron en la educación de los chicanos, y *c*] comprender cómo las prácticas y las condiciones en las escuelas son determinantes en el *resultado* del avance educativo de los chicanos.

Hasta ahora se han publicado cuatro informes tomados de este estudio, que son los siguientes: *Informe I: El aislamiento étnico de los mexicoamericanos en las escuelas públicas del Sudoeste (Report I: Ethnic Isolation of Mexican Americans in the Public Schools of the Southwest*, abril de 1971); *Informe II: La educación inconclusa —consecuencia en las minorías de cinco estados del Sudoeste (Report II: The Unfinished Education - Outcomes for Minorities in the Five Southwestern States*, octubre de 1971); *Informe III: El estudiante excluido: prácticas educativas que afectan a los mexicoamericanos en el Sudoeste (Report III: The Excluded Student: Educational Practices Affecting Mexican Americans in the Southwest*, mayo de 1972); *Informe IV: La educación mexicoamericana en Texas en función de la riqueza (Report IV: Mexican American Education in Texas - A Function of Wealth*, agosto de 1972). Todos estos informes pueden obtenerse del Superintendent of Documents, U. S. Government Printing Office en Washington, D. C.

Además de la descripción global del sistema educativo que afecta a los chicanos, estos informes son valiosos recursos de datos primarios relativos a temas como los resultados de la realización, los resultados de la lectura, la división étnica en las escuelas y el fondo étnico de los maestros y de los administradores. En suma, el valor de estos informes servirá para influir en la calidad de la educación que reciba el chicano en el futuro.

Uno de los descubrimientos más importantes que surgen del libro de Carter y de los informes de la Comisión, es la falta de atención que prestan los maestros a la herencia cultural de los chicanos. El reconocimiento de esta negligencia cultural por los jóvenes chicanos, profesionales y estudiantes, es lo que ha motivado la creación de los Departamentos de Estudios Chicanos en los colegios y las universidades de los Estados Unidos. El manifiesto para la inclusión de los estudios chicanos universitarios está propuesto en *El Plan de Santa Bárbara* (Santa Bárbara, California, La Causa Publications, 1970). En este breve, pero importante libro, encontramos el plan para la organización de los Departamentos de Estudios Chicanos, los cursos que se deberían enseñar, y los estudiantes que se deberían reclutar para la educación universitaria. Hoy día el ánimo de los chicanos, que constituyeron el Consejo Coordinador Chicano sobre la Educación Universitaria que resultó en *El Plan de Santa Bárbara,* está llegando a los niveles de las escuelas secundarias y primarias. Con esto, finalmente, miramos el comienzo de un movimiento dirigido a la educación cultural de los niños chicanos.

Revistas académicas

Actualmente sobresalen dos revistas académicas en las cuales se han publicado algunos de los trabajos más importantes sobre el arte, la educación, la historia, la literatura, la sociología, el teatro, la psicología y la política del pueblo chicano: *Aztlán: Chicano Journal of the Social Sciences and the Arts* (Los Angeles, Mexican American Cultural Center, University of California) que se dedica principalmente a las ciencias sociales, y *El Grito: A Journal of Contemporary Mexican American Thought* (Berkeley, Quinto Sol Publications, Inc.) dedicado a los estudios de humanidades.

Guías y bibliografías

En los últimos años se han publicado algunas bibliografías y guías que ofrecen cierta ayuda para el investigador de los temas referentes al chicano. Infortunadamente una bibliografía exhaustiva y crítica está por hacerse. La más completa es *Una guía de los estudios sobre las personas de herencia mexicana en los Estados Unidos (A Guide to Materials Relating to Persons of Mexican Heritage in the United States,* Washington, D. C., Government Printing Office, 1969). Otro trabajo semejante y más reciente es *Los de habla española en los Estados Unidos: guía de lo escrito (The Spanish Speaking in the United States: A Guide to Materials,* Washington, D. C., 1971). Las limitaciones de estos trabajos son el no definir su criterio sobre las obras individuales y el que se encuentran muchos títulos que tienen poco que ver con el chicano. Con diferente enfoque y propósito se han publicado ciertos trabajos bibliográficos que se concentran casi exclusivamente en obras sobre el chicano. Una de las bibliografías más útiles es *Los mexicoamericanos: bibliografía selecta y anotada (The Mexican American: A Selected and Annotated Bibliography,* Stanford, Stanford University, 1971), editada por Luis Nogales. Su gran ventaja es que se anotan las fechas y que contiene un índice por temas, lo que hace de este trabajo uno de los más completos hasta la fecha. Otro trabajo valioso es *Bibliografía de Aztlán: bibliografía chicana anotada (Bibliografía de Aztlán:* An *Annotated Chicano Bibliography*, Centro de Estudios Chicanos, San Diego State University, 1971), editada por Ernie Barrios. Varios investigadores chicanos de diversas disciplinas: historia, sociología, educación, filosofía, y la ciencia política, reseñan ciertas obras fundamentales sobre el chicano. Otra bibliografía importante es *Obras selectas sobre el chicano (Selected Materials on the Chicano*, Los Ángeles, Mexican-American Cultural Center, University of California, 1970), Juan Gómez-Quiñones, editor. Su valor estriba en que incluye obras como el folklore, las películas y la legislación, que usualmente no se encuentran en otras bibliografías.

La mejor guía para los estudios bibliográficos sobre los chicanos es el ensayo "Apuntes para la documentación de la cultura chicana", por Ray Padilla. Este extenso ensayo crítico sobre bibliografías y fuentes, reseña una gran cantidad de obras de los siglos XIX y XX. El estudio de Padilla se complementa con una extensa lista, "Bibliografía de bibliografías referidas a los estudios de los mexicoamericanos" ("A Bibliography of Bibliographies Relating to Studies of Mexican Americans") por Joseph D. Clark Moreno. Los dos trabajos se encuentran en *El Grito:* A *Journal of Contemporary Mexican American Thought* (V:2, invierno de 1971-72).

Conclusión

Desde su incorporación a la sociedad norteamericana, el pueblo chicano ha vivido en una situación colonial, sufriendo de múltiples injusticias, del prejuicio social, de la explotación económica, y viendo negada su historia, su cultura e identidad.

Con el movimiento chicano ha empezado la lucha para un rompimiento con la opresión y un mejoramiento de la situación socioeconómica, política y cultural. Parte de este cambio ha sido evidente en las disciplinas académicas donde por primera vez se están llevando a cabo serias investigaciones con métodos apropiados para aproximarse al proceso social chicano. Sin embargo todavía falta mucho que hacer, muchos estereotipos que desmentir y muchas verdades que revelar. Los investigadores de los temas chicanos deben tomar en cuenta ciertos factores de estos temas: diferencias regionales, diferencias sociales, diferencias de toma de conciencia del pueblo chicano, diversos antecedentes y diferencias según las generaciones.[5]

[5] Para un análisis más detallado de las diversidades del pueblo chicano se pue-

Con mejores obras chicanas se logrará parte de las metas del movimiento chicano que insiste en una educación significativa y basada en la propia tradición histórica. Esta nueva educación seguirá creando un nacionalismo cultural y ayudará a formar un tema de conciencia en las nuevas generaciones chicanas que seguirán en la lucha por la liberación de su pueblo.

den consultar los artículos de Fernando Peñalosa, "Toward an Operational Definition of the Mexican American", *Aztlán*, I, primavera de 1970, pp. 1-13, y "Recent Changes Among the Chicanos", *Sociology and Social Research*, 55(1): 47-52, 1970.

LOS CHICANOS Y LA POLÍTICA *

Patricia E. Bueno

Es opinión generalizada que la actitud del mexicano-norteamericano frente a la política se ha caracterizado por la apatía y la complacencia. Y la escasa representación que en este sentido han obtenido hasta la fecha, parece confirmar la veracidad de esta afirmación. Aunque por su fuerza numérica podrían elegir del 10 al 20 % de las legislaturas del Suroeste, no alcanzan sino el uno o ningún por ciento; es decir, no han sido lo suficientemente militantes.

No fue sino hasta la década de los sesenta, con el nacimiento del movimiento chicano, que estos ciudadanos norteamericanos rebasaron las fronteras del regionalismo y empezaron a captar la atención nacional. El hecho de que esa minoría integrada —según el censo de 1970— por 5.6 millones de personas se encontrara concentrada en cinco estados de la Unión, la hacía invisible prácticamente para el 80 % de la población del país.

Sin embargo, la comunidad de mexicano-norteamericanos ha mostrado siempre inquietantes políticas que en el transcurso de este siglo han tomado diferentes formas. Y una de las razones para que durante tanto tiempo se las haya desconocido es que las soluciones que adoptaron no se han ajustado a los modelos norteamericanos de lo que debe ser una organización política. Ello quiere decir que los organismos fundados por esta comunidad han tenido por objeto satisfacer no sólo necesidades políticas, sino también sociales, económicas y culturales.

La finalidad de este trabajo es presentar, de manera cronológica, los ensayos políticos intentados por los mexicano-norteamericanos desde los primeros años de este siglo hasta desembocar, en la década pasada, en el movimiento chicano que, sirviéndose del "nacionalismo cultural" como símbolo, ha reunido en su torno a la segunda minoría más importante de los Estados Unidos para darle una fuerza hasta entonces desconocida.

El creciente proceso de concientización, y la unión que a través de un orgullo étnico ha empezado a lograr, habrán de operar para que el chicano ocupe en el plano nacional el lugar que le corresponde.

El despertar del presente siglo significó para los pobladores originales del Suroeste de los Estados Unidos, radicados entonces principal-

* *Revista de la Universidad de México*, vol. XXVII, núm. 6, febrero, 1973.

mente en áreas rurales, el inicio de una serie de profundos cambios. Una vez que el ferrocarril vinculó esta región con los mercados nacionales, su historia quedó ligada al movimiento de los estados fronterizos hacia la corriente principal de la sociedad y de la economía norteamericana.

En el Suroeste empezaron a operar grandes fuerzas transformadoras, entre las que podemos citar, en primer término, la tecnología agrícola. La Ley de Recuperación de Tierras de 1902, que promovía la agricultura de riego, implicó una gran demanda de mano de obra barata. Ésta fue obtenida de las familias de origen mexicano establecidas en la región y, cuando era necesario, de los habitantes del otro lado de la frontera. Otra gran fuerza transformadora fue, especialmente en Nuevo México, el uso general de tierras públicas —para bosques nacionales, concesiones a compañías ferroviarias, etcétera—, medida que privó a muchas poblaciones pequeñas del derecho a las tierras de pastoreo que habían utilizado durante muchos años.

Humillados y despojados, los pobladores originales se vieron reducidos a la condición de trabajadores sin tierra. Convertidos en entes política y económicamente impotentes, se encerraron en sí mismos y conservaron celosamente su lengua, su herencia y sus tradiciones. El paso del tiempo acentuó la discriminación en contra de los mexicano-norteamericanos, surgida de sus primeros contactos con los anglos, y los patrones de explotación y prejuicio caracterizaron sus relaciones con la sociedad que ahora los dominaba.

En el transcurso de las décadas posteriores, la población del Suroeste se incrementó con una corriente de inmigración constante procedente de México. Las oleadas más importantes tuvieron lugar en los años veinte, cincuenta, y entre 1960 y 1964.

En los años anteriores y posteriores a la primera Guerra Mundial surgieron en los Estados Unidos muchos conflictos laborales que involucraban un gran número de mexicano-norteamericanos, pero no fueron lo suficientemente frecuentes ni coordinados como para destruir la creencia de su "docilidad"

De cualquier forma, el advenimiento de la primera Guerra Mundial empezó a cambiar la situación del trabajador de origen mexicano. Entre otras cosas, aceleró su urbanización.

En las ciudades, las organizaciones de mexicano-norteamericanos tienen su origen en una amplia variedad de circunstancias y muestran pluralidad de fines. En ocasiones se crearon como respuesta a determinadas necesidades —sociales, económicas— y, posteriormente, ampliaron sus actividades hasta alcanzar la esfera política.

Las primeras asociaciones fueron del tipo de beneficio mutuo, tan común entre los grupos de inmigrantes. De entre éstas se destacan *La Alianza Hispano Americana, La Cámara de Comercio Mexicana, La Sociedad Progresista Mexicana y Recreativa* y *La Sociedad Mutualista Mexicana*, en su mayoría organizadas alrededor de 1918.

En parte, la función de estas sociedades fue la de sustituir a las organizaciones norteamericanas a las que los individuos mexicanos no podían unirse con facilidad. Y aunque desarrollaron cierto grado de conciencia política, su principal preocupación consistió en proporcionar ayuda económica a sus miembros a la vez que diversiones y actividad social. Sin embargo, no por ello se debe menospreciar su importancia. Este tipo de organizaciones, que aún perdura, ofrece a las comunidades mexicano-norteamericanas un fuerte potencial de ayuda política gracias a su popularidad.

A partir de 1920 la actividad para organizarse aumentó. Algunas de las asociaciones formadas durante esta época reflejan los logros que los mexicano-norteamericanos establecidos en las ciudades habían alcanzado, y que hacían un esfuerzo para que sus grupos fueran válidos ante la sociedad.

Un buen ejemplo lo constituye la *Orden Hijos de América* creada en San Antonio en 1921, cuyos miembros fundadores provenían casi enteramente de la nueva clase media de mexicano-norteamericanos que empezaba a surgir. A diferencia de las agrupaciones anteriores, que estaban abiertas a ciudadanos y no-ciudadanos de los Estados Unidos, la orden restringía el derecho de ser miembro exclusivamente a "los ciudadanos de los Estados Unidos de extracción mexicana o española, nacidos en el país o naturalizados". Esta limitación indica que los líderes mexicano-norteamericanos se habían percatado ya de que el poder político es esencial para el logro de los objetivos de una minoría, y de que éste sólo se alcanza mediante la organización de un sólido bloque de ciudadanos que ejerzan su derecho de voto.

Pero las actividades de la Orden no se ciñeron únicamente al registro de votantes; también desarrolló acción política directa. Una de sus primeras tareas fue promover que los mexicano-norteamericanos capaces sirvieran como jurados en procesos legales.

Infortunadamente —y esto caracterizará a muchas organizaciones posteriores— diferencias surgidas en su seno dieron como resultado la división y, más tarde, la creación de la *League of Latin American Citizens* (LULAC). Nuevamente se restringió el ingreso a los ciudadanos de extracción mexicana o española y, entre otras, una de sus metas era "desarrollar entre los miembros de nuestra raza el tipo mejor, más puro y perfecto del verdadero y leal ciudadano de los Estados Unidos de América".

A lo largo de su trayectoria, los postulados de la organización han reflejado su orientación de clase media y su propósito de adaptación a la sociedad norteamericana. La LULAC adquirió fuerza y, con el tiempo, se convirtió en portavoz de los mexicano-norteamericanos que habían adquirido cierto grado de mejoría social y económica. No obstante, a partir de la segunda Guerra Mundial, con los cambios que ésta trajo consigo, empezó a adoptar una posición mucho más agresiva.

Los años treinta, con la Gran Depresión, constituyeron una dura prueba para los mexicano-norteamericanos. Ellos fueron los primeros en perder el empleo. Los que en este periodo lograron conservar sus trabajos se afiliaron en bandadas a los sindicatos, y participaron activamente en las huelgas de las ciudades, campos de cultivo y minas acaecidas a mediados de la década. Sin embargo, estos intentos de organización política fueron combatidos con la violencia.

Para 1940, la población de origen mexicano se había incrementado notablemente. En esta década, la segunda Guerra Mundial marcó un profundo cambio en las relaciones del mexicano-norteamericano con la sociedad que lo rodeaba. En primer lugar, antes y después del conflicto, la urbanización de la población de origen mexicano se desarrolló a pasos agigantados. Y las primeras oportunidades favorables para poder penetrar en la sociedad norteamericana se presentaron. En cada fase de la guerra, incluyendo las fábricas de defensa y las escuelas de entrenamiento, así como el mismo servicio armado, se abría una puerta para muchos mexicano-norteamericanos.

Los años de la guerra los pusieron en estrecho contacto con la sociedad de los anglos, especialmente en las ciudades. Y aunque la creciente urbanización trajo consigo beneficios materiales, no significó cambio alguno en otro sentido. La discriminación continuaba, las condiciones de las viviendas eran deplorables, y el acceso a las escuelas y a ciertos lugares públicos permaneció restringido. La tensión de este periodo alcanzó su clímax con los motines de los pachucos, acaecidos en la ciudad de Los Ángeles en 1943.

Por otra parte, no hay que olvidar que un crecido número de mexicano-norteamericanos participó en la guerra. Los Guardias Nacionales de Nuevo México, de "habla española", defendieron gloriosamente Bataán. Para muchos hombres, el servicio prestado en los tiempos de guerra fue una oportunidad real de aculturación; la primera tal vez que jamás tuvieran. De esta experiencia, como era de esperarse, resultó un nuevo orgullo en la ciudadanía y un resentimiento creciente a todas las formas de discriminación. Habían peleado y ofrendado sus vidas como cualquier norteamericano, y al regresar al hogar encontraban nuevamente que eran víctimas del desprecio general.

Todo ello provocó que, en los años posteriores a la segunda Guerra Mundial, se iniciara una verdadera politización de las comunidades de origen mexicano.

Los veteranos mexicano-norteamericanos del conflicto se dieron pronto cuenta de la posición tan desventajosa que esta minoría ocupaba con respecto a la sociedad americana. Pero sus deseos de mejorar las condiciones de vida de los barrios se vieron frustrados, porque no tenían acceso a los puestos directivos de los programas de asistencia. Fue entonces cuando decidieron formar sus propias organizaciones para llevar adelante estos planes.

Una de las primeras fue la *Community Service Organization* (CSO). Fundada en Los Ángeles en 1947, trató de preparar dirigentes de extracción local y movilizar grandes sectores de la población mexicano-norteamericana para combatir las condiciones de habitación, la brutalidad policíaca, la segregación en las escuelas, la desigualdad en la justicia y la discriminación en los empleos. La CSO se convirtió en un significativo fenómeno de la posguerra.

La importancia de esta organización estriba en que ejerció presión en pro de la plenitud e igualdad de los derechos de los mexicano-norteamericanos, y en que promovió una participación más activa de todos los elementos de la comunidad; ya no servía sólo de instrumento a unos cuantos mexicano-norteamericanos ricos.

En cuanto a la actividad política, al encontrar escasa respuesta por parte de las autoridades municipales, la CSO se dio cuenta de la necesidad de contar con una representación en el Ayuntamiento. Así es que sus miembros organizaron amplias campañas colectivas para empadronar votantes, y en 1949 un mexicano-norteamericano ocupaba un puesto en el Ayuntamiento de Los Ángeles después de 68 años. Este triunfo inyectó a los ciudadanos de origen mexicano un poderoso sentido de su potencial político, y sentó las bases de su futuro movimiento.

Sin embargo, a pesar del éxito obtenido, la CSO concentró sus esfuerzos en proporcionar servicios a la comunidad. Considerada como radical en el momento de su fundación, en años recientes su importancia se ha visto disminuida en parte por el desarrollo de otros núcleos que le han hecho la competencia.

Otro ejemplo de las organizaciones que florecieron en esta época es el *American G. I. Forum*, fundado en Texas por el doctor Héctor García y un grupo de veteranos de la guerra como respuesta a la negativa de una agencia funeraria de Three Rivers, Texas, para enterrar a un veterano de origen mexicano. Su primer éxito consistió en lograr que el veterano en cuestión fuera enterrado en el cementerio de Arlington, y en eliminar las prácticas discriminatorias del Hospital de Veteranos de Corpus Christi.

El *G. I. Forum* se extendió a veintitrés estados de la Unión, y aun cuando era de acción cívica se ha dedicado cada vez más a las actividades políticas. La organización anima a sus miembros a ocupar puestos políticos, y ha patrocinado intensas campañas de empadronamiento. El *G. I. Forum* también se ha mostrado activo en desarrollar programas de beneficio mutuo para la comunidad, y en la actualidad permanece como fuerte portavoz de los derechos de los mexicano-norteamericanos en Texas.

Si la CSO y el *G. I. Forum* reflejan las metas de los años inmediatos a la posguerra, dos grupos políticos fundados en la postrimería de la década de los cincuentas muestran un cambio en los objetivos y en los recursos de la comunidad. Si bien las organizaciones anteriores habían dejado ver en algún momento interés por la política, las que las siguieron después manifestaron abiertamente la naturaleza política de muchas de sus actividades.

La primera de ellas fue la *Mexican American Political Association* (MAPA), fundada en el estado de California en 1958. La tarea primordial de la MAPA ha consistido en promover mexicano-norteamericanos para puestos públicos, y en apoyar candidatos de cualquier partido que estén dedicados a mejorar la situación de la comunidad. Debido en gran parte a los esfuerzos de la MAPA para incrementar la representación política de los mexicano-norteamericanos en California, tres miembros al Congreso, tres jueces de la Corte Superior y tres de las Cortes municipales de ascendencia mexicana fueron electos subsecuentemente. La MAPA también ha presionado para que se implante una legislación que beneficie a la población mexicano-norteamericana, y ha llevado programas de educación política a través de todo el estado.

En política nacional uno de los triunfos más sonados de esta organización fue la instalación de los clubes "Viva Kennedy", que en 1960 canalizaron el 95 % de los votos de los de "apellido español" en el estado a favor de ese candidato.

Por otra parte, la MAPA ha intentado atraer a las clases más pobres de mexicano-norteamericanos intensificando la identificación étnica y facilitando el acceso de los más desvalidos a sus actos.

Otra asociación similar, fundada en Texas a principios de la década de los sesenta como consecuencia del Movimiento "Viva Kennedy", es la *Political Association of Spanish Speaking Organization* (PASSO), que ha dedicado sus esfuerzos a organizar a los mexicano-norteamericanos del Suroeste en una entidad política capaz de ejercer presión en todos los niveles del gobierno.

Entre sus logros, el que ha recibido más publicidad es el haber capturado —aunque no por mucho tiempo— el control político en la población de Crystal City, Texas, al destituir a la maquinaria política norteamericana. En esta empresa, PASSO se unió a grupos de anglos liberales y al *Teamster's Union.*

Aunque tanto la MAPA como la PASSO se limitan todavía a California y Texas respectivamente, existen filiales e intentos de organización similar en otros estados.

En la década de los sesenta apareció, sin que nadie lo advirtiese, el movimiento chicano, que representa de hecho un fenómeno revolucionario en la vida de los mexicano-norteamericanos.

Los comienzos exactos de esta corriente no se pueden definir con exactitud, pero su importancia radica en que ha reunido en torno al concepto de chicanismo a mexicano-norteamericanos de todas las edades, niveles socioeconómicos e intereses. Entre sus seguidores se cuentan lo mismo jóvenes estudiantes y profesores universitarios que trabajadores laborales o ciudadanos ya asimilados. En esta forma, el movimiento trasciende las clases sociales y los marcos de región y generación.

Como sus componentes tienen distintas metas y fines, su amplio campo de actividad es sumamente heterogéneo. Dentro de él, el nacionalismo es el rasgo que unifica los modos de operar de los diferentes grupos de activistas chicanos.

El movimiento incluye a los partidarios de Reies López Tijerina, quien en 1962 fundó en Nuevo México la *Alianza Federal de los Pueblos Libres* para hacer pública la violación de los Tratados de Guadalupe Hidalgo de 1848 y exigir la devolución de las tierras robadas; a César Chávez, fundador del *United Farm Workers Organizing Committee* y sus aguerridos trabajadores, quienes en 1965 iniciaron la "huelga de las flores" y más tarde la de los recolectores de uva y la de la lechuga; a Rodolfo "Corky" González, de Denver, Colorado, organizador de la *Cruzada para la Justicia* y promotor de *El Plan Espiritual de Aztlán*; a estudiantes y organizaciones universitarias, y a todo aquel que de una manera u otra se sienta identificado con el concepto de chicanismo.

El chicanismo pretende lograr la identidad del mexicano-norteamericano en función no de clases, generaciones o lugares de residencia, sino en una experiencia única compartida durante la vida en los Estados Unidos y en un pasado, antecedentes, cultura y raza comunes. El chicanismo subraya con frecuencia el aspecto racial, y la ascendencia mexicana se ha convertido en fuente de orgullo.

El chicano se considera a sí mismo como un nuevo hombre: medio mexicano y medio americano, mezcla las dos culturas en su ser. Para los nuevos líderes chicanos, los derechos civiles son más que igualdad ante la ley; se han convertido en derechos culturales para preservar su lenguaje, herencia y modo de vida peculiar. Por lo tanto, la nueva ideología se presenta como un desafío a las creencias del anglo con respecto a los mexicanos.

Un importante factor en el surgimiento del creciente nacionalismo chicano fue la experiencia del movimiento negro. Es necesario reconocer que el chicano ha tomado prestados algunos de los objetivos, valores, técnicas y estrategias desarrollados a lo largo de la lucha de la población negra para hacer valer sus derechos.

Los primeros líderes profesionales del movimiento chicano no surgieron sino hasta marzo de 1969, en la primera Conferencia sobre la Liberación de la Juventud convocada en Denver por la *Cruzada para la Justicia.*

En ella se redactó *El Plan Espiritual de Aztlán,* suscrito por 1 500 chicanos, que señala el camino para la unificación y organización de los mexicano-norteamericanos.

> El plan espiritual de Aztlán establece que el chicano (La Raza de Bronce) debe usar su nacionalismo como la clave o el común denominador para la movilización y organización masiva. Una vez que nos comprometamos con la idea y filosofía de El Plan de Aztlán, sólo podemos concluir que la independencia social, económica, cultural y política es el único camino para la total liberación de la opresión, explotación y racismo.*

En la primera Conferencia sobre la Liberación de la Juventud, también se concibió la idea de un partido chicano independiente.

* *Plan espiritual de Aztlán* citado por Hernández Deluvina, "La Raza Satellite system", en *Aztlán. Chicano Journal of the Social Sciences and the Arts,* vol. I, núm. 1 (primavera, 1970).

En la actualidad funciona ya el *Partido de la Raza Unida,* y los nacionalistas han empezado a ganar terreno en la política.

Mientras tanto, los miembros no profesionales del movimiento realizan campañas para elegir candidatos chicanos y, a la vez, desarrollan programas para evitar la discriminación en los empleos, detener la construcción de autopistas a través de sus barrios, inscribir más niños en las escuelas, corregir las versiones de la historia que aparecen en los libros, y demás.

El panorama esbozado a lo largo de este ensayo merece algunas consideraciones y comentarios.

En primer lugar, aunque la inquietud política ha estado siempre presente en la comunidad mexicano-norteamericana, el excesivo regionalismo, la carencia de recursos y, hasta muy recientemente, la falta de líderes habían restado efectividad a sus esfuerzos.

Actualmente, gracias al símbolo del "nacionalismo cultural" la población de origen mexicano ha empezado a agruparse ideológicamente y a identificar sus intereses. Sin embargo, ni remotamente, el proceso de convertir al chicano en una entidad étnica es algo concluido. En este sentido, lo único que podemos afirmar es que se han dado los primeros pasos.

A pesar de la contradicción que la actitud del chicano encierra, ya que mientras su fin último sería lograr funcionar dentro de la sociedad norteamericana acentúa en este momento las características que lo separan de ella, es un camino válido para obtener la unificación.

En el terreno político, esta unificación carecerá de sentido si los chicanos no ejercen su derecho de voto en forma de bloque étnico capaz de inclinar la balanza de poder a su favor.

De su habilidad para lograrlo y de la manera en que puedan sortear la representación política en el futuro dependerá la solución favorable de un gran número de sus problemas.

EL IDIOMA DE AZTLÁN: UNA LENGUA QUE SURGE *

SALVADOR RODRÍGUEZ DEL PINO

> Desde el porche de mi chante, en mi barrio de Eastlos, Aztlán, watcho a mis carnales cruziar por los caies rumbo a sus cantones despues del jale: vatos cabuliando con sus jainas, pachucos fuliando afuera de la marketa de don Charlie, agüelitas con chavalios de la mano y un bonche de raza que sale de los boses que vienen del daontaon. Toda esta es mi Raza, alegre, orgullosa y muy jaladora aunque la placa siempre los esté tisiando.[1]

A primera vista, el párrafo anterior parece estar escrito en español, y lo está, solamente que al toparnos con palabras como porche, chante, watcho, cruziar, etcétera, nos damos cuenta de que, aunque estas palabras tienen la morfología española, el significado se nos escapa a menos que sepamos el idioma inglés o, mejor, seamos chicanos. Este párrafo está escrito en español chicano, el dialecto o la variante española del suroeste de los Estados Unidos. A diferencia de las otras variantes del español, tales como la rioplatense y la andaluza, el español chicano ha incorporado el elemento inglés en su estructura, fonología y semántica, al punto de casi convertir a este dialecto en una lengua separada de su lengua materna: el español mexicano.

El otro único dialecto español que incorpora el inglés en su estructura es el boricua; el español chicano es producto de dos lenguas en contacto: el inglés americano y el español mexicano. Y detallando más, clasificaremos al inglés americano en "inglés pionero", o sea el hablado por el nivel social al cual este grupo de colonizadores pertenecía, y al español mexicano en "español mexicano provincial", o sea el español que se hablaba en la provincia mexicana con todos sus barbarismos, solecismos y arcaísmos, en la época de la Revolución Mexicana, entre los años 1910 y 1925, durante el gran éxodo de me-

* *Revista de la Universidad de México*, vol. XXVII, núm. 6, febrero de 1973.

[1] Desde la veranda de mi casa, en mi barrio del este de Los Ángeles, Aztlán, contemplo a mis hermanos pasearse por las calles rumbo a sus casas después del trabajo: jóvenes platicando con sus novias, pachucos divirtiéndose fuera de la tienda de don Carlos, abuelitas con niños de la mano y grupos de gente chicana que sale de los autobuses que llegan del centro. Toda ésta es mi Raza (chicanos), alegre, orgullosa y muy simpática, aunque la policía siempre los esté provocando.

xicanos hacia el suroeste de los Estados Unidos. A raíz de la anexión del territorio mexicano por el Coloso del Norte, la interferencia del inglés comienza uniéndose a un español casi estático de Nuevo México, estado en donde encontramos los arcaísmos más arraigados del español, a consecuencia de su largo aislamiento con los centros más poblados de la República Mexicana y por ende, de la evolución lingüística del país. El español chicano es también conocido por otros términos tales como pachuco, spanglish, español bastardo y Tex-Mex.

Hasta hace unos cuantos años con el resurgimiento de una conciencia colectiva socioeconómica por parte de los americanos de descendencia mexicana, el término o nomenclatura de "Chicano Spanish" ha sido empleado. Todo mexicano que visita a familiares que residen "de este lado" se encuentra con una fuerte dosis de español chicano que provoca diferentes reacciones: a algunos les causa risa, a otros consternación, pero todos tratan de corregir el español que oyen sin darse cuenta de que para algunos chicanos el español mexicano es incomprensible, a menos que hayan tenido algo de instrucción en el español normal.

El español chicano no solamente es producto de dos lenguas en contacto, sino también de la influencia de factores del medio ambiente y la inmediata realidad de la vida chicana, muy diferente a la mexicana, aunque provenga de ella. En otras palabras el habla del chicano tiene fuerte relación con todos los elementos y factores que componen su nivel social y su estado de minoría en desventaja. El individuo chicano también habla su "español" de acuerdo con el grado de aculturación o asimilación de la "cultura" anglosajona, de manera que existen chicanos que no pueden verbalizar el español aunque entiendan perfectamente a sus padres y otros que nunca han podido aprender el inglés pero lo entienden a través del español chicano. Esta discrepancia en los niveles de comprensión se debe al menor o mayor grado de contacto con el tren de vida norteamericano.

El español chicano no es un dialecto homogéneo, ya que existen variantes. Las tres variantes principales son: el *Tex-Mex*, hablado en Texas, el *Manito*, hablado en Nuevo México, Arizona y Colorado, y el *Californio* hablado en los barrios de California. A pesar de estas variaciones no existe mucha diferencia entre ellos, sólo hay problemas de léxico, como los hay entre el habla de la capital con el habla de Yucatán.

El español chicano no ha sido objeto de estudios amplios por parte de lingüistas o estudiosos de la lengua española. Acaso se menciona de pasada en ciertos estudios, como algo pintoresco, o se estudian algunos de sus factores aislados, pero no ha sido, hasta la fecha, estudiado como lengua de comunicación de más de ocho millones de chicanos. Esto se debe al concepto social que se tiene sobre las lenguas "bastardas" o mezcladas sin tomar en cuenta que la mayoría de las lenguas modernas comenzaron de tal manera. En otras palabras, el español chicano no tiene prestigio al lado del castellano u otra variante del español.

Existen varias y curiosas posiciones con respecto a esta lengua; unos optan por borrarla del mapa lingüístico, otros la ignoran y, otros, aún la conceptúan como lengua marginal de muy bajo nivel socioeconómico. Pero muy pocos ven el valor social y educativo de esta lengua como vehículo para el aprendizaje del inglés o del español ordinario. Después de todo, el español chicano es la lengua materna de varios miles de chicanos y es el único vínculo con la cultura mestiza mexicana y la española. El español chicano siempre ha sido una lengua acomplejada, es decir, el niño chicano que aprende este dialecto como cosa natural y lo emplea para comunicarse, tarde o temprano (usualmente en la edad escolar) recibe el "shock" de que la única lengua que él conoce no es aceptada, que tiene un estigma social que lo separa y lo diferencia de lo normal. El niño chicano crece con un complejo de paranoia lingüística que le da la categoría social de anormal y que puede impedirle el aprendizaje de cualquier clase de instrucción escolar al punto de ser clasificado como retardado mental por las instituciones educativas.[2]

Bilingüismo, biculturalismo y biconceptualismo

En todas partes del mundo el hecho de hablar dos idiomas es considerado como signo de cultura, siempre y cuando se hable, aparte de la nacional, una lengua de prestigio. Hay lenguas que lo "desprestigian" a uno culturalmente. En México, por ejemplo, una persona es culta si habla español y francés, pero si un individuo habla español y zapoteca inmediatamente queda relegado a una posición cultural inferior al monolingüe. Este es el caso en los Estados Unidos con el español chicano. Un chicano bilingüe es considerado culturalmente inferior si habla español chicano y no el prestigioso "castellano".

[2] Darcy, Nancy T., "Bilingualism and the Measure of Intelligence: Review of a Decade of Research", *The Journal of Genetic Psychology*, CIII (diciembre, 1963), pp. 259-282.

Pero en los Estados Unidos el hecho de ser bilingüe siempre se ha considerado subversivo y como signo de una condición de inmigrante que todavía no se ha americanizado y por consiguiente es sospechoso. El sistema americano ha recurrido a grandes esfuerzos por extirpar la lengua materna de sus inmigrantes para luego imponérselas como lengua extranjera a sus hijos que asisten a la universidad. El ser bilingüe no implica ser bicultural. Se pueden hablar dos lenguas y entender la extranjera al través de la propia cultura, esto lo hace la mayoría de las personas que aprenden una lengua extranjera; no llegan nunca a comprender el idioma en contexto con la cultura a la cual representan a menos que vivan durante un tiempo adecuado en el país en donde se habla.

El individuo chicano es bilingüe por naturaleza de su condición social en los Estados Unidos, pero su bilingüismo radica en el hecho de hablar dos lenguas distintas aunque no aceptadas, es decir: inglés y español chicano. Se le ha tratado de instruir por medio de programas bilingües recientemente creados por la necesidad de elevar el nivel educativo de la minoría chicana pero, infortunadamente, la lengua empleada en estos programas es el español común, el cual deja a los niños chicanos confundidos y sin ninguna relación comunicativa. Lo curioso es que estos programas bilingües emplean el uso del español solamente para transculturar al niño de lo mexicano a lo "anglo" y no con el propósito que implicaría tal programa: el bilingüismo y la bicultura.

El chicano, consciente ahora de su herencia cultural, quiere afianzar su herencia mexicana mientras refuerza su anglificación para mejorar su situación económica. Por eso es que se defiende en contra de cualquier intento por despojarlo con engaños de su cultura y de su lengua. Esta situación dual del chicano parece contradictoria y paradójica, pero ya está acostumbrado a esta dualidad heredada de sus padres mexicanos que hicieron lo mismo con lo español y lo indígena. El chicano vive en un ambiente bilingüe y bicultural. La herencia cultural y lingüística española se manifiesta en todas partes del suroeste de los Estados Unidos: en los toponímicos, en la arquitectura, en los nombres de las calles y en la influencia sutil que corre sin pretensiones entre la cultura americana del oeste.

Un anglosajón que se traslada de Nueva York a California siente inmediatamente un cambio en el modo de vivir del oeste. Su vida la siente más informal, menos trajinosa, y le echa la culpa al clima o a cualquier otro factor irrelevante, pero no se le ocurre que la causa principal sea la influencia dejada por la cultura española. En este medio vive el chicano con su propia cultura, reforzada por el ambiente y en lucha por no ser tragado por la cultura anglosajona dominante. Se defiende adoptando dos sistemas de valores entre los cuales fluctúa con la más fácil ambivalencia, teniendo siempre el peligro, de acuerdo con algunos estudios psicológicos, de caer en la esquizofrenia.

En mi opinión este no es ningún peligro, pues al ser mestizos nacemos culturalmente esquizofrénicos. Esta aceptación de valores predispone al chicano hacia al biconceptualismo. El biconceptualismo propone tener dos conceptos culturalmente diferentes de la misma palabra traducida de un idioma a otro. Por ejemplo, en un estudio llevado a cabo con mis estudiantes, encontré que algunas palabras, al ser traducidas, cambiaban de concepto de acuerdo con el contexto cultural. La palabra inglesa "Christmas" está relacionada totalmente con el concepto anglo de Navidad, o sea: Santa Claus, el árbol de Navidad, el comercialismo y los regalos; mientras que la palabra "Navidad" la relacionan con lo religioso y lo familiar: el nacimiento, los abuelitos que vienen de visita y las comidas tradicionales. Así es, que para ellos "Christmas" y "Navidad" no tienen el mismo significado aunque una sea la traducción de la otra. Igualmente encontré esta situación en otras palabras como: "breakfast" y "desayuno", "neighborhood" y "vecindad" y otras más. Una investigación más amplia podrá poner en claro este fenómeno, pero eso ya es estudio de la psicolingüística y de la semántica comparada.

Algunas características estructurales del español chicano

Ciertas lenguas se prestan más que otras para asimilar en su estructura a palabras de origen extranjero. El español es una de ellas gracias a su flexibilidad fonética. El español chicano tiene varias maneras de asimilación sin caer en reglas formales. Por lo general el español chicano sigue la sintaxis del español común con algunas variaciones basadas en la estructura inglesa. Se pueden escribir frases como: voy a Maria's casa (voy a casa de María), y el chicano la comprenderá a base de la sintaxis inglesa. Los modos de asimilar las interferencias inglesas son las siguientes:

1. Incorporar la palabra inglesa sin cambio alguno:
   No pongas la spoon en la mush porque tiene poison.
2. Cambiar la palabra inglesa a morfología española:
   Voy a comprar grocerías a la marketa.

3. Escribir la palabra inglesa en fonética española:
   Me comí una jamborger mientras leía los fonis.
4. Emplear una palabra española con sentido inglés:
   Los demonstradores no pudieron hacer aplicación en la escuela.
5. Emplear el sentido inglés con palabras españolas sin sentido en español:
   Dame una quebrada.
6. Por analogía:
   Mi vestido está rompido. (Rompido = rasgado. Roto = quebrado.)
7. Arcaísmos, epéntesis, barbarismos, etcétera:
   Hace muncho que no voy al treato.

Además de estos ejemplos característicos, el español chicano no se escribe con acentos ni se tilda la *ñ*. La *b* y la *v* son intercambiables, así como la *j* y la *g*.

Ejemplos: blusa-vlusa, jente-gente.
La interferencia inglesa de la *qu* en *consequencia*.
La supresión de la *y* o la *ll*, como en: caie, gaina.
La inclusión de la *y*, como en: me cayí aier.
La *e* final se convierte en *i:* huarache-warachi.

El cambio de dos vocales fuertes a fuerte y débil: real-rial (por influencia inglesa, en inglés no existe la pronunciación de dos vocales fuertes).

En efecto, se pueden sacar varias conclusiones sobre la validez del español chicano. Se puede concluir que es un español mal hablado, que es producto de una sociedad marginada sin el beneficio de una educación adecuada, pero la realidad lingüística no se puede ignorar cuando la mayoría de los chicanos emplean esta variante del español (por chocante que parezca a una persona de habla castellana) para comunicarse entre ellos.

Universidad de California
Santa Bárbara

BIBLIOGRAFÍA

Darcy, Nancy T., "Bilingualism and the Measure of Intelligence: Review of a Decade of Research", *The Journal of Genetic Psychology*, CIII (diciembre, 1963), pp. 259-282.

Mackey, W. M., *Bilingualism as a World Problem*, Harvest House, Canadá, 1967.
Uribe Villegas, Óscar, *Sociolingüística: una introducción a su estudio*, Instituto de Investigaciones Sociales, UNAM, México, 1970.
Wagner, M. Nathaniel; Haug, Marsha J., *Chicanos: Social and Psychological Perspectives*. The C. V. Mosby Co., St. Louis, 1971.
Weinreich, Uriel, *Languages in Contact*, Mouton & Co., La Haya, 1966.

ALGO SOBRE EL TEATRO CHICANO *

JORGE A. HUERTA

El teatro chicano es tal vez uno de los secretos mejor guardados hoy por hoy en el teatro de los Estados Unidos. Y dada la naturaleza de algunos de esos *teatros* [1] quizá valga más conservarlos en secreto: para los gabachos, en todo caso. Pues mientras Broadway muere de una muerte antinatural y *off-Broadway* emula a su mentor, nuestros teatros brotan por todo el Aztlán, desde Seattle, en Washington, hasta San Antonio, en Texas. Ciertamente los *teatros* van y vienen tan rápidamente que es imposible mantener al día un registro cuidadoso de ellos. Pero los números en este caso no cuentan; lo que importa es que los chicanos de todas partes se van convenciendo de la importancia de los *teatros* como instrumento de educación.

Algunos creen que el presente movimiento del teatro chicano empezó en 1965 con Luis Valdez y el famoso Teatro Campesino. Pero el mismo Luis tiene raíces mucho más profundas en nuestra herencia teatral y ritual azteca y maya.[2]

El teatro didáctico de la evangelización del México colonial fue también una gran lección para el teatro chicano. Pues así como los españoles esperaban educar a los indígenas en su nueva religión, la cristiana, los *teatros* intentan a su vez educar a los chicanos en su religión: en este caso la de la lucha sociopolítica en favor de "El Movimiento".

Antes de 1965 el teatro chicano era principalmente cristiano y reflejaba las enseñanzas de los jesuitas y franciscanos que fundaron misiones en Aztlán y emplearon el teatro didácticamente. Así, hasta nuestros días encontramos representaciones de pastorelas y otros espectáculos navideños por las tierras de Aztlán. La Iglesia dio a los chicanos un instrumento que nunca pensó que pudiera convertirse en arma sociopolítica. Pero lo hizo.

A poco de haber empezado el Teatro Campesino aparecieron otros que emulaban su estilo. Ahora, a siete años de distancia, creo que

* *Revista de la Universidad de México*, vol. XXVII, núm. 6, febrero de 1973.

1 "Teatro" es la palabra que, en el contexto inglés, se usa para nombrar a los grupos teatrales chicanos; en la traducción se pierde evidentemente ese matiz que, en unos casos, se trata de conservar subrayando la palabra. (N. del T.)

2 *Cf.* mi artículo "Chicano Teatro: A Background", *Aztlán*, vol. II, núm. 2, 1972.

puede asegurarse que el teatro chicano es un arma viva y viable en la lucha contra la opresión gabacha de Aztlán. Algunos teatros son de hecho de tal modo políticos que son clandestinos, se presentan donde y cuando pueden, y tratan de mantenerse anónimos. Debido a su condición trashumante y transitoria, tales grupos pueden documentarse sólo con gran dificultad, y no es en verdad nuestra intención publicar sus nombres.

De una manera general la mayoría de nuestros *teatros* no es clandestina y se bate por mantenerse viva presentando "actos", obras, canciones y danzas que enriquezcan la experiencia chicana. El término "acto" fue creado por Luis Valdez para definir las escenas breves que el Teatro Campesino presentaba para los peones de campo y otras audiencias similares. El acto combina las características de diversos géneros dramáticos, y puede actuarse prácticamente en cualquier lugar; se apoya por lo común en la pantomima y su acción puede cambiar geográficamente sin necesidad de cambios de escenario: a menudo se sirve de máscaras y es bilingüe. Los actos surgen de la efectividad política. El Teatro Campesino necesitaba temas que pudieran resultar importantes en la lucha de los peones, y así empleando a los mismos trabajadores, Luis los guiaba para improvisar escenas que se convirtieron en "actos" de la experiencia de la huelga. Tales actos fueron un elemento de peso en la organización de los peones y en la educación de un público más general para lograr el gran boicot de la uva (Great Grape Boycott).

Los más de los teatros están ligados de alguna manera con instituciones de enseñanza y por lo tanto deben trabajar dentro de los límites del mundo estudiantil y las responsabilidades inherentes. Uno de los grandes problemas para la organización y la estructura de ese teatro es la carencia de chicanos que de una manera u otra posean la práctica del oficio. Muy pocos chicanos estudian teatro en las escuelas de enseñanza media y superior, y es claro que resulta difícil para los neófitos organizar y perfeccionar un arte que requiere por lo menos cierto sentido del oficio. La actitud ingenua de que "cualquiera puede escribir una pieza" o de que "mañana tendremos un acto político: preparen un acto que pueda presentarse" no ha desaparecido, y es causa de la frustración de los más nuevos. Éstos ven que el Teatro Campesino se desenvuelve con la gracia y la facilidad de cualquier grupo profesional, y se admiran de no poder hacer lo mismo después de dos semanas de ensayo.

Luis Valdez, al advertir la falta de chicanos preparados teatralmente, nos llevó a establecer el Teatro Nacional de Aztlán (TENAZ), cuyo nombre fue propuesto por Mariano Leyva, director de Los Mascarones, en la primera Junta de Directores de *Teatro* que tuvo lugar en Fresno, en California, en la primavera de 1971, una semana después del segundo Festival de los Teatros, realizado en Santa Cruz de California. A la junta asistieron representantes de nueve teatros, y ahí, bajo la guía de Luis Valdez y otros directores, TENAZ se hizo una realidad. Sus fines, según se definieron entonces, son:

1. El establecimiento de mayor comunicación entre los *teatros*.
2. Ser un medio de distribución recíproca de material, como "actos", canciones y otros.
3. Establecer un taller de verano para representantes del mayor número posible de grupos. El primer taller veraniego del TENAZ tuvo lugar en julio y agosto de 1971 en San Juan Bautista de California. Se dividió el tiempo en dos talleres y hubo un pequeño cambio de participantes de uno de ellos al otro entre julio y agosto. Quince miembros de los teatros trabajaron en técnica de teatro chicano bajo la dirección de Luis y de su hermano Danny. Los miembros del Teatro Campesino trabajaron al lado de los de otros grupos durante el primer mes y después hicieron una gira en los límites del estado mientras Luis dirigía a los asistentes al taller en un programa de "actos" que fue presentado en el Inner City Cultural Center de Los Ángeles. El espectáculo se anunciaba como producción del TENAZ y del Teatro Campesino y fue muy aplaudido. Así, el primer taller de verano del TENAZ resultó un éxito. Algunos de los participantes se quedaron en San Juan para integrarse al Teatro Campesino, pero la mayoría regresó a sus grupos respectivos, ansiosa de participar sus emocionantes experiencias y las frescas ideas ahí aprendidas.

El Tercer Festival Anual de Teatro Chicano se realizó en la primavera de 1972 y a él asistieron veinticinco grupos que mostraron una creciente conciencia en la necesidad de conseguir realizaciones más profesionales. La calidad no era la misma en todos, pero en todos pudo advertirse el mismo deseo de trabajar por un fin: la unidad de los chicanos. Aquí también el Teatro Campesino se mostró a la cabeza de los demás *teatros*, pero pudo verse que la calidad de otros grupos se superaba.

Después de la gira del Teatro Campesino por Francia, en la primavera, el segundo taller veraniego del TENAZ se reunió en julio y agosto de 1972 con dieciocho participantes que representaban casi otros tantos grupos. Al mismo tiempo que la mayoría de ellos tomaba clase con Luis y con otros, los del Teatro Campesino ensayaron y presentaron una adaptación de *Los olivos* de Lope de Rueda, dirigidos por Ron Davis. Éste había formado parte del grupo San Francisco Mime Troupe y fue una influencia temprana y muy importante para Valdez antes de que iniciara su Teatro Campesino. Bajo la dirección de Davis la Mime Troupe había seguido un estilo de actuación libre, a la *commedia dell'arte,* en que se servía de personajes hechos y de máscaras, estilo que puede reconocerse en algunos actos de Valdez, como *Las dos caras del patroncito* y *La quinta temporada.*[3] La puesta en escena de Ron Davis en San Juan vino a ser una mezcla extraña: un paso español adaptado por gabachos a un estilo italiano, actuado en dos lenguas por chicanos y dirigido por un gabacho. El resultado, aunque muy atractivo, no fue el de un teatro chicano, pero probó la importancia de emplear recursos teatrales talentosos, aun si éstos son gabachos: la dirección de Davis era excelente y la *commedia dell'arte* es una técnica válida para el teatro chicano.

El error básico en la puesta de *Los olivos Pits,* como fue rebautizado el paso, era que la adaptación había sido escrita por gabachos y no llevaba ningún mensaje político social específico para los chicanos. Podrá decirse que la opresión es un fenómeno universal y que la violencia que se da en Colombia es la misma que se da en Aztlán, y otras cosas con las que de una manera general estoy de acuerdo, pero en este caso particular hay ciertos elementos de la experiencia chicana a los que no puede de veras referirse quien desee hacer un comentario general sobre la opresión. Creo que las vivencias del chicano, en tanto que el teatro pueda mostrarlas, deben dirigirse a sus propias necesidades. Los actos de Luis Valdez y su Teatro Campesino, por ejemplo, se refieren específicamente a vivencias con las que el peón, el pachuco, el militante y otros se identifican. Los matices sutiles del "spanglish", el dialecto llamado caló o pocho que nos distingue, no pueden traducirse porque, como en cualquier otra literatura, se pierden en la traducción, y lo que se pierde es su personal sabor chicano.

No se han hecho todavía estudios sobre los gustos teatrales de los chicanos, pero dada la naturaleza del teatro profesional, su costo, sus temas y otras variables, podemos con seguridad decir que aquéllos no son particularmente proclives al teatro de Miller, Williams o Beckett. No siendo asiduos al teatro, los chicanos no están acostumbrados al simbolismo teatral; y con esto no quiero decir que nunca entenderán obras simbólicas, sino que creo primero que deberíamos

[3] Véase Luis Valdez: *Actos,* San Juan, Cucaracha Press, 1971, P. O. Box 274, San Juan Bautista, California.

acostumbrar a nuestro público a aceptar formas teatrales de las que se siente muy lejos.

En el reciente Primer Festival Internacional de Teatro Latinoamericano de San Francisco presenciamos la puesta en escena de *Conejo blanco* por el Grupo Alicias, y nos preguntábamos cómo reaccionarían los espectadores chicanos a todo ese simbolismo. La representación era excelente, si bien tediosa, pero el tema sonaba tan lejano que nuestro grupo pensó que los espectadores con los que hemos tenido trato no aguantarían tres largas horas de gimnasia teatral.

Creo que los espectadores chicanos quieren un mensaje simple y directo, tal como el de los actos de Valdez, que por razones de viabilidad política son fáciles y explícitos; no hay modo de mal entender el mensaje o la lección en ninguna de sus obras. Los chicanos pueden reaccionar a su propia realidad, a la representación de la vida cotidiana, ahí donde nos vemos reflejados nosotros mismos o nuestras familias o nuestros enemigos. Como en todo drama religioso, se ve clara la distinción entre el bien y el mal: desde el principio, como en Brecht, sabemos quién es el villano.

Después de asistir a una pieza que nuestro teatro presentó en el festival mencionado de San Francisco, el colombiano Enrique Buenaventura la encontró "hermosamente simple y sencilla en su mensaje" pero, apreciando esa cualidad, nos invitaba a ir hacia lo complejo: "Para alcanzar la complejidad de la vida chicana, su teatro deberá reflejar esa complejidad en sus obras." En esto reconocía lo que muchos teatros chicanos no hacen; aunque tenemos complejas raíces en nuestro antecedente azteca, maya, español, mestizo y aun gabacho, nuestro teatro sigue probando por el lado de lo sencillo, de la vida de todos los días que para nosotros, en este momento de nuestra historia, es en todo y por todo importante.

Luis Valdez es hoy por hoy nuestro mayor autor teatral y para mí su obra más señalada es *Obscuras raíces de un grito (Dark Root of a Scream)*. Él tiene muy presentes sus creencias ancestrales y escribió esa pieza que se desarrolla en varios niveles de la realidad y nos lleva en tiempo y espacio desde los días de Quetzalcóatl hasta el presente. Esta pieza sigue naturalmente a *Soldado raso*, que fue escrita colectivamente y arreglada por Luis. He ahí el principio de la complejidad de que nos hablaba Buenaventura. Para Luis iremos del *acto* al *mito*; tenemos que sentir nuestra herencia indígena como una llave hacia nuestra existencia y al propósito de nuestra vida. Luis entiende los mitos, y esperamos que a través del teatro podamos educar a "la raza" en conceptos básicos como el *In lak'ech* de los mayas: "tú eres mi otro yo". El movimiento chicano precisa de alguna especie de guía espiritual y los teatros pueden ser la fuente de ella: el concepto de *In lak'ech* es una bella metáfora referida a la unidad, pues si tú eres mi otro yo, tengo que respetarte como a mí mismo; debemos pasarnos energía unos a otros, como la manera de sobrevivir a la diaria sangría de sucesos contrarios. Nuestros teatros han intentado reflejar ese concepto para reeducar a la raza en la unidad social, y este abrevar en nuestros antepasados es una vía importante para dar a los chicanos una mayor liga con sus raíces; el ayudarnos nos identifica con lo cósmico.

Los teatros chicanos se han echado a cuestas otra tarea inmensa: la de educar a la raza en la conciencia de la injusticia social y de los derechos que los chicanos deben gozar en Aztlán. No es una tarea fácil ya que muchos prefieren llamarse Mexican-Americans o, todavía peor, Spanish-Americans negando así su herencia mexicana. A menudo los espectadores se indignan cuando les presentamos realidades como la del pachuco. Hay muchos chicanos que aspiran a llegar a ser gabachos y que consecuentemente se ofenden ante cualquier cosa que sea chicana; en nuestra actividad teatral debemos entender las razones históricas de tal actitud y trabajar con ella y no contra ella. Madison Avenue es un instrumento poderoso en la asimilación de las minorías de los Estados Unidos, se nos apabulla constantemente, diciéndonos que lo blanco es bello, y nosotros somos "muy chistosos"; todo lo que no encaja en el modelo del "crisol" es extranjero y hay que librarse de ello si no sirve para hacer dinero. Todo lo que es remotamente chicano o mexicano y que no se vende es considerado vulgar no sólo por el gabacho sino por nuestro propio pueblo.

En un acto tratábamos del asesinato de un pachuco a manos de dos policías en la zona este de Los Ángeles; un chicano angelino del este escribió esa pieza que expresa la realidad por él vivida, es, a saber, la brutalidad policíaca. El diálogo es áspero y real, lleno de "mentadas", "madres" y "chingaderas" tanto en español como en inglés. En apenas tres representaciones pudimos darnos cuenta de que la mayoría de nuestros espectadores chicanos no estaba preparada para eso; podían aceptar tranquilamente ver la muerte del pachuco en su celda, porque la comunicación multitudinaria los ha acostumbrado a la violencia, pero el lenguaje era demasiado.

Nos encontramos así enfrente de un problema difícil: ¿deberíamos representar el acto y ahuyentar a la mayoría de nuestro auditorio? ¿O deberíamos bajar el tono de los parlamentos a expensas de la realidad? Decidimos presentarlo como había sido escrito en una escuela secundaria local, en la fiesta del Cinco de Mayo, no sin antes advertir al grupo de chicanos que patrocinaba el acto la rudeza del lenguaje y de haber obtenido su aceptación. Después de siete minutos y de igual número de "madres" el director de la escuela subió al estrado y anunció que se suspendía el espectáculo por las vulgaridades con que se ofendía al público: no habíamos siquiera llegado al asesinato, que es el verdadero mensaje obsceno, pero fuimos obligados a detenernos; si no hubiéramos ofendido tan directamente al público habríamos podido decir el mensaje que nos importaba, a saber, que los puercos están matando a nuestro pueblo en sus cárceles y dicen que se trata de suicidios.

Esperábamos que el director podría suspender el espectáculo, pero no esperábamos que la "vanguardia de los Estados Unidos", los jóvenes, se plegaran a los deseos de la momiza, y sin embargo, por la razón que fuera, más de la mitad de la audiencia (comprendidos chicanos y mexicanos) aplaudió el aviso del director y abandonó rápidamente la sala, como las ovejas proverbiales. Permanecieron sólo en ella unos trescientos chicanos y algunos más, que exigían que continuara la obra. Para evitar un motín innecesario continuamos con la segunda parte de la representación, que no tenía vulgaridades en inglés; tenía, sí, algunas escogidas palabras en español, pero ¿cómo habría podido enterarse el gabacho "culturalmente miserable", que no habla más que una lengua? La lección que ahí aprendimos fue importante: ¿por qué dar al público tan fácil pretexto para que nos eche? Pocos son los que en esta era de los antibióticos pueden enfrentarse a la realidad, y si la simple substitución de algunas malas palabras es capaz de mantener a la gente en sus asientos, parece conveniente hacerlo para enrostrarles el verdadero mensaje, el de la injusticia social.

El chicano, como el mexicano de clase media, aspira a todos los bienes que esta sociedad puede ofrecerle; por esa falsa prosperidad es presa fácil de los créditos leoninos, las tiendas de muebles y los lotes de coches que lo esclavizan económicamente. No es fácil combatir con Madison Avenue, pero el teatro chicano se ha echado la responsabilidad de abrir los ojos a nuestro pueblo y de darle nuevos valores, como el *In lak'ech* y la justicia social.

Si uno mira a la historia del teatro, desde la sátira política de Aristófanes hasta el presente, tiene motivos más que suficientes para desalentarse. Mientras Aristófanes escribía y el pueblo reía, estallaban las guerras del Peloponeso que llevarían a Grecia a su decadencia, y la historia ha repetido esa lección; pero creemos que hay una esperanza para la raza porque nuestro teatro es *una religión.* Nuestros teatros están consiguiendo la conversión de muchos chicanos que antes se avergonzaban de su herencia; ponen la realidad sociopolítica frente al pueblo en forma tal que éste no puede ignorarla; están educándolo. Quizá podamos enseñar a volar a la serpiente emplumada.

EL ESPALDA MOJADA, INFORME DE UN OBSERVADOR PARTICIPANTE [1]

JORGE A. BUSTAMANTE

El "espalda mojada" se convierte en delincuente desde que cruza la frontera con los Estados Unidos sin haber obtenido de las autoridades norteamericanas competentes la autorización para ello. El "mojado" comete un tipo de delincuencia sumamente peculiar; viola una ley extranjera que es legal y socialmente sancionada en los Estados Unidos, pero en México no. "Irse de mojado" no tiene ninguna consecuencia estigmatizante en México para el que se lo propone o para el que ha regresado. Es tan sólo un modo socialmente aceptado en México de obtener un ingreso que se considera legítimo.

El que ha cruzado la frontera ilegalmente encuentra que en los Estados Unidos la etiqueta de "mojado" tiene un significado especial. Ser "wetback" significa haber sido estampado con la etiqueta de delincuente.[2] Convertirse en "mojado" es entrar al mundo de los fuera-de-la-ley mientras se está en los Estados Unidos. El "mundo del mojado" ha ocupado muy poco la atención de estudiosos de los problemas sociales y en consecuencia, no ha sido bien comprendido por el público mexicano [3] (sobre todo el que vive en la ciudad), y sorprendentemente descuidado por el gobierno de México.

Antecedentes

Para completar mi observación del problema de la inmigración ile-

[1] Esta investigación [publ. en la *Revista de la Universidad de México*, vol. XXVII, núm. 6, febrero de 1973] fue parte de un estudio (U. S.-Mexico Border Studies) realizado en la Universidad de Notre Dame bajo la dirección del Dr. Julián Samora, cuyos resultados aparecen publicados en *Los Mojados, The Wetback Story*, por Julián Samora, asistido por Jorge A. Bustamante y Gilberto Cárdenas, Notre Dame: University of Notre Dame Press, 1971.

[2] Véase Jorge A. Bustamante, "The Wetback as Deviant; An Application of Labeling Theory", *American Journal of Sociology*, vol. 7, núm. 4 (enero, 1972).

[3] No es poco frecuente que se confunda el problema de los "mojados" con el de los "braceros". Este último dejó de existir en 1964 al expirar el último convenio bilateral mexicano-norteamericano que permitía la entrada legal bajo contratación de trabajadores mexicanos a los EE. UU. Para un excelente análisis del problema de los "braceros", véase Ernesto Galarza, *Merchants of Labor: The Mexican Bracero History*, Sta. Bárbara, California: McNally and Loftin, 1964.

gal de mexicanos a los Estados Unidos siguiendo el proceso desde su principio, decidí hacerme pasar por "mojado" desde el momento en que una persona en México decide buscar trabajo en los Estados Unidos cruzando la frontera sin documentación migratoria hasta que consigue hacerlo. La información a este respecto obtenida desde el principio de nuestra investigación era abundante y detallada;[4] sin embargo, me inquietaba que algún aspecto importante del problema me pasara inadvertido, por eso elaboré un plan para participar personalmente en dicho proceso.

La zona fronteriza es la que se encuentra entre la frontera y los puestos de control que mantiene la patrulla fronteriza del Servicio de Inmigración, aproximadamente a 80 millas al norte de la frontera y en *todas* las carreteras que se dirigen al norte del país. Esta zona fronteriza está intensamente patrullada por la policía del Servicio de Inmigración y es en donde se realiza el mayor número de aprehensiones de "mojados". Más allá de los puestos de "chequeo" la vigilancia disminuye considerablemente hasta hacerse prácticamente escasa en muchos estados al norte de los fronterizos. Esto es un hecho ampliamente conocido entre los que han entrado a los Estados Unidos ilegalmente más de una vez, por lo que un número cada vez mayor de "mojados" ya no se conforma con cruzar y obtener el primer empleo que le ofrecen, sino que trata de cruzar la zona fronteriza en el menor tiempo posible. Ahí es donde los "coyotes" aprovechan la situación para ofrecer al mojado transportarlo "a salvo" hasta más allá de los puestos de chequeo, lo cual puede llegar a ser tan lejos como Chicago, San Francisco, o en los estados de Michigan, Indiana, Illinois y Ohio, en donde hay grandes concentraciones de chicanos y mexicanos. Los precios por estos "servicios" varían según las distancias; van desde 100 hasta 500 dólares. Esto hace que el que no tiene dinero para pagar a un "coyote", o no quiere arriesgar su dinero, tome la alternativa de cruzar a pie esa zona fronteriza de 80 a 100 millas, tratando de evadir ciudades, rodeando los puestos de chequeo, poblados y carreteras donde el riesgo de ser aprehendido es grande.

El plan

Se trataba de obtener información sobre los problemas previos al cruce del río fronterizo, los problemas y circunstancias del cruce

[4] Para un análisis global del problema, véase Samora, *op. cit.*

mismo, y luego aquellos propios de la jornada. Se pensó en dos variantes. Una, tratar de cruzar la zona fronteriza de mayor riesgo de aprehensión y seguir hacia el Norte con meta en South Bend, Indiana. El éxito de esta variante ofrecía una forma de obtener información sobre las posibilidades reales de evitar a la policía de inmigración a lo largo de todo el viaje, para el cual sólo debería llevar 25 dólares.[5] La segunda variante era la posibilidad de ser aprehendido. En este caso, se pretendería obtener información de "primera mano" acerca del trato que recibe el mojado por parte de la policía norteamericana de inmigración, y de las circunstancias de la detención y deportación. Una vez deportado trataría de seguir a mis compañeros "mojados" hasta sus lugares de origen en algún punto de México y saber por qué trataban de ir a los Estados Unidos en busca de trabajo, cómo afectaba esta emigración a la estabilidad de la familia del emigrante, al balance de sexos en la comunidad y a la inestabilidad social en sus relaciones, en caso de haberlas, con la emigración de población económicamente activa. Nos adelantaremos a decir que fue la segunda variante la que se exploró, porque fui aprehendido cuando trataba de rodear, junto con otro mojado, el puesto de chequeo de la policía de inmigración cerca de Falfurrias, Texas.

Se escogió el área del Valle del Bajo Río Grande en Texas, debido a que, según reportes anteriores propios y de otras fuentes, esta región es donde la explotación a que es sometido el mojado es mayor. Esta es la zona donde se pagan los salarios más bajos de toda la frontera, y donde se dan casos de violencia por parte de granjeros y policías de inmigración en contra de mojados. Por ser esta la zona fronteriza más cercana al centro de México, es más accesible al premojado con poco o sin dinero. A esta zona llegan los mojados más pobres y con menos educación formal, según indicó nuestra investigación en los centros de detención.

Realización del plan de observación participante

Llegué a McAllen, Texas, en donde tenía una cita con David G. Hall, abogado de la organización de trabajadores del campo que dirige

[5] Diversos métodos de recogida de datos fueron utilizados en la investigación que se reporta en Samora, *op. cit.*, particularmente cuestionarios y entrevistas en diversas variantes. El autor estuvo a cargo de 493 entrevistas con "mojados", en tres centros de detención, de donde son deportados a México, situados en El Centro, California, El Paso y Port Isabel, Texas, durante el verano de 1969.

César Chávez, correspondiente al estado de Texas. Previamente había discutido mi proyecto con Antonio Orendain, quien está a cargo de los trabajos de la organización de César Chávez (United Farm Workers). Antonio me ofreció la asistencia de sus abogados para la preparación del plan. Con David Hall dejamos establecidos los aspectos del plan que implicaban mayor riesgo en términos de mi calidad migratoria en los Estados Unidos, y sobre los cuales había que tener mayor cuidado y precaución. Esta asistencia legal se hacía necesaria debido a que cruzar el río como "mojado" implicaba, desde luego, una violación de las leyes migratorias de los Estados Unidos, lo que me hacía quedar sujeto a que se me expulsase de los Estados Unidos en detrimento de mis planes académicos. Se planteó la conveniencia de no usar un nombre falso, sino *parte* del mío propio, en tal forma que no fuera identificado, es decir, usar el nombre de Agustín Fernández, que es parte de mi nombre completo: Jorge Agustín Bustamante Fernández. Se pensó que esto haría poco probable que se me reconociera, ya que tanto en los Estados Unidos como en México me firmo Jorge A. Bustamante.

Pensé que no era conveniente ni necesario pretender pasar por campesino; luego mi historia sería, en pocas palabras: que era originario de Zamora, Michoacán, lugar en donde he vivido y que conozco muy bien físicamente, así como a buen número de sus residentes (se juzgó conveniente no dar como lugar de origen el mío verdadero que es Chihuahua, Chihuahua, por ser éste un dato que hubiera podido conducir más fácilmente a mi identificación), que era hijo de una sirvienta de una familia de dinero, que había asistido a la escuela hasta terminar secundaria, y que había estado trabajando como mozo de esa familia hasta no haber aguantado más el trato que se me daba; que me había ido a buscar trabajo a México, D. F., en donde aprendí a manejar máquinas de construcción tales como bulldozers, motoconformadoras, etcétera, que había quebrado la compañía donde yo trabajaba y no había podido conseguir otro trabajo, y que el estar sin trabajo me había hecho decidirme a buscar en los Estados Unidos, en donde sabía que ser obrero calificado podría ayudarme a conseguir un buen empleo, que no traía más que 25 dólares [6] para el viaje, con los que quería llegar a Dallas, Texas, y que era la primera vez que iría a cruzar de mojado, que era casado y con un

[6] Datos de nuestra propia investigación indicaban que 25 dólares era el límite inferior de la categoría modal de la distribución de frecuencias referente a cantidades de dinero que llevaban consigo los "mojados" de nuestra muestra desde su salida de México.

hijo y que mi esposa se había quedado en México trabajando de sirvienta.

Esta historia estaba inspirada en datos de nuestra investigación, por los que sabía que no era totalmente extraño el encontrar un mojado con una historia como la "mía". En tal historia también incluí aspectos de mi propia experiencia, como el de tener una idea suficiente del manejo de máquinas de construcción, misma que adquirí cuando fui abogado y gerente de una empresa constructora en México. Lo de mi educación formal hasta la secundaria era para dar cuenta del uso de algunas palabras o símbolos que no pudiera esconder, referentes a una educación diferente de la de un "mojado" promedio.

Convine con David Hall que lo llamaría en caso de que me quisieran procesar judicialmente. Sabía de antemano que aquellos mojados que son aprehendidos por primera vez, son deportados a México a través de un procedimiento administrativo al que se llama Voluntary Repatriation (Repatriación Voluntaria),[7] que no deja récord criminal sobre el mojado. Sólo los que tienen más de dos aprehensiones, o son acusados de otras violaciones, además de la ley de migración, son sometidos a juicio y luego deportados con sentencias suspendidas. Yo sabía que debía evitar a toda costa que me sometieran a juicio, pues esto implicaba que me tomarían huellas y fotografía, que conducirían muy probablemente a mi identificación.

Ese mismo día fui a Reynosa para comprar algunos artículos mexicanos que llevaría conmigo para evitar la impresión, en caso de ser aprehendido, de que no era la primera vez que estaba en los Estados Unidos. Compré unas botas, pasta de dientes, navajas de rasurar, peine y una bolsa como las que usan los deportistas para meter mi ropa y las cosas que llevaría.

Recuerdo que esa mañana no me rasuré y que vestía un pantalón muy usado de mezclilla, una camisa vieja de tela gruesa, zapatos muy viejos (las botas las traía en mi bolsa) y un sombrero de palma. Cabe decir que mi apariencia física me ayudaba a dar la impresión que quería dar, pues soy un tipo muy común entre los mojados: moreno, de pelo negro, 1.65 m de estatura y de 31 años. Frank me alentó con su comentario sobre mi apariencia en el sentido de que "parecía un auténtico mojado". Decidí confirmar mis suposiciones entrando en contacto con gentes que parecían estar planeando cruzar el río. De los datos de nuestra propia investigación sabíamos que

[7] La definición y detalles de este procedimiento aparece en Samora, *op. cit.*, pp. 189-190.

los puntos de reunión ahí en Reynosa son usualmente la plaza y la orilla mexicana del río, cerca del puente internacional. Ahí es donde se hacen los grupos que luego cruzarán juntos y en donde se ponen de acuerdo sobre el sitio en que cruzarán y a qué hora. Es ahí, también, donde aparecen los "coyotes" ofreciendo sus servicios para guiar a los inexpertos hasta un lugar "del otro lado" donde hay trabajo. No tardé mucho en encontrar un grupo de cinco hombres de aspecto campesino. Les pregunté si pensaban "echársela pa'l otro lado" y me dijeron que sí. Cuatro eran de Guanajuato y uno de Jalisco. Sus ropas eran sumamente pobres. Me dijeron que acababan de llegar esa madrugada y que estaban esperando a un "compa" que los iba a pasar. Tres de ellos era la primera vez que iban a pasar y los otros dos ya habían estado "del otro lado" y los habían deportado. Se veían totalmente desorientados. Los que habían sido deportados hablaban de que la "migra" andaba muy activa en esos días y que los había "pescado" a los cuatro días de haber cruzado, sin haber podido encontrar trabajo. Me preguntaron que de dónde era yo y qué sabía. Yo les dije "mi historia" en pocas palabras y también las cosas que sabía que no se debían hacer: como pasar en grupos y pasar sin conocer el terreno del otro lado. Quizá llegué a inspirarles seguridad, porque en pocos momentos ya habían propuesto que ellos me seguirían. Yo les repetí que era la primera vez que cruzaría y que no conocía el terreno, pero ellos insistieron en ir conmigo. También me resultó interesante notar que cuando llegué me estaban hablando de tú y luego cambiaron el tratamiento a usted, aunque yo les seguía hablando de tú. Es muy probable que me hayan redefinido después de oírme hablar, no obstante que todo el tiempo traté de expresarme en la forma más sencilla posible, pero sin tratar de imitarlos. No sin trabajos, me deshice de ellos y seguí mi camino. En ese momento debía ser muy consciente de no modificar mis prioridades, aunque me hubiera gustado hacerlo.

No me sorprendió encontrar un gran número de grupos planeando cruzar esa noche. Esto era de esperarse, pues al día siguiente comenzaba la semana y es de suponerse que hay más oportunidades de obtener trabajo, ya que generalmente se recluta los lunes para el resto de la semana. Fue interesante notar que se habla abiertamente de cruzar de mojado en los lugares públicos de reunión. Me fue muy fácil intervenir en la conversación de diversos grupos que preparaban el cruce. En tres ocasiones otros se dirigieron a mí preguntándome por dónde iba a pasar. En dos ocasiones se me acercaron a ofrecerme "una pasada segura" hasta San Antonio, Texas, por 100 dólares, a pagar 50 al aceptar y el resto al llegar. En los dos casos el "coyote" dijo contar con transporte y conocer muy bien los movimientos de la "migra" en los Estados Unidos. A los dos les pregunté que cómo era que a ellos no los detenían y me dijeron que traían "tarjeta verde".*

Mi plan era encontrar un mojado experto que fuera a cruzar esa noche y que aceptara que yo lo siguiera sin cobrarme nada. Alguien que viviera temporal o permanentemente en la frontera mexicana, y que cruzara con frecuencia a los Estados Unidos sin papeles para hacerlo legalmente. Para encontrar a una persona en estas circunstancias, basta llegar a Reynosa (para el caso cualquiera otra ciudad fronteriza es lo mismo), y caminar por la plaza o por la orilla del río, cercana al puente internacional, para encontrar otros interesados en lo mismo. Estos tendrán que unirse a un grupo que, si no es muy numeroso, no opondrá resistencia; luego todos seguirán al que diga o parezca tener más experiencia en los detalles del cruce. Esto se puede hacer sin gastar un centavo y la misma noche de la llegada a la frontera.

Me interesaba también conocer algo sobre la actitud de la gente de Reynosa hacia el "mojado", particularmente gente de niveles sociales más altos a los que pudiera pertenecer un "mojado" local. Con esta intención entré a una tienda del centro de la ciudad, con el pretexto de comprar papel, sobres y una pluma. Buscando entablar conversación le pregunté a la empleada dónde quedaba el correo, le dije que quería mandar una carta antes de cruzar "pa'l otro lado". Esto fue suficiente para que tuviéramos un corto diálogo más o menos en estos términos:

—Así que va usted para el otro lado: ¿y de dónde es usted? —preguntó ella.

—De Zamora, Michoacán —contesté yo.

—¿Ya ha andado usted por acá? —volvió a preguntar.

—No, ésta es la primera vez.

—No me diga que es la primera vez que va para los Estados Unidos.

—Pos sí.

—A qué usté..., a poco va de mojado —me dijo, a la vez que me miraba de pies a cabeza.

—Pos sí —dije yo.

* Forma I-151 expedida por el gobierno de los Estados Unidos, que otorga una calidad especial de inmigrante y que faculta al titular para trabajar en los Estados Unidos y vivir en México.

—Qué barbaridad... cuándo aprenderán ustedes —dijo moviendo la cabeza como quien está frente a lo incorregible.

—¿Por qué?

—Pues porque nomás nos van a poner en mal a los mexicanos en los Estados Unidos con su pasadera ilegal. Luego por eso creen los gringos que todos los mexicanos somos delincuentes. Mejor debía regresar a Zamora a buscar allá trabajo —dijo ella.

Yo le contesté simplemente: "Ojalá que ninguno de su familia tenga nunca que ser mojado, señorita."

—Ni lo mande Dios.

—Con su permiso.

—Pase —me contestó ella, con una mirada que parecía un reclamo por algo impropio que yo hubiera dicho.

Había estado cerca de tres horas caminando por la orilla del río, deteniéndome a hablar con diferentes personas, hasta que éstas aparecieron con menos frecuencia. Eran como las tres de la tarde y hacía bastante calor. Llegué a un lugar en donde había unas cuantas casitas, muy cerca de una estación de bombeo de gas. El lugar es conocido como Ejido Longoria, y está a tres kilómetros, aproximadamente, de Reynosa, en dirección al Oeste, siguiendo el río. Me encontré con una pequeña tienda donde estaban tomando cerveza cinco personas. Pronto entablé conversación con ellos y averigüé que todos eran residentes de la frontera, y todos habían sido mojados. Ninguno había nacido en la frontera o en alguna de las regiones fronterizas, pero hacía muchos años que se habían ido a vivir a la región. Dos eran hombres de más de 45 años de edad, que hablaban con entusiasmo de la época de los braceros en el tiempo de la segunda Guerra Mundial. Cuando "no le hacía que lo patearan a uno los gringos, porque se ganaba buena lana", dijo uno de ellos; "después" —agregó otro— "ya valió madre la pasada, porque empezaron a pagar cada vez menos". Los otros tres eran de 35 a 40 años de edad, y uno dijo: "A donde vale la pena jalar es a Chicago, a trabajar en las fábricas, pero quién aguanta esos fríos hijos de la chingada." Otro alegó: "Yo ya no voy porque me la tienen sentenciada los de la 'migra' de que si me agarran me mandan a la Tuna (cárcel federal que se encuentra cerca de El Paso, Texas, a donde mandan a los reincidentes con más de tres deportaciones), y ya no me costea arriesgarme."

Después de contarles mi historia, me aconsejaron que no me detuviera hasta haber pasado Falfurrias o Raymondville, donde están los puntos de "chequeo", sobre las carreteras 281 y 77 respectivamente; que no me metiera a ningún pueblo, sino hasta después de pasar esos lugares, y que aún después no anduviera de sombrero, ni cargando cosas al entrar a un pueblo; que llevara suficiente agua y comida para cuatro días de camino a pie.

El dueño de la tienda me dijo que un pariente suyo se iba a pasar esa noche y que le preguntaría si aceptaba que yo lo acompañara; agregó que con él iría seguro de no perderme, pues conocía bien el camino hasta Falfurrias, porque ya lo había recorrido en varias ocasiones. Lo mandó llamar y le habló aparte, luego me presentó con él.

Este era un muchacho de 25 años que pensaba ir hasta San Antonio a trabajar con un conocido. Ya había sido deportado varias veces, pero tenía necesidad de regresar porque su padre estaba muy enfermo y requería hospitalización. Hacía algunos años que estaba semiparalítico y sin un brazo, por un accidente que tuvo en el que lo machucó un tractor, cuando andaba de bracero. Era el único sostén de su padre, pues su otro hermano estaba en la cárcel y sus dos hermanas estaban casadas y vivían en Laredo. La madre había muerto hacía años, de tisis, según el tío.

Me fui a la casa de Juan, a esperar a que se hiciera más tarde, cuando llegó otro muchacho buscando a Juan. Se llamaba José.* Éste había oído que Juan se iba a pasar esa noche, y venía para irse juntos. Era un muchacho también como de 25 años, y no pareció muy entusiasmado de que yo fuera también. Él, como Juan, era un "veterano" de la pasada, y también ya lo habían deportado varias veces. Trató de disuadir a Juan de que yo fuera con ellos, pero Juan decidió sostenerse en lo ofrecido.

A las 7:30 p. m. nos despedimos del padre de Juan, quien le dio la bendición y me llamó diciéndome: "Ven acá, muchacho, a tu padre le hubiera gustado echarte la bendición, pero como no está, te la voy a echar yo." Me hinqué, como había visto hacerlo a Juan, para que su padre me hiciera la señal de la cruz y musitara algo que debió ser una oración, pero que no entendí.

Salimos hacia el punto del río en que deberíamos pasar. El sol se estaba poniendo sobre la otra orilla del río. A medida que bajaba, aumentaba la emoción por sentir que estaba cerca el momento de cruzar el río. Caminamos como tres kilómetros hasta un punto en que se veían los restos de un coche volteado sobre la orilla inclinada del lado norteamericano. El punto escogido era una parte en donde el río va en línea recta. La razón para escoger este punto

* Con objeto de conservar el anonimato de mis acompañantes se les ha dado un nombre ficticio en el presente trabajo.

era que no se debe cruzar el río en donde hace recodos, ya que en estos sitios es más hondo y la corriente hace remolinos. Había que cruzar, pues, en donde el río va derecho. En el sitio escogido para el cruce, el río tiene como 60 metros de ancho y tiene dos partes hondas cercanas a cada orilla. Juan y José estaban sorprendidos de ver lo alto que venía el río, para la época del año (principios de agosto). Comentaron que venía como "dos cuartas" más arriba de lo normal. El plan era esperar hasta que se metiera el sol, y cruzar cuando aún hubiera luz suficiente para ver en dónde pisábamos y evitar hacer más ruido del necesario.

Nos desnudamos y metimos la ropa en unas bolsas de plástico para que no se mojara y que habíamos traído para este propósito. Ellos fueron por delante y yo veía cómo se iban hundiendo hasta quedar con el agua a la altura de los hombros. Esto me indicó que tal vez yo tendría problemas con la corriente ya que los dos eran más altos que yo.

Meterme al agua fue una sensación profundamente emocionante, lo sentí como un rito de iniciación, con toda la solemnidad y respeto de una ceremonia. Me fui hundiendo al caminar por el lecho suave del río. Mis pies se hundían al pisar, lo suficiente como para servirme de apoyo contra la corriente; gracias a esto conservé el equilibrio los primeros pasos, luego que el agua me llegaba al cuello empecé a perder la posición vertical por el impulso de la corriente. Perdí el equilibrio y tuve que nadar. Traía mi ropa en una mano por lo que no podía nadar con la fuerza suficiente para conservar la ruta que seguían Juan y José; por el contrario, cada vez me alejaba más de ellos. Juan se dio cuenta y me dijo que le aventara la bolsa que llevaba en una mano y que me impedía nadar; el impulso que tomé para aventarle la bolsa me hizo sumergirme del todo, pero ya sin ese estorbo pude avanzar con mayor rapidez.

Hice varios intentos para tocar fondo y continuar el cruce caminando, pero apenas lograba tocar el fondo con las puntas de los pies y la corriente no me dejaba mantenerme vertical; esto hacía que los constantes esfuerzos me cansaran cuando iba a la mitad del río. Lo más extraño era que yo veía a Juan y José caminando con el agua un poco arriba de la cintura y yo, que cruzaba como a diez metros de ellos río arriba, no lograba sostenerme en pie. Decidí ya no tratar de caminar y concentrarme en cruzar el río lo más rápido posible pues me daba cuenta que el cansancio que sentía, hasta el punto donde había avanzado, podría en adelante causarme serios problemas. Los últimos metros fueron muy angustiosos porque, aparentemente, la corriente era más fuerte en la orilla norteamericana. Oí que Juan me preguntaba desde la orilla si podría llegar y yo preferí probar en lugar de contestarle; por fin llegué, extenuado, a la orilla de los Estados Unidos. En el punto a donde llegué, el bordo estaba sumamente inclinado; a tal grado que no pude subirme y tuve que ir por el agua jalándome de las hierbas de la orilla para vencer la corriente hasta el punto donde se hallaban Juan y José. Lo que para ellos había sido aparentemente muy sencillo de hacer, tanto como vadear un río caminando, había requerido de mí un esfuerzo que llegué a pensar no sería suficiente. Me sentía avergonzado por lo ridículo que me veía casi sin aliento frente a ellos. No me dijeron nada en ese momento acerca del ruido que había hecho al cruzar, pero cuando por fin me pude poner en pie en la orilla sus miradas no eran de júbilo precisamente. Después me explicaron que la razón por la que habían escogido ese sitio para cruzar era que por allí no tendrían que nadar sino un tramo muy corto al llegar a la otra orilla; se trataba de evitar el tener que nadar porque a esas horas una persona caminando desnuda por el río no se distingue fácilmente a lo lejos, pero la espuma que se hace al nadar sí se distingue muy bien, y puede conducir a la patrulla fronteriza a la localización de los que cruzan y a poderlos recibir a su llegada a los Estados Unidos. El recuerdo de los potentes binoculares que les había visto en otras ocasiones a los agentes de la policía fronteriza hacía que las razones de Juan y José tuvieran mayor sentido para mí. Yo había hecho al cruzar todo aquello que ellos trataban de evitar. Juan me dijo más tarde: "Cuando vi que venías nadando por donde el agua llega a la cintura, con ese chapoteadero que te traías, me pareció como si le estuvieras haciendo señas a los de la migra pa' que nos vieran."

Cuando llegué a la orilla y logré subir al bordo donde estaban, ellos luego se hincaron a rezar una oración y se santiguaron. Su sentido religioso no dejaba de ser conmovedor para mí, que apreciaba que ellos estaban en una empresa que les era de importancia vital. Para ellos, ser "mojados" era resultado de una necesidad tan grande como puede ser la sobrevivencia dentro de una extrema pobreza. El cuadro que ofrecían hincados, aún desnudos y chorreando agua, entre los matorrales de la orilla y concentrados en un acto de fe, tuvo para mí una especial fuerza emotiva. Pronto se desvaneció la espiritualidad de ese momento cuando, reaccionando a los movimientos y ruidos que hice para empezar a vestirme, me hicieron la seña que me estuviera quieto y permaneciera agachado. Luego me dijeron que había que estar atentos por un rato, esperando oír algún ruido que indicara si nos habían visto y nos estaban buscando, para regresar rápidamente hacia el lado mexicano. Estuvimos quietos, atentos al menor ruido, por espacio de diez minutos. Había ya caído la noche, pero la luna brillaba en todo el esplendor que le permitía su cuarto menguante, lo que hacía que Juan maldijera su suerte, ya que por la dirección del viento y la posición de las nubes, ellos habían calculado que cuando llegáramos al lado norteamericano la luna estaría cubierta por las nubes, y no había sido así.

Con mucha cautela, Juan subió hasta la cima del borde para asomarse al camino que usa la patrulla fronteriza y que va a lo largo del río. Regresó diciendo que no se veían señales de nadie y empezamos a vestirnos. Yo daba principio a unas sentidas frases de disculpa, pero me indicaron que me callara y me vistiera lo más rápido posible. Ahora se trataba de alejarse lo más aprisa de donde estábamos para cruzar por los campos agrícolas que están junto al río. Por nuestra cercanía al camino, estábamos expuestos a que la patrulla pasara en cualquier momento y nos descubriera. Me hicieron cambiarme la camisa de color claro que me había puesto por otra más oscura que me hiciera menos visible. Luego los imité en ponerse lodo en la cara, que aunque ninguno teníamos la tez blanca, nos hacía menos distinguibles a lo lejos. Teníamos un aspecto grotesco, a juzgar por como ellos quedaron después del "maquillaje". Inmediatamente después cruzamos el camino agachados y corriendo. No era muy ancho, tendría como cuatro metros, pero estaba cubierto de grava o algún otro material de color claro que hacía contrastar la presencia de un hombre sobre el camino, haciéndolo visible a la distancia.

En la orilla opuesta del camino daban principio los campos recién sembrados de chile, según Juan. Empezamos a cruzarlos "gateando" con prisa, yo con mucho menos que ellos, porque pronto no soporté caminar sobre las manos y me detuve para romper en dos una camiseta y envolvérmelas, con lo que pude continuar. El primer campo, después del río, tenía como 200 metros de ancho. Llegué adolorido al otro extremo por la posición en que había hecho la travesía. La dificultad natural de avanzar en esa posición se veía agravada por tener que hacerlo sobre surcos recién hechos. Por supuesto, ellos llegaron antes que yo a la otra orilla y nuevamente les noté cierta incomodidad por tener que esperarme. A este lugar donde cruzamos, le dicen El Granjeno.

Me indicaron, al alcanzarlos, que tendría que avanzar a su misma velocidad. Juan trató de alentarme diciéndome que en seguida del campo que nos disponíamos cruzar, ya no tendríamos que hacerlo a "gatas" sino sólo agachados. Se ajustaron ellos las bolsas donde traían sus cosas, las llevaban amarradas al estómago de tal forma que no les estorbaban para avanzar a "gatas"; su constitución física les ayudaba para esta solución pues ambos eran bastante delgados y de brazos largos, lo que les permitía "gatear" casi felinamente; en cambio yo tenía que luchar con mi obesidad que acusaba una vida de escritorio y con unos brazos más cortos que los de ellos. Verlos actuar con tanto "profesionalismo" me hizo notar un cambio: mientras veníamos caminando hacia el punto del cruce empezaron ellos a hacerme preguntas acerca de mí. Después de contarles la historia que tenía preparada para el efecto, seguí hablando acerca de la pobreza; ellos provocaron esto con un comentario lleno de fatalismo en el sentido de que, habiendo nacido pobres, "nuestro destino era sufrir porque así es la vida de los pobres". Yo reaccioné tratando de explicarles, con la mayor sencillez que me fue posible, que no sólo no pensaba como ellos, sino que creía que estaban en un error. Empecé por decirles que la pobreza no es algo natural sino creado por el hombre, para luego hacerles una breve explicación de por qué los pobres siguen siendo pobres, según mis convicciones. Se mostraron muy interesados en el tema a juzgar por las numerosas preguntas que me hicieron. Sin advertirlo, me había colocado de pronto en una situación en la que se estaba haciendo manifiesta una diferencia de niveles que amenazaba con convertirse en distancia social entre ellos y yo. Tuve que cambiar de énfasis en el tema a base de bromas.

En aquel momento era yo el que parecía saber de las cosas importantes; pero ahora, en circunstancias en que la perspectiva de satisfacer necesidades vitales, como comer, vestir y tener dónde dormir, dependía de la habilidad de cada uno para no cometer errores que nos llevaran a ser aprehendidos; es decir, frente a la solución inmediata de una situación existencial parecía evidente que los niveles en que ellos y yo interactuábamos se habían cambiado; ellos parecían unos expertos oficiales y yo un recluta bisoño. Esto me hizo preguntarme hasta qué grado es necesario poder dar una solución inmediata a los problemas vitales de las clases desposeídas, antes de pretender que adquieran conciencia del juego de factores que los mantienen en el estado de pobreza en que se encuentran.

Al terminar de cruzar "a gatas" un segundo campo también como de 200 metros, me dolían los brazos, las piernas, la espalda y el cuello. Insistieron Juan y José en que no podíamos descansar porque estábamos aún muy cerca del río, así que seguimos caminando, esta vez a través de unos campos de algodón cuyas matas nos daban a la cintura. Avanzamos agachados casi corriendo y así cruzamos tres campos en poco tiempo. Llegamos luego a donde el pasto y el matorral casi nos cubrían, para luego continuar por campos sembrados de chile. Llegamos a un sitio relativamente arbolado donde me dijeron que los esperara mientras ellos se regresaban a borrar las huellas que habíamos dejado. Yo estaba rendido y me quedé tendido en un surco; en adelante seguiríamos por el borde de concreto de un canal de riego sobre el cual se suponía que no dejaríamos huellas. Habíamos avanzado sin parar tres kilómetros, según Juan.

Como a los quince minutos, cuando empezaba yo a respirar con normalidad, regresaron de borrar las huellas. Dijeron que esperaríamos en ese sitio unas dos horas hasta que se metiera la luna pues más adelante había que cruzar varios caminos y una carretera y era conveniente esperar a que hubiera menos luz. Ellos se internaron en la arboleda y yo les dije que en un rato los alcanzaría. No quería moverme de la posición en que estaba; me había puesto la bolsa de almohada y yacía en la parte honda de un surco con las piernas descansando sobre las crestas de los surcos de mis costados. Tuve entonces tiempo para reflexionar y hacer recuento de todas las experiencias de ese día; traté de reproducir mentalmente los detalles de mis pláticas con las gentes con las que había hablado, así como aquellos pormenores circunstanciales que me interesaba reforzar en mi memoria para el momento de poder escribir mis notas. Fue hasta ese momento de descanso en que pude darme cuenta que hacía una noche hermosa, el cielo estaba ya totalmente despejado y tan estrellado como sólo se puede ver en el campo después de que la luna se ha puesto. El aroma de la tierra húmeda era también otro regalo que mi vida citadina me impide recibir con frecuencia, pero que aprendí a darle precio en los campos de Chihuahua y Michoacán donde transcurrió mi infancia. No hacía ni frío ni calor y a juzgar por la ausencia de otros ruidos, sólo los grillos estaban despiertos.

Oí que me llamaban, era para decirme que había llegado la hora de seguir. Antes de pararme me sentía capaz de volver a caminar por largo rato, pero apenas me puse de pie sentí el ardor que dejan las ampollas de los pies al reventar en varios sitios. Los zapatos que traía eran muy viejos y las suelas habían cedido gran parte de su capacidad protectora, lo que hacía más dolorosa la caminata cuando seguimos por los surcos después de dejar el borde del canal. Yo traía unas botas pero eran nuevas, y por lo tanto, poco recomendables para una larga caminata; no había manera de hacer nada para aminorar el dolor, así que decidí seguir hasta donde pudiera.

Cruzamos con mucha cautela un camino de terracería y nos acercábamos a otro cuando vimos que se aproximaba una luz; vi que Juan y José corrieron a esconderse en el matorral y yo hice otro tanto. Era la luz de un Volkswagen, lo vi porque alcé la cabeza cuando pasaba cerca de nosotros; ellos no se movieron hasta que les dije que no era la patrulla. Juan me llamó la atención y me dijo que cuando pasa un coche por ahí, a esa hora, lo más probable es que fuera la patrulla, y que había hecho mal en levantar la cabeza, pues los policías van viendo para los lados y no sólo de frente; agregó que la próxima vez no levantara la cara del suelo hasta que ya no se oyera el ruido del vehículo que pasara.

Seguimos caminando acercándonos a MacAllen, pero sin la intención de entrar a la ciudad, daríamos un rodeo y luego seguiríamos rumbo a Edinburg. Llegamos a la carretera 83 entre Misión y MacAllen y la cruzamos a toda carrera hasta llegar a un naranjal, luego seguimos por entre los naranjos y llegamos sin proponérnoslo hasta cerca de una casa; dos perros empezaron a ladrar y nos alejamos rápidamente. Juan dijo que había sido muy malo que hubieran ladrado los perros porque habían sido "ladridos de gente". Le pregunté qué quería decir con eso y me contestó: "A poco no sabes que los perros ladran de un modo a la gente y de otro a los animales, si los dueños oyeron, ahora sabrán que alguien andaba cerca de su casa y llamarán por teléfono a la policía, y la policía de aquí (MacAllen, Texas) es peor que los de la 'migra'." Eran razones suficientes para que saliéramos del naranjal casi corriendo. Íbamos a la orilla de un camino de terracería cuando oímos venir un vehículo y corrimos a escondernos; esta vez yo lo hice como me lo habían indicado, pero hice mucho ruido al romper involuntariamente una botella con agua que traía en la bolsa. Por fortuna no era la patrulla, pero nuevamente sentí que Juan y José me miraban en tal forma que me daban la impresión de que mi compañía no los estaba haciendo muy felices. Dos veces más corrimos a escondernos al ver acercarse un vehículo; en estas ocasiones ya lo hice con tan poco ruido y tan rápidamente como ellos. Seguímos caminando cuando Juan le pidió a José que le detuviera sus cosas mientras se sacaba una piedra de un zapato; inmediatamente después de que lo hizo y antes de que José le regresara sus cosas, vimos de pronto dar vuelta en un cruce de caminos a un vehículo que al voltear nos alumbró con los faros. Los tres corrimos nuevamente a escondernos, pero José perdió unos segundos en recoger las cosas de él y de Juan; éste y yo nos "clavamos" entre el matorral en su parte más espesa; sentí que Juan había quedado un poco detrás de mí. Oímos que el vehículo se detuvo y que se abrieron las portezuelas, luego una voz que nos gritó: "Salgan inmediatamente..., ya los vimos." Nadie se movió y yo decidí no moverme hasta que alguien lo hiciera antes. Pasó un minuto quizá, y oí nuevamente: "No se hagan pendejos, ya los vimos y más vale que salgan porque si no vamos a entrar por ustedes." Entonces no se oyó ningún ruido por espacio de unos treinta segundos, luego oí la voz de uno de los patrulleros, que dijo: "¿Entramos?" El otro contestó: "No, espérate", y volvió a gritar: "No me hagan enojar, cabrones..., si no salen los voy a sacar a balazos." Otra vez pasaron como treinta segundos, después de los cuales se oyeron tres balazos, luego pasos lentos que sonaron en la grava del camino, el ruido de hierbas al moverse y la voz de uno de los patrulleros que dijo: "Aquí está uno...", y agregó con tono amenazante: "Ora, tú, levántate..., ¿qué, no oíste lo que dije?... ¿Dónde están los otros?" José, que seguramente se quedó muy al principio del matorral tras de recoger sus cosas y las de Juan, contestó: "¿Cuáles otros?... Yo ando solo." Un ruido como de golpes se oyó antes de que un patrullero dijera: "¡Cómo que andas solo, cabrón!... ¿Qué crees, que nos vas a hacer pendejos?..., si vimos también a los otros." Dirigiéndose a nosotros volvió a gritar: "Ora, cabrones..., ¿qué esperan..., que los saque a balazos?" A los pocos segundos se oyeron otros tres balazos, y luego oí cómo abrían una portezuela, seguramente para meter a José, porque le dijeron: "Ahí estáte." Después sentí que se hablaban en voz baja y en inglés, pero no alcancé a oír lo que decían. En seguida, los gritos otra vez: "En esta parte hay harta víbora, si no salen les irá peor con las víboras que con nosotros." Pasaron unos segundos y oí que uno dijo simplemente: "Vámonos." Se oyó cómo se abrieron y cerraron dos portezuelas y cómo se arrancó la patrulla. Yo me quedé inmóvil esperando a que Juan hiciera algo; a los tres minutos aún no oía nada. Por un instante pensé que quizá le había tocado un balazo a Juan, aunque tenía la impresión de que habían disparado al aire; por otra parte, nada me había atemorizado tanto como lo que dijeron los patrulleros sobre las víboras, pues pensé que si ellos no se habían metido al matorral había sido quizá por miedo a las víboras, ya que no veía otra razón para explicarme por qué no habían entrado a buscarnos si ya sabían que ahí estábamos. Como a los seis o siete minutos oí ruido de hierbas que se movían y pasos que iban hacia el camino, levanté la cabeza para oír mejor y me asomé hacia donde suponía que estaba Juan; lo vi que iba agachado rumbo al camino, luego se fue por una orilla hasta el cruce por donde había salido la patrulla; regresó hasta donde yo estaba y empezó a reírse, yo también me reí, pero Juan siguió riéndose cada vez más fuerte y sin parar, yo le dije que se calmara y que no riera tan fuerte porque todavía podrían andar por ahí. Lo tuve que sacudir para que dejara de reírse. Era evidente que había sufrido un ataque nervioso. Una vez tranquilizado me dijo que había sido un milagro de la Virgen del Perpetuo Socorro el que no nos hubieran aprehendido; según él, "los de la 'migra' nunca hacen eso de agarrar a unos y dejar a otros cuando ya los tienen localizados a todos", insistió en que había sido un milagro que se conformaran con aprehender sólo a uno. Juan estaba lleno de optimismo porque estaba convencido de que lo que había pasado era una señal de que "la íbamos a hacer". Nos acordamos entonces de José. Juan dijo moviendo la cabeza: "Pobre cabrón..., lo más seguro es que lo manden a la Tuna..., ya se la tenían sentenciada a él también..., ni modo, a eso le arriesgamos todos." Cambió de tema para decir: "Yo creí que te ibas a cuartear con los balazos y a mí ya me andaba por decirte que no te movieras, porque yo sabía que los estaban tirando al aire nomás para asustarnos." Yo le pregunté qué hubiera hecho si yo me hubiera levantado y me contestó lacónicamente: "Nada... seguir yo solo."

El siguiente mal rato nos lo dio la sed. Yo había roto mi botella de agua y a José se lo habían llevado junto con las cosas de Juan, incluyendo la provisión de agua. En una hora de andar la sed se convirtió en un problema serio; tuvimos que modificar la ruta que llevábamos para ir a un lugar donde Juan recordaba que había un pozo. En medio de lo tormentoso de una sed como nunca la había sentido en mi vida, estaba sorprendido por el conocimiento que Juan tenía del terreno; la noche estaba bien oscura, pero él caminaba con gran seguridad confirmando frecuentemente la ruta con puntos de referencia que había anunciado de antemano. Nos tardamos en llegar como media hora, cuando ya mi situación física estaba llegando a un punto crítico; me dolía la cabeza intensamente pero más me molestaban los pies que me ardían como si los trajera quemados, las rodillas me dolían al doblarlas para dar el paso, sobre todo cuando, por lo accidentado del terreno, tenía que doblar el pie hacia dentro. Juan bajó primero al pozo para averiguar si tenía agua; oí cuando la tocó y luego cómo daba profundos sorbos. Cuando me tocó mi turno me di cuenta que había dos agarraderas de las cuales había que colgarse, dejando una mano libre para tomar el agua y llevarla a la boca.

El agua olía a estancada y sentí al tomarla que venía acompañada de pedacitos de algo que no era tierra. La oscuridad me impedía ver siquiera dónde estaba el agua, pero la sed no me permitía detenerme a averiguar qué clase de agua estaba bebiendo. Me mojé la cabeza y el cuello y salí del pozo no sin antes haber estado a punto de irme hasta abajo por haberme resbalado en mi camino de salida. Me preguntó Juan si había tomado suficiente agua, pues no podríamos volver a beber sino hasta el día siguiente y no teníamos en qué llevarla. Yo había bebido lo suficiente como para no querer arriesgarme a bajar al pozo nuevamente.

Continuamos nuestro viaje y yo le pedía a Juan que procurara caminos más parejos porque cada vez se me hacía más difícil caminar sobre surcos; me alentó diciéndome que la carretera estaba ya cerca y que seguiríamos por ella aunque fuera más peligroso. Llegamos a un sitio, en la carretera que va de MacAllen a Edinburg, donde había un cruce de caminos marcado con un semáforo que a esa hora sólo prendía intermitentemente la luz amarilla; como a quince metros del cruce había un lugar donde el pasto tenía poco más de un metro de altura. Juan me dijo que ese era un buen lugar para dormir mientras se hacía de día y había suficiente tráfico. Yo no había dejado de pensar en aquella amenaza del patrullero y creía ver víboras que luego resultaban ser ramas o piedras; con esta misma preocupación le pregunté nuevamente a Juan si no habría peligro en ese lugar de que nos mordiera una; él me contestó: "No te apures, por aquí no hay muchas; más adelante sí, por eso ya no caminaremos de noche pues podríamos pisar una." Eso de que no hubiera *muchas* víboras por ahí no me resultaba tranquilizador, me bastaba con saber que había una sola por los alrededores para tener miedo de acostarme en el suelo y entre el pasto. Al minuto de habernos acostado, Juan ya estaba roncando y yo no me podía dormir a pesar del cansancio, pensando en las víboras. Finalmente me venció el sueño y no desperté sino hasta que Juan me llamó cuando el sol ya tenía rato de haber salido; serían probablemente las ocho.

De lo primero que fui consciente al despertarme fue que tenía un dolor bastante fuerte en los pies; cuando Juan me los vio, dijo: "Mira nomás cómo trais la patas." Yo no me había visto los pies la noche anterior, pero ahora, con la luz del día, se veían manchas de sangre coagulada que asomaban fuera de ambos zapatos, rotos en varias partes. Lo primero que pensé fue que una infección podía llegar a ser la causa de que tuviera que suspender el plan y llamar al abogado David Hall. Pensé que era mejor no quitarme los zapatos hasta que tuviera posibilidades de curarme. Me paré con gran esfuerzo pero no tanto como el que me requirió caminar. Era evidente que ya no podría seguir caminando por el momento, así que no quedaba más remedio que empezar a pedir "aventón" desde el punto de la carretera donde nos encontrábamos.

No tardamos en conseguir que un coche se parara; al volante iba un joven con tipo de mexicano y lo primero que nos preguntó al subirnos fue: "¿Son mojados, verdad?" Juan y yo contestamos al mismo tiempo, sólo que él dijo no y yo dije sí. El que iba manejando nada más sonrió y dijo que se había parado porque pensó que éramos mojados por lo "traqueteados" que nos veíamos. Nos llevó hasta poco antes de entrar a Edinburg y se despidió de nosotros deseándonos que nos fuera bien. Nos fuimos a esconder detrás de un árbol, cerca de la carretera, ahí le dije a Juan que se siguiera solo porque yo tenía que entrar al pueblo a buscar algo para curarme los pies; me propuso entonces que nos viéramos ahí mismo en "la tardecita", me dijo que él mientras tanto iría a ver si encontraba trabajo por ese día y que regresaría después de que le pagaran; agregó que creía que ya no me iba a volver a ver, porque no tenía la menor duda de que me aprehenderían en el pueblo; no obstante me prometió que regresaría a ese punto, y si yo no estaba, seguiría su camino. Mientras estábamos hablando pasó un autobús de color verde claro del Servicio de Inmigración, iba lleno de gente, seguramente mojados, y con rumbo a MacAllen, probablemente al centro de detención de ahí o de Puerto Isabel. Al poco rato pasaron dos carros patrullas, uno detrás de otro; no nos vieron porque estábamos ocultos por el árbol y el matorral. Esto hizo que me diera cuenta que Juan tenía razón en suponer que me aprehenderían, pero en ese momento yo ya casi lo deseaba con tal de no tener que caminar. Al irse Juan yo decidí hacer un esfuerzo extra para evitar ser aprehendido: hablaría todo el tiempo en inglés para despistar a quien sospechara que yo fuera mojado. Di principio a mi plan al tomar un autobús que iba rumbo a Edinburg; le pregunté al chofer si pasaba cerca de un hotel barato y si me podría indicar dónde bajarme para hallarlo. La gente se me quedaba mirando pues mi estado era desastroso. Cerca del centro me bajé casi enfrente de una farmacia donde pedí, también en inglés, agua oxigenada, mercurocromo, una caja de cien curitas, gasa y algodón. Ahí mismo pregunté dónde podía encontrar un hotel barato y me dieron las señas de uno que estaba cruzando la plaza principal. Llegué a duras penas al hotel, la entrada estaba en un pequeño restaurante en el cual había unas quince personas, con apariencia de obreros, que tomaban alimentos; noté que se me quedaban viendo al entrar, pero me dirigí a la caja a donde vi un libro de registro abierto. La caja estaba atendida por una señora que hablaba con notable acento alemán, tendría unos cincuenta años de edad y parecía ser la dueña del establecimiento. Me dirigí a ella en inglés y le pregunté si tenía cuarto, me contestó secamente que sí, pero sólo si tenía yo para pagar por adelantado; eran dos dólares por el cuarto y uno de depósito por la llave. Me registré como Agustín Fernández, luego ella se me quedó mirando y me preguntó qué me había pasado, yo le contesté que era operador de una draga que había estado trabajando toda la noche desazolvando un canal. Yo hablaba fuerte con el objeto de que me oyeran los que estaban cerca, procuré hacerlo siempre con el inglés más correcto de mi repertorio. Le comenté que su acento me parecía como alemán, a lo que asintió; luego le dije que si ella había estado en Francia y me contestó que sí, le dije que ahí era donde yo quería ir y volví a preguntarle si hablaba francés, al decirme que sí le hice varias preguntas en francés que ella contestó, pero esta vez con menos frialdad. Mi intención era desviar la sospecha de que yo era mojado y así disminuir las posibilidades de que alguien me denunciara a la patrulla fronteriza. Subí a mi cuarto que estaba en un segundo piso. Y tardé más de media hora en desinfectarme las heridas y curarme.

Probablemente dormí más de tres horas, que no me quitaron del todo el cansancio pero sí el ardor de los pies y lo adolorido.

Como eran ya las cinco de la tarde, tomé mis cosas y salí a buscar a Juan al punto de nuestra cita. Lo esperé hasta las siete, hora en que acabé por convencerme de que ya no regresaría. Me pareció claramente comprensible que él prefiriera no andar conmigo, así que me regresé con rumbo al hotel pensando en que lo más conveniente sería dejarme aprehender, dado que estaba claro que no podía seguir solo. Con esta idea me dirigí a la estación del autobús, lugar donde yo sabía que era muy probable encontrar a un agente del Servicio de Inmigración. Abrí la puerta de la terminal y lo primero que vi fue a un muchacho mostrando unos documentos a un tipo que los revisaba contra la luz. Evidentemente era un agente de Inmigración haciendo su trabajo. Volteó cuando abrí la puerta y me vio por unos segundos. No obstante que yo había decidido dejarme aprehender, en ese momento reaccioné como cualquier persona que trata de evitar ser descubierta, es decir, con naturalidad. Me acerqué un poco hacia el agente como curioseando sobre lo que estaba haciendo, y luego me seguí de frente. El agente volvió a mirarme cuando salía llevando del brazo al muchacho, que probablemente le mostró un documento falso. Sentí un gran alivio. Esta sensación me condujo a meditar sobre el porqué de mi reacción; lo inesperado de la situación pudo haber sido un factor que me hiciera reaccionar tan defensivamente como lo había estado haciendo desde el cruce del río. Mis razones para tener miedo a que me aprehendieran eran diferentes, aunque no menos válidas que las que pudiera tener Juan u otro "mojado", en el fondo temía a las consecuencias que pudiera tener mi aprehensión en relación con mis estudios, a los cuales estaba ligada desde luego la necesidad de mantener mi calidad migratoria en los Estados Unidos. Estos temores los sentía cristalizados en la aprehensión. También consideré que detrás de mi reacción en la terminal, estaba posiblemente mi angustia por verme privado de mi libertad dada la falta de información cierta sobre qué pasaría exactamente después de mi aprehensión. Después de revisar las alternativas que conocía a este respecto llegué a la conclusión de que no estaba asustado sin bases. Al terminar mis reflexiones estaba más confuso y empecé a dudar respecto a la decisión que debería de tomar ahora que no podía recurrir a la experiencia de alguien como Juan. Tuve deseos en ese momento de abandonar todo el plan y empezaba ya a construir racionalizaciones para ello; pensé que las experiencias que había obtenido hasta ese momento constituían la parte menos conocida de todos los aspectos del plan; también, que el resto lo podría averiguar con una selección más rigurosa de informantes. Decidí finalmente no tomar ninguna decisión sino hasta la mañana siguiente y regresar al hotel. Hacia allá me encaminaba cuando oí un "psst psst", volteé hacia donde provenía el llamado y ahí estaba Juan con cara de asustado entre unos matorrales de un terreno baldío. Me dio mucho gusto verlo y le dije: "Quihubo, Juan, ¿qué haces ahí?" Él se llevó un dedo a los labios indicándome que fuera más discreto y con otro gesto me pidió que me acercara. Las matas casi nos cubrían, pues Juan me hizo sentarme en el suelo y quedar cubierto antes de empezar a hablar. Me explicó que se le había hecho tarde porque había tenido una alegata con el capataz del lugar donde había conseguido trabajo. El problema consistía en que el capataz se negaba a pagar el trabajo que Juan había hecho durante el día. Juan había preguntado al aceptar el trabajo si le podrían pagar al final de la jornada y el capataz había dicho que sí; cuando Juan quiso cobrar le dijo que le pagaría hasta el fin de la semana. Juan le reclamó, pero el capataz le contestó que si seguía discutiendo le iba a "echar a la 'migra' para que se le quitara lo hablador". Tuvo Juan que desistir de su propósito y salir de prisa del campo donde había trabajado, convencido de que el capataz cumpliría su amenaza. Cambió luego de tema para decir: "De veras que tienes una suerte de poca madre, no sé cómo no te han agarrado... hace rato vi a uno de la 'migra' con un chavo agarrado del brazo. ¿Cómo le has hecho para escaparte?" Yo le contesté que me había pasado casi todo el día en un hotel y que ahora venía de buscarlo; Juan propuso entonces que saliéramos de Edinburg lo más pronto posible porque estaríamos en poco tiempo corriendo el riesgo de que nos detuviera la policía local, cuyos agentes Juan aseguraba que son "peores que los de la 'migra' ". Él quería que saliéramos del pueblo a buscar un lugar seguro donde dormir y al día siguiente saliéramos hacia Falfurrias. Con muchos trabajos lo convencí de que fuéramos mejor al hotel donde yo había estado; le dije que había hecho plática con la dueña (no le dije que en inglés) y que le había hecho creer que era de Weslaco y que era operador de una draga; le hice notar que si la dueña hubiera pensado en reportarme con los de la "migra" podía haberlo hecho ya, pues me había estado todo el día en mi cuarto; le dije que me adelantaría a hablar con la dueña para conseguirle un cuarto y que yo se lo pagaría.

Juan estaba totalmente cambiado; había desaparecido toda la apariencia de seguridad y profesionalismo que se le veía en el campo y ahora caminaba visiblemente asustado.

Se quedó en la puerta del restaurante mientras yo le conseguía el cuarto; él no podía oírme, así es que yo le hablé nuevamente en inglés a la dueña. Tuve que meter a Juan casi a jalones, reaccionaba con tan poca naturalidad que llamaba la atención; por fin subimos y lo dejé en su cuarto que estaba en el mismo pasillo que el mío; quedamos en que nos levantaríamos temprano para desayunar y salir a la carretera. Me disponía a acostarme cuando oí que tocaban la puerta de mi cuarto, mi primer pensamiento fue que los temores de Juan se habían hecho realidad y que venían a aprehenderme, pero resultó ser Juan que venía a pedirme si no le conseguía algo de comer porque tenía mucha hambre. Ahora el que parecía dependiente era él, parecía como si el cambio de hábitat del campo a la ciudad hubiera acabado con su confianza en sí mismo.

Al día siguiente dejamos el hotel y fuimos a comprar provisiones para dos días de camino. Los dos llevábamos igual cantidad de latas de jugos y comida. Juan se veía más tranquilo que el día anterior y empezaba a tomar de nuevo el mando de la empresa. El plan era pedir "aventón" y bajarnos poco antes de El Encino, donde él suponía que estaba el puesto de chequeo de la patrulla fronteriza que, como antes mencioné, es movible. Haríamos un rodeo por el lado este de la carretera hasta encontrarla nuevamente en un punto ya cerca de Falfurrias; dormiríamos en las afueras de este pueblo y al día siguiente pediríamos "aventón" a San Antonio.

Caminamos rumbo a la salida de Edinburg, Juan empezó a pedir "aventón" con una confianza inusitada, probablemente relacionada con nuestro apetito satisfecho. A los veinte minutos de caminata desde el hotel, ya habíamos conseguido que nos "levantara" una persona de apariencia mexicana que manejaba una camioneta último modelo. Nos preguntó a dónde íbamos y le dijimos que a un rancho que estaba antes de El Encino. Nos preguntó después si éramos mojados y esta vez los dos nos quedamos callados; el de la camioneta sonrió por la ausencia de respuesta y nos dijo: "No se apuren muchachos... si no quieren no me contesten." A continuación nos preguntó si sabíamos que el puesto de chequeo de la patrulla fronteriza se había movido más al norte de El Encino, como a cinco millas de Falfurrias, yo contesté que no, y entonces nos dijo: "Si lo que quieren es evitar a los de la migra, deben bajarse hasta después de El Encino, porque así como quieren van a caminar de más." Juan contestó: "No... yo creo que nos bajamos antes de El Encino, si nos hace usté el favor." El otro dijo: "Bueno, allá ustedes."

Nos bajamos en el punto que Juan había señalado y que quedaba como a tres millas de El Encino; nos saltamos una cerca de alambre al lado este de la carretera, y nos internamos en el monte con el objeto de hacer el rodeo planeado.

Después de media hora de caminar llegamos a un bosquecito en donde se oían diversos cantos de pájaros; para Juan esto fue buena señal, ya que indicaba que todo estaba tranquilo y que nadie había pasado por ahí recientemente. Las primeras dos horas transcurrieron sin ningún incidente que narrar, salvo que Juan escogía las regiones más arboladas por ofrecer éstas más fresco y por ocultarnos mejor.

Pregunté a Juan si ahí se metía la "migra" y él me dijo que no porque eran ranchos particulares, pero que había que cuidarse de los vigilantes del rancho pues si nos sorprendían nos podían acusar de cuatreros, o por estar sin permiso dentro del rancho y podríamos ir a la cárcel. Esto era obvio, pero al recordarlo Juan terminó con el encanto que estaba teniendo el bosque para mí. De inmediato dejé de disfrutar de los colores, aromas y armonías con los que la naturaleza comunica su belleza. Regresé a mi papel de fuera-de-la-ley con sus angustias que limitaban la atención de mis sentidos a mi propia supervivencia.

Luego Juan empezó a platicar que en marzo él había hecho una caminata por esos mismos lugares pero de noche; durante el día se dormían escondidos. "Venía caminando con otros dos" —continuó Juan— "y nos la echamos de Reynosa a Falfurrias en cinco días." Y añadió: "Por ahí por marzo las víboras no son un peligro, porque andan como ciegas..., en cambio ahora andan en celo y muy enojadas." Luego agregó, como hablando consigo mismo: "Yo creo que los muertitos que nos encontramos fueron todos de picada de víbora... o a lo mejor de sed también." Este tema de los "muertitos" era totalmente nuevo, y Juan hacía referencia a él como a algo sin importancia. Yo le pedí que me explicara cómo había estado eso de los muertos, y me contó entonces que los había encontrado más adelante de donde estábamos; que iban él y otros dos caminando cuando vieron el cadáver de un "chavo" que estaba ya casi en los huesos, por lo que pensaron que tal vez tendría varios meses de muerto. No tenía zapatos, lo que indicaba, según Juan, que alguien lo había encontrado antes y se los había quitado, pues por ahí nadie puede andar descalzo. Yo le pedí más detalles del hallazgo pero él sólo me decía: "Pos nomás era un muerto como cualquier otro." Siguió contándome que a tres kilómetros aproximadamente encontraron otro "más fresco" pero también ya casi en los huesos. Me dijo que el cadáver estaba boca arriba y que de la bolsa de la camisa le sobresalía parte de una carta, misma que tomó Juan; el nombre del remitente se había borrado totalmente y gran parte de la carta también, pero todavía se podían ver algunas palabras. Juan me dijo que se había llevado la carta para leerla después con más calma y ver si decía algo de algún pariente "a quien decirle de su muerto"; pero después esa carta se la quitaron los de la "migra" cuando lo "agarraron".

Esta referencia de Juan a los muertos que se había encontrado me impresionó profundamente; sin embargo, él lo contaba como algo que fuera normal y sin inmutarse; para él sólo eran "dos chavos que no la habían hecho", en cambio para mí eran dos seres humanos que habían sido asesinados por un sistema social que los había llevado a encontrar la muerte, quién sabe en qué grado de agonía, sólo por buscar unos dólares que los sacaran de la miseria. Estuve a punto de llorar de rabia, una rabia que la actitud fatalista de Juan estimulaba; para él era sólo un accidente "que le puede pasar a cualquiera que ande en esto". Me contaba lo de los muertos como un soldado puede hablar de la muerte de otro soldado en el campo de batalla; hablaba tranquilo, a veces con ciertos gestos de una mezcla de tristeza y resignación, gestos que casi se reducían a movimientos negativos de cabeza mirando al suelo mientras se golpeaba los zapatos raídos con una vara. Yo estaba hecho un nudo de emociones confundidas; la referencia de Juan a los muchachos muertos había sido tan ingenua y casual que me hizo pensar que si no hubiera sido por nuestro encuentro con las víboras, no lo habría mencionado nunca. Para mí era la referencia a un hecho lleno de violencia, de dolor, que me impresionó profundamente y que marcará mis futuras referencias al drama del "espalda mojada". Había sido la presencia de la muerte lo que me dio la medida de toda la crueldad que hay en un sistema social que provoca la existencia del drama de los "mojados".

Habíamos caminado unas seis horas cuando decidimos acercarnos más a la carretera; en eso oímos el ruido de un motor hacia el lado opuesto al que caminábamos, esto nos desconcertó, pues de pronto creímos que era un camión de la carretera y que andábamos perdidos o caminando en dirección equivocada. Decidimos que ese ruido no podía provenir de la carretera si lo habíamos oído a nuestro lado derecho, pues habíamos caminado teniéndola a nuestro lado izquierdo y no la habíamos cruzado; sin embargo, caminamos hacia el ruido que habíamos oído para asegurarnos de nuestra posición, pues había la posibilidad de que hubiéramos caminado en círculo. Nos acercábamos a una pequeña colina para ver desde un lugar más alto, cuando vimos acercarse un jeep que se detuvo como a quince metros de donde estábamos nosotros; se bajaron tres tipos gritando y disparando sus rifles; eran norteamericanos con apariencia de vaqueros. Nuestra reacción fue tirarnos al suelo de bruces, mientras ellos seguían gritando y disparando desaforadamente. Era obvio, después de los primeros disparos que no estaban tirando a matar, pues la distancia a la que lo hacían no les hubiera dejado errar; sin embargo, las balas pegaban tan cerca de nosotros que yo llegué a sentir la tierra que saltaba sobre mí a consecuencia de los impactos. Dejaron de disparar y empezaron a reírse a carcajadas y a insultarnos en inglés refiriéndose a nosotros como "greasers", "damn mexicans", "son of a bitch", etcétera. Luego empezaron a burlarse de que estuviéramos asustados, riéndose de sus propios comentarios. Uno de ellos dijo en mal español que si no sabíamos lo que significaba "no trespassing" y repetía que a ellos no les hubiera pasado nada si nos hubieran matado dentro del rancho. Otro dijo que ya estaban cansados de ver "wets" que tomaban el rancho como paso, que les dijéramos a todos los "mojados" que si seguían cruzando por ahí, ya no tirarían sólo para asustar. Al mismo tiempo que nos insultaban nos amarraron las manos a la espalda, nos subieron al jeep y nos llevaron a la carretera que ya estaba como a dos millas de donde nos encontraron. Seguían burlándose de nosotros y riéndose de lo que ellos consideraban una broma muy divertida. Mientras íbamos en el jeep uno de ellos llamó por radio pidiendo que avisaran a los oficiales de inmigración que habían encontrado dos "mojados" y que los llevaban a entregar al puesto de chequeo. Preguntaba por la localización exacta del puesto de la patrulla fronteriza, misma que le fue indicada. Seguimos por la carretera hasta encontrarnos con una camioneta grande del "Border Patrol" estacionada junto a la carretera y junto a un coche patrulla. Antes de llegar, los guardias del rancho nos desamarraron las manos; les dijeron a los agentes de inmigración que nos habían descubierto adentro del rancho y que ellos trabajaban ahí de guardias porque en la última semana, dijo uno: "Estos 'damn mexicans' nos han matado dos vacas." Los agentes de inmigración no parecían muy entusiasmados con el reporte de los guardias del rancho y dijeron que ellos se harían cargo de nosotros. Nos subieron a la camioneta y nos preguntaron qué había pasado. Yo les conté parte de lo sucedido y uno de ellos comentó que eso nos sacábamos por meternos en propiedades privadas.

Los dos agentes eran norteamericanos y entre ellos comentaron en voz baja y en inglés que no había cacería que les divirtiera tanto a esos vaqueros como la cacería de "mojados". Se preguntaron si debían reportar el incidente, pero decidieron que no tenía caso; después se dirigieron a nosotros y nos hablaron con calma y tratando de tranquilizarnos, nos dijeron que no tuviéramos miedo porque no nos pasaría nada malo; luego nos pidieron, primero a mí, que sacáramos todo lo que traíamos en las bolsas. Me preguntaron que dónde había conseguido los mapas que traía conmigo y yo le contesté que en una gasolinera en MacAllen, lo cual era cierto. Después me hicieron las siguientes preguntas: ¿cómo te llamas?, ¿cuándo naciste y en dónde?, ¿cuántas veces has trabajado en los Estados Unidos?, ¿cuántas veces te han "pescado" los oficiales de inmigración?, ¿por dónde cruzaste la frontera?, ¿cuándo y a qué hora?, ¿a dónde te dirigías?, ¿en qué pensabas trabajar?, ¿con quién te vas a encontrar en San Antonio?, ¿con quién cruzaste?, ¿domicilio en México? Las mismas preguntas le hicieron a Juan y las respuestas las reportaron por radio; les contestaron que yo no tenía antecedentes y que Juan sí. Los agentes pidieron por radio que les mandaran un transporte para ver si alcanzaba el grupo que enviarían a México ese día y les contestaron que ya era muy tarde para ello y que me llevaran a la cárcel de Falfurrias. A Juan le dijeron que lo enviarían a MacAllen de donde lo trasportarían en avión a El Paso.

Mientras estuvimos en la camioneta, que es el puesto de chequeo del tráfico de la carretera 281, me di cuenta de que no revisaron ningún coche de los que pasaron durante el tiempo de nuestro interrogatorio, a todos les hacían la seña de seguir adelante desde dentro de la camioneta, ésta estaba equipada con aire acondicionado y comentaron los agentes que afuera estaba a 102 grados Fahrenheit. Nos trataron con consideración, nos ofrecieron agua y se dirigían a nosotros sin altanerías y en un regular español. Durante media hora estuve observando cómo revisaban a los carros: a unos no y a otros sí; sólo detuvieron a unos cinco carros en total requiriendo la identificación de los ocupantes. Aparentemente la antigüedad del vehículo y la forma de vestir y apariencia de los pasajeros era el criterio que usaban para detenerlos. Los coches detenidos eran más bien de modelo viejo y los pasajeros vestían ropa de obrero todos con tipo de mexicanos. Un coche se pasó a toda velocidad y los agentes se concretaron a decir unas cuantas maldiciones pero no hicieron nada más. Como a los 40 minutos llegó otra patrulla y me pidieron que fuera con ellos. Sólo volteé a ver a Juan con un gesto de despedida, él apenas se movió; su apariencia era triste. Ahí terminó mi jornada con un compañero con el cual había compartido tantos sobresaltos que me dejaron una huella que será imborrable y que para él habrán sido sólo "gajes del oficio".

Aquí empezó la parte más triste de mi experiencia como mojado. Me llevaron a la cárcel de Falfurrias, Texas. Yo temí que me fueran a tomar las huellas o fotos, pero no fue así. Simplemente me metieron a una celda en una sección de la cárcel donde había un compuesto de celdas vacías, posiblemente destinadas a los detenidos por el "Border Patrol". Eran ya como las 7 de la tarde cuando me dejaron solo en mi celda de unos dos metros de ancho por tres de largo, con dos camas, una encima de la otra; un excusado y una llave de agua era todo lo que había. Ahí fue en donde me sentí realmente deprimido, y pensé llamar al abogado David Hall para dar fin a todo eso, pero decidí que mientras no trataran de tomarme huellas o identificarme, no se hacía necesario que le llamara y mejor me aguantaría.

Llegó la noche y yo no podía dormir pensando en lo ridículo de mi doble personalidad en ese momento; por una parte, como miembro del mundo de la academia tan lejos a veces de la realidad y tan lleno de incentivos para alcanzar posiciones que muchas veces sólo tienen relevancia en tanto que satisfacen la vanidad personal, pero que en muchos casos son y transcurren estériles ante los problemas sociales. Por otra parte, yo, en el rol de un "mojado" privado de la libertad, rodeado de rejas, a oscuras y con todo el aparato que la sociedad ha creado para sus "outsiders", encima de mí. Me daba risa pensar que en un mes más, iría yo a participar en un congreso mundial, rodeado del mundo de la inteligencia en la culta Europa; mientras tanto, me encontraba rodeado de símbolos y realidades cuyo significado social me colocaba en el lado de los malos, cuando sólo estaba realmente en el lado donde están los pobres.

Una celda es deprimente, pero la soledad, la ausencia de gente, de voces, de referencias a uno como ser social, hace la cárcel desesperante. Así pasé gran parte de la noche. No sé a qué hora me quedé dormido, pero me despertó el brusco sonar de las rejas que se abrían. Trajeron a dos "mojados" que colocaron en una celda a dos de distancia de la mía. Eran como las seis de la mañana, a juzgar por la intensidad de la luz del día. Solamente por hablar, les pregunté dónde los habían aprehendido y me contestaron secamente que entrando a Falfurrias; les hice otras dos preguntas que no me contestaron. Se reanudó el silencio, aunque ahora cuando menos ya me sentía acompañado.

Empezó a transcurrir la mañana sin que los otros hubieran dicho una sola palabra. Yo tenía deseos de hablar, pero no quería repetir la frustración de antes en mi vano intento de comunicarme con ellos a su llegada. Como a las doce oímos ruidos y voces que se acercaban, nos asomamos a la reja con cierta desesperación por saber si ya venían por nosotros; luego oímos dos nombres, ninguno era el mío. Los dos muchachos respondieron al llamado y les dijeron que salieran. Yo sólo acerté a preguntar vacilante: "¿Y yo no?" El agente contestó: "¿Quieres que te llevemos a la Corte a ti también?" Por el tono en que me lo dijo parecía indicar que a mí me estaba reservada una mejor suerte que a ellos, pero el caso fue que me quedé solo nuevamente.

Las siguientes horas fueron aún más deprimentes, pues a medida que se hacía tarde, veía desvanecerse la posibilidad de que me sacaran de ahí. De vez en cuando oía voces que venían desde la calle y me quedaba repasando mentalmente las palabras que alcanzaba a escuchar, como queriendo que no se me escaparan, pues interrumpían momentáneamente mi soledad. Se hizo de noche y ya no se oía más que el ruido de coches y camiones que pasaban de vez en cuando, mientras mi depresión aumentaba.

A la mañana siguiente nuevamente vino un carcelero viejo con el café maloliente y un pan; le pregunté si podía darme algo más de comer, pues no había comido desde la tarde en que había llegado, a lo que me contestó que ahí no daban comida porque los que traen a encerrar a esas celdas se están muy poco tiempo y agregó que seguramente yo saldría un poco más tarde. Sus palabras me alentaron y a las dos o tres horas resultaron ciertas, pues volví a oír ruidos de gente que subía la escalera y luego que gritaron mi nombre, es decir, Agustín Fernández, que es parte de mi nombre. Me dijo un agente de inmigración que me alistara para salir y yo le contesté que ya estaba listo; mis cosas me las habían recogido desde que me aprehendieron, así que no traía nada conmigo. Me llevaron hasta una camioneta del "Border Patrol" y yo le pregunté al agente por mis cosas, me contestó que ya las llevaba adelante. Nuevamente me llamó la atención el trato que estaba recibiendo de los agentes de inmigración; el agente que vino por mí era mexicano, o de ascendencia mexicana, y puedo decir que fue hasta amable conmigo.

Nos encaminamos hacia el Sur y el oficial me preguntó si tenía hambre, yo le dije que sí, que no había comido desde el martes, él movió la cabeza como desaprobando y me preguntó si traía yo dinero, le di un dólar y se bajó a comprarme dos sándwiches y un refresco y me los trajo a la camioneta; le pregunté la hora y me dijo que eran las 11:30 de la mañana.

Viajamos como 70 millas hacia Río Grande donde recogimos a otros cuatro "mojados" que habían sido aprehendidos en la madrugada de ese día casi al cruzar el río. Su aspecto era deplorable, quizá el mío también, pero ellos tenían un aspecto que denotaba miseria de tiempo atrás; no traían dinero y sí mucha sed; yo les "disparé" unos refrescos que volvió a traernos el agente hasta la camioneta.

De Río Grande nos llevaron a MacAllen al centro de detención, ahí nos metieron en un cuarto como de tres por cuatro metros en donde ya había otros diez "mojados". Este cuarto estaba en una sala de procesamiento a donde llegaban otros "mojados" aprehendidos. Ahí vi al agente con el que me había encontrado en la terminal de autobuses de Edinburg; él también me vio y se acordó de mi cara, pidió mi documentación, me llamó y me dijo, acusándome que yo traía tarjeta local,* que dónde la había dejado. Le contesté que nunca le había enseñado ninguna tarjeta local y seguramente se lo había imaginado porque me había visto en la terminal, pero que nunca me había preguntado por mis papeles. No se quedó muy convencido y le pidió a otro agente que checara una vez más mis antecedentes. Este fue un momento angustioso, pues el cargo de haber pasado con tarjeta local me hacía candidato a juicio de deportación con todo lo que esto significaba para mi *status* migratorio en los Estados Unidos. Por fortuna no pasó nada.

De ahí nos sacaron a todos y nos llevaron en un autobús al centro de detención que se encuentra cerca de Puerto Isabel, Texas. Eran como las 6 p. m. y ya todos teníamos bastante hambre, el autobús se detuvo a recoger otros "mojados" en Weslaco y Roma con los que llegamos a ser 30 aproximadamente. Llegamos al centro de detención como a las 9:30 p. m. y lo primero que hicieron los agentes fue pasarnos al comedor donde nos sirvieron un caldo detestable, pan y agua.

Fue una sensación curiosa entrar al "corralón" (como le dicen los "mojados" a los centros de detención). A diferencia de ocasiones anteriores, esta vez lo hacía en un autobús de la patrulla fronteriza con las ventanas enrejadas y al frente una tela de alambre reforzada que aislaba al chofer de los pasajeros e impedía la salida que sólo se podía hacer por una puerta cerrada con candado. En ocasiones anteriores había entrado recibiendo todas las atenciones de un visitante autorizado por Washington. Me preocupaba que alguien me reconociera, particularmente el jefe del centro de detención, con quien había sostenido charlas prolongadas en mi rol de investigador cinco meses antes por la segunda vez. Salimos del comedor apresurados por un oficial que fue el único cuyo trato se asemejaba al de un carcelero. Daba órdenes con altanería y empujaba a los que estaban a su paso. Fue notable la diferencia entre éste y otros oficiales de inmigración aun dentro del "corralón". Nos pasaron a una sala donde fuimos llamados por nuestro apellido; ahí se hizo la separación de los "V. R." (*Voluntary Repatriation*) y los deportables, a éstos les tomaron huellas y les dieron uniformes, ya que se irían a quedar varios días esperando ser llamados a juicio. A nosotros sólo nos volvieron a revisar todo lo que traíamos de pies a cabeza. Nos

* Tarjeta local le llaman a la forma I-186 con la que el gobierno de los Estados Unidos autoriza la entrada de turistas por no más de 72 horas y no más allá de 25 millas de la frontera, y que prohíbe al portador aceptar trabajo en ese mismo país.

quitaron el dinero y nos dieron un recibo por él; sólo nos dejaban algunas monedas que no llegaran a un dólar. (El depósito forzoso tiene por objeto evitar robos u otros abusos relacionados con la posesión de dinero dentro del "corralón".) En seguida nos recogieron todo lo que traíamos, sobre lo cual también nos extendieron un recibo. Nos dijeron que estaríamos ahí por poco tiempo y que seríamos requeridos en su oportunidad para pagar nuestro pasaje a San Luis Potosí que sería de 4 dólares o 50 pesos; agregaron que los que no trajeran dinero tendrían que esperar hasta que hubiera suficientes para llenar un autobús después de que salieran los que tuvieran boleto comprado. Mientras estábamos comiendo llegó otro autobús, más grande, repleto de "mojados", con los que llegamos a ser unos cien los que ingresamos esa noche. De estos cien "mojados", veinticinco fueron separados como deportables y el resto clasificados como "V. R."

De la sala a donde nos regresaron después de cenar nos pasaron a las regaderas, lo que fue recibido con numerosas expresiones de agrado. Como no traía con qué curarme los pies tuve que asearme las heridas con agua y jabón lo cual me dejó muy adolorido, al grado que un detenido comentó: "Y ora tú, ¿por qué saliste caminando como pollo espinado?"

Luego pasamos a los dormitorios que están en dos salones en donde hay unas 400 camas, aquí el calor era sofocante y se sentía un olor que provocaba dudas acerca de la eficacia del baño que habíamos tomado menos de una hora antes.

Nos levantaron antes del amanecer y nos formaron para pasar lista, después nos dijeron que podríamos ir a las regaderas o quedarnos en el patio central.

Algo que llamó particularmente mi atención fue el grupo que todos (incluyendo los agentes) denominan de los "extranjeros". Este estaba constituido por los que habían entrado ilegalmente a los Estados Unidos y que no eran mexicanos. Aunque obviamente todos los detenidos son extranjeros para los Estados Unidos, a este grupo le otorgan los agentes especiales consideraciones como ser llamados a tomar alimentos antes que a los demás y recibir comida de mejor calidad que el resto de detenidos. Según me explicó uno de ellos, esto es así como resultado de una huelga de hambre que habían hecho recientemente como protesta por la mala calidad de la comida. Los "extranjeros" eran 15, diez de ellos de nacionalidad chilena, tres centroamericanos, un libanés y un español. El tiempo que ellos permanecen detenidos es considerablemente mayor (algunos llevaban hasta seis meses) que el resto de los detenidos, por requerir su deportación de la aceptación del gobierno del cual digan ser ciudadanos.

Los dos almuerzos que tomé durante mi estancia en el "corralón" consistieron en un plato de avena, frijoles y un vaso de agua endulzada con un sabor que no pude identificar. Uno de los chilenos que trabajaba en la cocina me aconsejó en secreto que no tomara el agua porque le ponían una droga para inhibir la erección del pene como medida de prevención de prácticas de homosexualismo dentro del centro de detención. Este chileno me dijo que como yo iba a salir al día siguiente, no tenía caso que la tomara.

La comida consistía en un caldo de muy mala calidad, un plato de frijoles, pan y el agua coloreada que yo dejé de tomar después de la advertencia del chileno. La cena era también un caldo igual que el de la comida, pan y la misma clase de agua.

Fuera del tiempo dedicado para las comidas la mayor parte de los detenidos permanecen en el "corralón" sin hacer nada; algunos de los deportables salen a trabajar fuera del campo voluntariamente. Durante el día permanecíamos apiñados debajo de la zona techada protegiéndonos del sol. En una de las mesas que se encontraban aquí había un tablero de ajedrez con piezas improvisadas de jabón que habían hecho los chilenos. Se sorprendieron éstos de que yo quisiera jugar y más cuando les gané a tres de ellos. Esto provocó cierta conmoción, pues las partidas eran vistas por gran número de detenidos y pronto se corrió la voz de que un "paisano" les estaba ganando a los chilenos; éstos llamaron a otro compatriota que se había mantenido alejado del tablero pero que era considerado como el mejor jugador, la insistencia de ellos para que jugáramos tenía un marcado acento nacionalista que catalizó igual sentimiento por parte de los mexicanos. Estos me animaban a ganarle al nuevo contrincante y fue divertido cómo me presionaban para que no me tardara tanto en contestar la jugada; aparentemente interpretaban mi tardanza como señal de debilidad. Aun sin entender el juego muchos de ellos, había no menos de 30 viéndonos jugar, amontonados a nuestro alrededor. La primera partida terminó con gritos de júbilo por parte de mis paisanos cuando se enteraron que yo había ganado; la segunda partida la perdí y convinimos en no jugar una tercera para dejar el encuentro en un empate. Me quedé luego platicando con mi contrincante, quien resultó poseedor de una sorprendente preparación y con bastante experiencia en viajes por todo el mundo; evadía los temas relacionados con él en lo personal, pero se explayaba con propiedad en temas variados de arte y filosofía. Sus moderadas ideas izquierdistas fueron particularmente interesantes y no menos intrigantes para mí. A él también pareció intrigarle la diferencia de mi educación con la del resto de los detenidos con los cuales él había platicado durante tres meses de estancia en el "corralón". Él fue quien me habló de la huelga de hambre que había resultado en castigos para los huelguistas y en un cambio de calidad en la comida para el grupo de "extranjeros". Me dijo que no se habían podido organizar los mexicanos porque entran y salen del "corralón" en menos de tres días y no alcanzan a resentir suficientemente la calidad de la comida, sobre todo porque con mucha frecuencia es lo mejor que han comido en varios días previamente a su llegada al campo, según le habían contado a él. Hubo un momento que me dijo: "Es evidente que tanto tú como yo estamos ocultando mucho de nosotros mismos, pero supongo que ambos tenemos razones para ello; si es verdad que todos los caminos llevan a Roma, algún día nos volveremos a encontrar, sólo espero que no sea en estas mismas circunstancias." Obviamente ya no quise extenderme sobre este tema y seguimos hablando de otras cosas.

Otro de los propósitos dentro de mi plan era el de obtener más información dentro del centro de detención aprovechando mi rol de mojado, por lo que busqué la oportunidad para interrogar a mis compañeros detenidos, sobre diferentes aspectos. Esto se facilitó enormemente, pues el centro de detención, como era de esperarse, resultó ser un lugar de intenso intercambio de información y donde el mojado participa en un importante proceso de socialización. El tema de casi todas las conversaciones está centrado en las experiencias de cada quien como "mojado". Los más inexpertos preguntan con avidez a los "veteranos" sobre cómo incrementar las posibilidades de éxito en la empresa de obtener el mejor trabajo en los Estados Unidos. No eran pocos los que con aparente sinceridad aseguraban enfáticamente que no volverían a los Estados Unidos. En más de una ocasión oí decir: "Prefiero morirme de hambre en México que volver a este país."

Según un método muy semejante al llamado de inducción analítica [8] concentré mi interrogatorio sobre aspectos en los que mi infor-

[8] Para una explicación exhaustiva de este método véanse, Florian Znaniecki, *The Method of Sociology*, New York: Farrar and Rinehart, 1934; W. S. Robinson, "The Logical Structure of Analytic Induction", *American Sociological Review*, 16 (diciembre, 1951): 812-818; Alfred R. Lindesmith, *Opiate Addiction*, Bloomington: Principia Press, 1947; y particularmente, Ralph H. Turner, "The Quest for Universals in Sociological Research", *American Sociological Review*, 24 (junio, 1953): 605-611; y Becker, *op. cit.*

mación anterior era escasa o dudosa, de los cuales lo más relevante lo resumo en los siguientes puntos:

1. Encontré seis "mojados" que dijeron haber encontrado cadáveres en su camino. Particularmente impresionante fue el relato de dos de ellos que fueron sorprendidos por la patrulla fronteriza cuando terminaban de dar "cristiana sepultura" a un individuo de tipo mexicano, que aparentemente tenía pocos días de muerto. Hablé con otro "mojado" que me platicó cómo le debía la vida a otros tres que lo encontraron cuando ya había perdido el sentido por no haber comido en varios días de camino; éstos no sólo le dieron comida, sino que lo cargaron casi por dos días, hasta que pudo caminar nuevamente. Otros tres me hablaron de haber encontrado un cadáver cuya seña y localización coincidía con el segundo cadáver de que me hablara Juan. Otro me dijo que cuando menos en dos ocasiones ha visto esqueletos humanos en el desierto, al norte de El Paso, Texas. Otros me hablaron de distintas experiencias con las víboras, algunas fueron chuscas, otras ciertamente dramáticas; un grupo hablaba de haber contado veinte víboras que vieron en dos días. La mayoría coincidió en que el mes de agosto, en el que estábamos, era cuando había más víboras y en que esto constituía el riesgo más serio que se corría al cruzar los campos durante esta época. Dos "mojados" que fueron aprehendidos junto con un "coyote", que los pasó en automóvil, me dijeron que habían juntado dinero para venirse con "un coyote de carro" porque "ni locos" volverían a tratar de cruzar a pie durante el verano. "Hay tanta víbora", dijeron, "que es mucho tentar a Dios venirse a pata."

2. No obstante la mecanización de la agricultura, aún hay mucho algodón que es pizcado a mano en el Valle, pero esto sólo les conviene a los que tienen ya práctica en la pizca. Un mojado que había estado trabajando en el algodón, sin tener experiencia, me dijo: "Si no le sabes a la pizcadera, mejor no te metas, porque no sacas ni para comer."

3. De los cien que llegamos la misma noche, aproximadamente la mitad había encontrado trabajo en los Estados Unidos. De los que dijeron no haber conseguido trabajo, unos treinta a los que les pregunté me dijeron que habían traído dinero de México y lo habían gastado casi en su totalidad en su mantenimiento o transporte dentro de los Estados Unidos. Esto provoca la pregunta de hasta qué grado el mojado que es deportado a México, sin haber conseguido trabajo en los Estados Unidos, constituye una fuga de divisas para México. Esta pregunta adquiere especial relevancia si pensamos en

las 201 636 aprehensiones que sólo en el año fiscal de 1969 a 1970 fueron realizadas por el servicio de inmigración norteamericano, y que de 500 entrevistados por mí durante el verano de 1969, casi el 60 % dijo haber sido aprehendido antes de haber conseguido trabajo en los Estados Unidos. La pregunta consecuente a la anterior sería, hasta qué grado esa fuga de divisas se compensa con los envíos de dinero que hacen los mojados que han encontrado trabajo. La investigación para contestar estas preguntas es urgente y su respuesta necesaria para el establecimiento de políticas a seguir por el gobierno mexicano. Puede decirse que hay bases suficientes para suponer que los envíos de dinero de los mojados no compensan la pérdida económica que significa para México la fuga de divisas aludida; principalmente si se considera el gasto que implica para el "mojado" pagar los precios actuales que cobran los "coyotes" por sus servicios, y se pondera el cálculo de la cantidad de envíos de dinero con la productividad real y potencial que se pierde para México con la emigración.[9] Sería inhumano y desde luego muy parcial, plantear el problema de los "mojados" en términos de cuánto gana o pierde México económicamente con su emigración, sin considerar los efectos sociales de dicha emigración a los cuales se ha aludido en este reporte.

4. Casi la totalidad de aquellos a quienes pregunté, dijeron que habían escogido la frontera de Tamaulipas con los Estados Unidos por ser la de acceso más barato desde el centro de México.

5. Una gran mayoría de los cien mojados que llegaron conmigo la misma noche, eran de San Luis Potosí. No sé hasta qué grado esto fue una coincidencia o si habría alguna razón particular que lo explicara. En todo caso este hallazgo motivó que me quedara ocho días en el noroeste de San Luis Potosí viviendo en las comunidades rurales, después de que fui deportado.

6. De mis conversaciones con los detenidos deduje el siguiente patrón de conducta. Si el mojado es aprehendido por primera vez casi siempre regresa a los Estados Unidos; si lo aprehenden por segunda vez, regresa también casi siempre, pero por una región fronteriza distinta a la primera; si lo aprehenden por tercera vez, es muy probable que sea sometido a juicio y le sea decretada una sentencia a pasar equis tiempo recluido, misma que le será suspendida con la condición de no reincidir. Esta vez el "mojado" no se arriesgará a regresar hasta que se cumpla el tiempo al que fue condenado a pasar

[9] Para mayores referencias empíricas en confirmación de esta observación, véase Samora, *op. cit.*, pp. 89-106.

en prisión (recordar que la sentencia le fue suspendida en su efecto de hacer cumplir la condena), pues sabe que una aprehensión dentro de ese tiempo, significaría recibir una nueva sentencia por mayor tiempo que la anterior que le haría cumplir la condena en una prisión federal (generalmente en la prisión de La Tuna, Texas). Pasado el tiempo decretado por la sentencia, se da nuevamente la posibilidad de que el mojado se decida a reincidir; sin embargo, esta posibilidad se disminuye considerablemente al tener que calcular el riesgo de recibir una nueva sentencia en caso de ser aprehendido, sin que esta vez se la suspendan.

Todo esto parece indicar que hay un límite en las veces que el "mojado" se arriesga a cruzar nuevamente, relacionado con el número de deportaciones que tenga en su haber; o dicho en otros términos, la alternativa que tiene un trabajador mexicano de buscar empleo en los Estados Unidos sin documentación migratoria para el caso, va desapareciendo a medida que aumenta el número de veces que ha sido deportado, y concomitantemente, va aumentando la seriedad del problema económico al que se enfrenta ese mexicano en su lugar de origen y que lo hizo en un momento dado buscar la alternativa de entrar a los Estados Unidos ilegalmente.

7. De la información que pude recoger parece desprenderse el siguiente principio: a mayor cantidad de dinero disponible para llegar al punto de los Estados Unidos, donde un "mojado" se ha propuesto, corresponderán mayores probabilidades de no ser aprehendido. Por ejemplo: el que tiene dinero para pagar un "coyote" que lo pase en coche a través de los puestos de chequeo, contará con la menor vigilancia a la que son sometidos algunos vehículos en comparación con vehículos de carga o del transporte público, sobre todo si se escoge pasar después de uno de éstos, en cuya inspección se entretiene cuando menos uno de los agentes un tiempo considerable. Si el "pre-mojado" tiene dinero para esperarse en una ciudad fronteriza mexicana por unos veinte días, puede llegar a conocer el procedimiento y cómo conseguir los documentos necesarios. Para obtener una "tarjeta local" que, aunque *no* le permite trabajar en los E.U.A., le permitirá entrar legalmente. Si tiene $ 5 000, puede llegar a conseguir en el "mercado negro" una "tarjeta verde" con la cual podrá trabajar legalmente en los Estados Unidos. Si tiene dinero puede viajar por avión a donde desee, desde México, previa la obtención de pasaporte y visado de turista, y al igual que con la "tarjeta local" no le estará permitido trabajar, pero conseguirá ser admitido en los Estados Unidos.

8. Hablé con ocho detenidos quienes se quejaron de que sus patrones no les habían pagado sus salarios y ellos mismos los habían denunciado a la patrulla fronteriza para evitar el pago. Confirmé que el jefe del centro de detención se encargaba personalmente de este tipo de problemas. Al tercer día del que habíamos llegado me dijeron tres de ellos que el jefe del centro había citado a los patrones y estos se habían presentado a pagar los salarios adeudados. A los otros les tomaron fotos para su identificación por los patrones y les ofrecieron hacer todo lo posible por recuperar su dinero en cuyo caso se lo enviarían a México a sus domicilios. Es generalizada la opinión de que los agentes de este "corralón" ayudan considerablemente a los "mojados" en situaciones de esta naturaleza.

Había notado que uno de los del grupo de "mojados" con el cual llegué, me había estado siguiendo desde hacía buen rato. Estaba siempre cerca de donde yo estaba, ya fuera mientras conversaba o cuando iba al comedor. Lo volví a ver nuevamente acostado en una cama contigua a la mía. Su constante presencia me tenía ya intranquilo, tanto que traté sin éxito de conversar con él para averiguar el porqué de su insistencia; la incógnita se despejó hasta la segunda noche en que lo vi otra vez en la cama de junto. Se dirigió a mí para decirme que había notado que yo poseía una educación mayor al resto del grupo y que quería que yo le ayudara a escribir una carta muy importante. Le dije que lo haría con mucho gusto pero que no tenía ni papel ni lápiz. Él sacó en seguida dos hojas de papel dobladas y un lápiz. Hablábamos quedo en las camas de arriba que nos habían tocado en un extremo del dormitorio donde había un foco cerca de nosotros. Se le veía apesadumbrado y por el tono de sus palabras, me daba la impresión de estar frente a alguien que ha tomado una decisión muy importante. Me dijo que la carta era para su esposa y que quería que yo le dijera, con mis palabras, lo que él estaba sintiendo por ella. Dijo que le había gustado cómo hablaba yo con el "judío" (se refería al chileno, que era rubio y de ojos claros), porque mis palabras eran muy claras y él quería que yo le escribiera a su esposa con la misma claridad con la que yo había estado hablando con otras gentes; agregó que a él "no le salían las palabras para decir lo que sentía".

Este era un hombre como de 40 años, moreno, delgado, que estaba con ropa sumamente pobre y que vivía en el ejido de Santa Teresa, en el noreste de San Luis Potosí; su voz era grave y su forma de expresarse no podía ser más sencilla, aunque aparentemente se le dificultaba hallar las palabras con que quería expresarse. Le pedí que me contara de su vida y de su mujer, pues eso me ayudaría a interpretar mejor lo que quería decir a su mujer, y lo que me dijo fue más o menos, lo siguiente:

"Sabe usté, yo quiero mucho a mi vieja porque ella ha sido siempre de muy buena ley; ella era de mejor clase que yo, allá en el pueblo, antes de casarnos, andaban tras de ella hombres con más educación que la mía y de buena posición, pero ella me prefirió a mí porque yo le demostré ser de ley y derecho. Mire usté, yo sé que ella se merecía un hombre que le hubiera dado mejor vida que yo, siempre hemos sido muy pobres y la he hecho pasar hambres. Yo, verdá buena que no le saco al trabajo, sea lo que sea y por el tiempo que sea, pero... entre más le busco, menos le encuentro. Nos casamos hace diez años; yo vendí una mula que tenía, para darle un casorio en la iglesia, como ella se merecía, cuando menos ese gusto le di. Siempre que nos va mal y que me ve desesperado, ella me recuerda que yo le di casorio en la iglesia y me dice que ese fue el día más feliz de su vida. [En este momento se le empezó a quebrar la voz como queriendo llorar.] Luego vinieron los chamacos, se nos han logrado dos y tres son angelitos. Son un niño y una niña. La niña es la mayor y es viva como su madre. Mi vieja se empezó a enfermar hace como dos años; yo creo que de tanto lavar ajeno se le enfermó un pulmón. Yo por más que le hacía no hallaba trabajo y sólo llegaba a ganar cuatro o cinco pesos diarios en la lechuguilla, con los que no alcanzaba ni para comer, conti menos pa' las medicinas. En Matehuala, el doctor le recetó a mi vieja unas medicinas que había que darle luego luego; yo andaba desesperado buscando el dinero para comprárselas, pero sólo conseguía trabajitos y no juntaba nada. Con perdón de usté, me puse a pedir limosna en la carretera a los coches que pasaban y ni así me alcanzaba. Total que fui a la farmacia y saqué la medicina con un enganche de ocho pesos, la medicina costaba 47.00 y me dijo el boticario que en abonos me iba a salir más cara, y le dije que estaba bueno y me la llevé. Aunque ya habían pasado diez días desde que dijo el doctor que se la diera, se compuso pronto con esa medicina, hasta le volvió el color. Pero luego que se acabó la medicina y se puso a trabajar, porque no alcanzaba con lo que yo llevaba, se puso mala otra vez. Yo sentía harta tristeza porque la veía que se estaba descomponiendo otra vez; sentía que yo era el culpable de su mal, porque si ella se hubiera casado con otro no estaría así. Le ofrecí a la Virgen de San Juan de los Lagos hacerle una manda 'hincado con pencas' si se aliviaba mi vieja, pero ella iba de mal en peor... Pa' acabarla de fregar se me enfermó un chamaco, el tercero; se empezó a poner flaco y más flaco, hasta le salieron ojeras negras en sus ojitos. Una tía lo estaba curando con hierbas, pero no dio resultado. Mi vieja y yo veíamos que se moría el chamaco y ella me dijo que lo llevara a San Luis para meterlo a un hospital. Me salí con el niño de volada, pero Diosito quiso llevárselo antes de que saliera la Flecha para San Luis. Me regresé con él ya muertito y lo enterramos al día siguiente. Todo eso hacía que yo me endrogara cada vez más con los vecinos y los parientes, hasta que un compadre me aconsejó que me viniera a los Estados Unidos con él a buscar trabajo. Yo ya lo había pensado, pero mi vieja no me dejaba, decía que ella se iba a morir si yo me iba y pos, como estaba de mala, ni modo de venirme. Pos total, que me vine con mi compadre que me prestó pa' dejarle pa' medicinas a mi vieja.

"Llegamos a Reynosa y nos cruzamos el río con otro amigo. Mi compadre ya conocía por acá y nos llevó con un patrón muy bueno que él conocía de antes. Nos fuimos a pie hasta un rancho que está cerca de Elsa. Llegamos muertos de hambre, pero el patrón nos recibió con comida, gente buena, si viera... Al día siguiente empezamos a trabajar, a 70 centavos la hora, de esto nos quitaban $ 1.50 diario por cuarto y comida. Yo no gastaba nada, iba juntando todo lo que recibía, lo malo era que a veces no trabajaba el día completo, sino unas 4 o 5 horas, y entonces lo que juntaba era muy poco, pues se me iba la mitad en lo que me quitaban por comer y dormir. Total junté 115 dólares como en mes y medio; ya me andaba de las ansias por regresarme y ya venía de camino cuando me agarró la migra; les dije que yo ya iba de salida, pero yo creo que no me creyeron porque aquí ando. Lo que yo quiero es que usted me escriba algo que consuele a mi vieja y que le diga que llevo dinero pa' curarla... y que... pos que no se me muera." (Al decir esto sus ojos se llenaron de lágrimas y a mí me sucedió otro tanto.) Luego me dijo que ella sí sabía leer bien y que entendería todo lo que yo le dijera.

Yo le hice la carta en la que le expliqué lo mejor que pude el profundo amor que su esposo le tenía y el gran valor que había en ello, particularmente viniendo ese amor de un hombre bueno como él. Le dije en la carta que tratara de ser fuerte y que se agarrara de la vida con todas sus fuerzas porque iría a vivir una vida mejor con el amor de su esposo y la determinación de éste por hacer feliz a su familia.

Al escribir la carta una profunda emoción hizo que no pudiera contener las lágrimas. Él lo notó y me dijo: "No llore, hombre, que al fin que usté ni me conoce ni conoce a mi vieja." Estas palabras pretendían ser de consuelo, pero su sencillez y como fueron dichas estimulaban más lo que yo estaba sintiendo. Luego agregó: "¿Qué van a decir si lo ven llorar?... Van a decir que yo le hice algo." Terminé la carta y le dije que lo más seguro era que él llegaría antes

CUADRO I

Mexicanos aprehendidos por las autoridades de migración de los Estados Unidos

Año	*Total*	*Año*	*Total*	*Año*	*Total*
1924	4 614	1939	9 376	1954	1 075 168
1925	2 961	1940	8 051	1955	242 608
1926	4 047	1941	6 082	1956	72 442
1927	4 495	1942	DNA	1957	44 451
1928	5 529	1943	8 189	1958	37 242
1929	8 538	1944	26 689	1959	30 196
1930	18 319	1945	63 602	1960	29 651
1931	8 409	1946	91 456	1961	29 817
1932	7 116	1947	182 986	1962	30 272
1933	15 875	1948	179 385	1963	39 124
1934	8 910	1949	278 538	1964	43 844
1935	9 139	1950	458 215	1965	55 349
1936	9 534	1951	500 000	1966	89 751
1937	9 535	1952	543 538	1967	108 327
1938	8 684	1953	865 318	1968	151 000
				1969	201 636
				Total	5 627 371

FUENTES: De 1924 a 1941: *Annual Report of the Secretary of Labor*. De 1942 a 1960: compilación especial hecha por el Servicio de Inmigración y Naturalización del Gobierno de los Estados Unidos para nuestra investigación. De 1961 a 1969: Annual Report of the Immigration and Naturalization Service.

que la carta si la pusiera por correo, que mejor él se la entregara personalmente pues saldríamos al día siguiente.

Para mí el caso de este "mojado" constituye una ilustración de cómo un sistema social no sólo priva a una clase de aquello materialmente indispensable para vivir, sino aun de lo que se requiere para comunicar los sentimientos; aquellos símbolos del lenguaje que un sistema educacional no distribuye equitativamente, y que al no hacerlo priva a una clase social de las posibilidades de manifestarse como humano a través de la expresión verbal o escrita de sus propios sentimientos.

Al día siguiente después del almuerzo nos llamaron para comprar nuestro boleto a San Luis Potosí, a donde nos llevaría un autobús especial de la línea Estrella Blanca. Poco más tarde nos hicieron poner la huella del dedo índice derecho en una tarjeta que decía *Departure*, que me hizo desear que fuera ésta sólo de control interno. Salimos del "corralón" como a las 6 p. m. después de que nos hubieron regresado el dinero y nos dijeron que recibiríamos nuestras cosas al llegar a San Luis Potosí. Nos llevaron en un autobús del servicio de inmigración hasta Matamoros, pasando el puente internacional nos trasladaron a un autobús de la línea Estrella Blanca y nos advirtieron que no haría ninguna parada ni podría bajar nadie sino hasta llegar a San Luis Potosí. Un tipo que ostentaba visiblemente una pistola acompañó todo el viaje al chofer. En efecto, el autobús no paró hasta llegar a la Central Camionera de San Luis Potosí. Eran como las tres de la mañana cuando llegamos y cada quien se fue a buscar el autobús que lo llevaría a su lugar de origen. Se me acercó otra vez el compañero a quien escribí la carta y sólo me dijo en tono de despedida: "Que Dios se lo pague."

Durante el viaje de Matamoros a San Luis, me senté junto a un muchacho de Guadalcázar, San Luis Potosí; me dijo que había estado oyéndome platicar con el chileno y que le gustaba la forma en que yo platicaba. Noté yo a mi vez que su forma de expresarse acusaba una educación más allá del promedio en un "mojado" y decidí revelarle los propósitos y motivaciones que me habían llevado a hacerme "mojado" y que era yo en realidad profesor de la Universidad Nacional Autónoma de México. Aparentemente se impresionó con mi explicación y exclamó: "Qué suave se siente que por fin los de arriba se preocupen por los de abajo." Le dije que yo no era de los de arriba sino sólo de los de abajo con educación formal. Este muchacho me dijo que tenía un hermano mayor que era profesor rural y le dije que me interesaría mucho conocerlo y con tal propósito iría a Guadalcázar. Hicimos una cita para el día siguiente en la plaza de Guadalcázar pues le dije que tendría que hacer algunas cosas en San Luis al llegar, y me quedaría por el resto del día.

Lo primero que hice llegando a San Luis fue peinarme por primera vez en cinco días, luego compré una navaja para rasurarme, lo hice ahí mismo en la terminal y me fui a buscar un hotel. Era la primera noche tranquila que pasaba en doce días desde que había salido de Matamoros para cruzar el río con Juan y José. Ese día fui a entrevistarme con el subprocurador de Justicia del estado para ver qué opinaba de que un grupo de personas fueran transportadas de un lado a otro del país, en contra de su voluntad, sin haber cometido delito (ni siquiera sin haber sido acusadas de ello), sin que hubiera mediado un mandato judicial en que se hubiera cumplido la garantía de audiencia y por una empresa privada que ni siquiera era autoridad. El subprocurador no tenía siquiera conocimiento de que se estaban transportando "ex-mojados" a San Luis, y empezó por decirme que yo estaba mal informado. Le tuve que revelar todo lo que estaba haciendo para convencerlo de que yo había sido uno de los transportados. Aún después de esto no pudo contestar cuál iría a ser la intervención del gobierno del estado al respecto.

Al día siguiente fui a Guadalcázar a mi cita con Manuel y su hermano Melquiades. Ahí estaban en la plaza cuando yo llegué. Nos fuimos a platicar a un café y le expliqué mis propósitos y le pedí su opinión y su ayuda. Me habló de la enorme pobreza de esta región del estado, donde el ingreso promedio por familia llega a cantidades tan increíblemente bajas como $ 4.00 diarios. Me dijo que él creía que el 75 % de la población de esa región se mantenía del dinero que reciben de parientes que tienen en los Estados Unidos, Monterrey y México, quienes han tenido que alejarse de sus familias para que éstas puedan subsistir. Que en varios pueblos la población ha bajado en vez de aumentar, a causa de la emigración.

Durante la plática se me ocurrió que si obtenía la ayuda de varios profesores, podría administrar una cédula de entrevista con los padres de familia de la escuela donde él trabaja en Guadalcázar. Le pregunté si esto sería posible y me contestó que él estaría dispuesto a intentarlo, para lo que se podría aprovechar la asamblea de padres de familia que se efectuaría el lunes siguiente y entonces yo podría hablar con los padres de familia y con los profesores. Por casualidad nos encontramos con uno de los profesores y Melquiades le adelantó mi solicitud de ayuda, y él aceptó de buen grado. Seguimos hablando de pobreza y de política, y coincidieron conmigo en que no hay lacra más grave en nuestro sistema económico, político y social que la corrupción. Hablamos luego de la necesidad de un cambio y del rol de los profesores en éste. Parece que establecí buena relación con los tres, pues cada vez se mostraban más interesados en ayudarme.

Mi problema a resolver fue entonces la cédula de entrevista, por lo que me despedí de ellos y quedé de verlos el lunes temprano.

Me fui entonces a San Luis y me dediqué a trabajar en el diseño de la cédula, cuando la tuve lista la mandé por autobús a México para que le sacaran cien copias. Las copias las recibí al día siguiente.

Hablé con los padres de familia, en su mayoría mujeres, y les pedí su cooperación explicándoles el objeto y motivación de mi investigación. Eran alrededor de 120 los presentes y decidí eliminar a los que no eran padres, es decir, a abuelos, tutores, con lo que quedó un número de cien entrevistados, igual al de las cédulas que tenía disponibles. El plan era que accedieran a ser entrevistados por los profesores y por mí en sus domicilios, en el curso de la semana. Esto fue posible gracias a que las clases empezarían hasta el lunes siguiente y los profesores tenían más tiempo para ayudarme.

Durante una semana recorrí gran parte de los ejidos de la zona nordeste de San Luis Potosí. No exagero al decir que esta región es un muestrario de pobreza en grados casi increíbles. Me sentí avergonzado de ignorar hasta dónde se puede ser pobre.

El propósito de las entrevistas era, primero, obtener información descriptiva de carácter censal que me sirviera para saber quiénes viven en esa región, cómo viven y por qué viven ahí; segundo, averiguar los efectos de la emigración de hombres en edad de ser económicamente activos, sobre la estabilidad de la familia y de la comunidad.

Los datos obtenidos en esas entrevistas se encuentran en proceso de análisis y serán objeto de otro reporte que cubrirá el estudio de las circunstancias en que una persona decide emigrar al Norte y "pasársela de mojado".

En tanto que el propósito de este trabajo ha sido reportar las experiencias obtenidas en el uso de un método de investigación aplicado al estudio de un tipo de conducta delictiva y de presentar algunos aspectos existenciales de un fenómeno social, sólo cabe concluir refiriéndonos a estos propósitos. El método de observación participante nos abrió una nueva perspectiva de la estructura social donde actúa el "espalda mojada", más allá de los límites de un análisis circunscrito a la violación de una ley como conducta. Más allá de la conducta delictiva que encierra la violación a las leyes de inmigración de los Estados Unidos se aprecian elementos estructurales de un sistema social que permite la miseria y explotación de los que son estampados con la etiqueta de "espalda mojada".[10] Las posibilidades de entender el fenómeno social del "espalda mojada" a partir de métodos de investigación de tipo encuesta usados en otras partes

[10] Un desarrollo extenso sobre esta observación puede encontrarse en Bustamante, *op. cit.*

de nuestra investigación, se vieron significativamente incrementadas con el uso complementario del método de observación participante, como los peligros de muerte que encierra la travesía a pie de la franja fronteriza entre la frontera y los puestos de chequeo de inmigración, y la facilidad con que un patrón puede dejar de pagar el salario devengado por un "mojado" denunciando su presencia a las autoridades de inmigración. De muchos otros detalles importantes no tuvimos información hasta que mi observación participante se llevó a cabo; de algunos otros, encontramos su confirmación en el curso de las experiencias que aquí se reportan.[11]

El haber participado en la vida del "espalda mojada" reforzó mi convicción de que nuestra indiferencia por problemas sociales, tales como la emigración y frustración masiva de mexicanos que devienen "mojados", nos hace a cada uno responsable de su existencia.

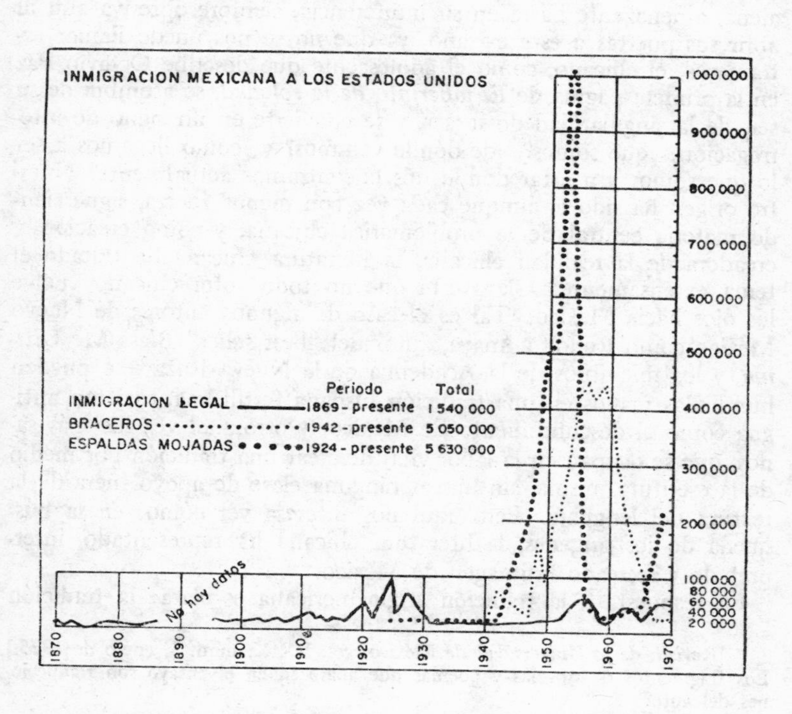

[11] Véase Samora, *op. cit.*, particularmente el capítulo VII.

MÉXICO EN LA LITERATURA CHICANA *

JUAN BRUCE-NOVOA

A *María, en la crisis del reencuentro*

> Despertar a la historia significa adquirir conciencia de nuestra singularidad, momento de reposo reflexivo antes de entregarnos al hacer... No importa, pues, que las respuestas que demos a nuestras preguntas sean luego corregidas por el tiempo.
>
> OCTAVIO PAZ, *El laberinto de la soledad*

Al despertar y encontrarse rodeado por la realidad angloamericana, ajena, amenazante hasta en su indiferencia, siempre opresiva aun al abrir sus puertas a este extraño, ya que no se nos puede llamar extranjeros, el chicano, como el adolescente que describe Octavio Paz en la primera página de *El laberinto de la soledad*, se asombra de su ser, de la singularidad de su ser, y se convierte en un signo de interrogación: ¿qué somos?, ¿de dónde venimos? y ¿cómo llegamos a ser lo que somos y a estar donde nos encontramos actualmente? Nuestro origen ha sido y, aunque cada vez con menos fuerza, sigue siendo materia central de la problemática chicana; y como creación y creadora de la realidad chicana, la literatura chicana ha tratado el tema extensamente. Claro está que no todo autor chicano vuelve los ojos hacia México. Tal es el caso de algunos autores de Nuevo México como Rodolfo Anaya, autor del "best seller" *Bless Me Ultima*, y los miembros de la Academia de la Nueva Raza que pueden hundir las manos en una tradición hispana fertilísima, casi tan antigua como el descubrimiento de México; y otros, tal vez los más sanos, que se ocupan en la labor vital de crear una tradición por medio de la escritura misma, sin buscar ninguna clase de apoyo fuera de la textura del lenguaje. Pero aquí nos interesa ver cómo, en la búsqueda de los orígenes, la literatura chicana ha representado, interpretado y recreado la imagen de México.

La respuesta a la tradición angloamericana es clara: la tradición

* [*Revista de la Universidad de México*, vol. XXIX, núm. 5, enero de 1975.] Los fragmentos de novelas y poemas que aparecen en el ensayo son traducciones del autor.

mexicana. Pero ésta ofrece una multiplicidad de caras y la literatura chicana refleja esa variedad. Por razones de brevedad he dividido el tratamiento de la imagen de México en la literatura chicana en cinco categorías: 1] El indígena precolombino. 2] El mestizaje. 3] La Revolucion Mexicana. 4] El paraíso perdido. 5] El desengaño del reencuentro.

1] *El indígena precolombino*

La hispanofobia no es nada nuevo en México y su presencia en la literatura chicana es en parte una herencia y, por otro lado, el resultado de una reacción en contra de todo elemento de la cultura europea, sinónimo de capitalismo, imperialismo y opresión. El yanqui actual es la versión contemporánea del español de la conquista y la Colonia y del francés o el inglés de los siglos XVIII y XIX. Todos representan una fuerza extranjera que ha violado la pureza original del indígena. El poeta Ricardo Sánchez escribe que "el chicano, cuyo nombre viene del meshicano, nombre original de los aztecas, tradicionalmente ha sido la víctima de los violadores, explotadores, racistas e imperialistas del mundo. Primero el gachupín y, después, el gringo." [1] Aunque Sánchez reconoce el mérito del español por haberse mezclado con el indio, no lo absuelve del pecado de ser blanco.

Un tipo de salvaje noble, estilo romántico, surge de la poesía y la prosa. El indio precolombino se ve como el creador de una cultura más avanzada que la europea del conquistador: era libre, honesto, sano, con una conciencia firme de su valor y dignidad de ser humano. La visión romántica hace partir la línea genealógica chicana de la nobleza indígena, olvidándose de la opresión en que vivían la mayor parte de los indígenas y las realidades de la vida que llevaban.

Es así que uno de los protagonistas de la novela *Pocho*, de José A. Villarreal, le recuerda a un general mexicano que ha alabado a las mujeres bien educadas, mexicanas y norteamericanas, que se acuestan con oficiales mexicanos, que "nuestros antecedentes eran príncipes de una civilización que posiblemente era más avanzada que ésta". [2]

Alberto Alurista escribe que Motecuhzoma Ilhuicamina mandó al norte una expedición en busca de Aztlán, centrando el concepto de Aztlán en el pensamiento azteca, a la vez que lo ubica en el suroeste de los Estados Unidos. El mismo poeta colorea sus poemas

[1] Sánchez, *Canto y grito mi liberación* (New York: Anchor Books, 1973), pp. 32-33.

[2] Villarreal, *Pocho* (New York: Anchor Books, 1970), p. 8.

con palabras como *Ehécatl, Tonatiuh, Quetzalcóatl, Teocatl, Moctezuma, Huiclamina* y *Ometeotl*, y cuando protesta la arrogación por parte del angloamericano de la figura del vaquero para convertirlo en el *cowboy* racista-mataindios, afirma que los precursores de los charros

indios fueron
de la meseta central
and of the humid jungles of Yucatán
nuestros MAYAS,[3]

sin mencionar que el sistema de la meseta con la indumentaria característica del vaquero fueron importaciones de España (y no hace falta agregar que las mismas vacas también).

La obra más conocida dentro de esta categoría es el poema de Luis Omar Salinas: *Aztec Angel*. "Yo soy un ángel azteca", canta Salinas en cada una de las cinco estrofas, pero el ángel anda perdido en la opresión de la sociedad angloamericana. El poema termina con los versos siguientes:

my Mexican ancestor
chew my fingernails
I am an Aztec angel
offspring
of a woman
who was beautiful.[4]

La mujer, claro, es el lado indígena de la pareja que engendra al mestizo. El mestizaje del chicano parece ser innegable, pero, como hacen Salinas y otros varios autores, se puede ver nada más a la madre y, sin negarlo, por lo menos, relegar al padre al silencio.

El susodicho Alurista, poeta laureado del nacionalismo chicano, ha llevado la hispanofobia a lo imposible, a la negación del padre europeo. En el poema *bronze rape* crea una versión chicana del mito de Leda y el cisne en que una india es raptada por el dios Ehécatl, y el mestizo nace de su unión. Alurista extiende ahora la ascendencia chicana hasta los meros dioses aztecas, a la vez que crea una especie de virgen madre:

[3] Alurista, "We've played cowboys", *Literatura chicana* (New Jersey: Prentice Hall, 1972), p. 31.

[4] Salinas, Luis Omar, "Aztec Angel", *Aztlán* (New York: Vintage, 1972), p. 326.

el mestizo
ante el altar
nació sin padre
pero sí con mucha madre.[5]

Así, la glorificación del indio precolombino llega a su extremo lógico con la eliminación del español de la pareja primordial y la deificación mitológica de los orígenes.

2] *El mestizaje*

Otros chicanos subrayan el mestizaje mismo, convirtiéndolo en la virtud que nos distingue del norteamericano europeizado, haciendo de México la cuna de la nueva raza. Para la mayor parte de los chicanos, el mestizo es nuestro símbolo racial, iconográficamente representado en el rostro del chicano hecho de los dos de la pareja que lo engendró; pero —como en la primera categoría— el lado español, lo masculino, casi siempre es negativo (excepciones se encuentran entre los nuevos mexicanos y los californios que, con todo derecho y razón, recalcan su ascendencia española sin darle ningún matiz peyorativo). El poema épico *Yo soy Joaquín* muestra rasgos de la categoría anterior, pero el autor, Rudolfo Corky González, no excluye al español:

Yo soy Cuauhtémoc,
majestuoso y noble,
guía de hombres,
rey de un imperio civilizado
incomparablemente a los sueños
del gachupín Cortés,
quien igualmente es la sangre,
la imagen de mí mismo.
Yo soy el príncipe de los mayas.
Yo soy Netzahualcóyotl,
líder famoso de los chichimecas.
Yo soy la espada y llama de Cortés
el déspota
Y
Yo soy el águila y la serpiente
de la civilización azteca.[6]

[5] Alurista, "bronze rape", *El ombligo de Aztlán* (San Diego: Centro de Estudios Chicanos, 1971).
[6] González, Rudolfo Corky, *Yo soy Joaquín* (N. Y.: Bantam, 1972), p. 16.

Aquí, y en innumerables obras más, el español es el violador insensible, el amo tirano, el patrón. Esta hispanofobia baja a los niveles más acerbos en la segunda novela de Villarreal, *El quinto jinete*, verdadera novela de la Revolución Mexicana, en la cual el gachupín odioso, hijo educado de una familia noble arruinada, viene a México a casarse por intereses económicos con la hija del patrón y, horror de horrores, ni le da que su futura esposa no sea virgen, lo cual, en efecto, ya no es gracias a las virtudes seductivas del protagonista mestizo Heraclio Inés, verdadero hijo del pueblo, aunque sus hazañas lo marcan con el signo de héroe escogido y guiado por los dioses que han leído cuidadosamente *El héroe de mil rostros* de Campbell. El gachupín trata de controlar al joven Heraclio, pero éste, con su inteligencia y honestidad natural, lo derrota en todas las escaramuzas intelectuales y morales que aquél arma. El gachupín, además de ser un cobarde, un pervertido decadente, tiene una falla que tal vez sea la que menos se acepta en México: es ingenuo, confiado en la palabra de unos revolucionarios que, por supuesto, lo matan cuando se rinde (claro, no todo mestizo es tan bueno como Heraclio, pero además, como Villarreal expuso en *Pocho*, jugarle chueco a un gachupín no cuenta), y esto después de que Heraclio le había salvado la vida.

Sin embargo, *Yo soy Joaquín*, en que la voz del poema va apareciendo en todos los nombres indígenas, españoles y mestizos de la historia mexicana hasta llegar al chicano, es la obra más representativa de esta categoría, y en ella, a pesar del aspecto negativo atribuido al español, se le justifica con la religión cristiana que dio entrada al indígena a la estructura social, en vez de excluirlo como ocurrió en los Estados Unidos:

Cuando la iglesia cristiana tomó su lugar
en el buen nombre de Dios
para tomar y usar mi fuerza virgen y
fe confiada,
los sacerdotes,
ambos buenos y malos,
hurtaron
pero
dieron una verdad perdurable que
Español
Indio
Mestizo
todos eran hijos de Dios.
Y

de estas palabras surgieron hombres
que rezaron y pelearon
por
su mismo mérito como seres humanos,
para
ese
MOMENTO DORADO
de
LIBERTAD [p. 21].

Hay que notar que, con pocas salvedades, para el autor chicano el mestizaje no es un proceso continuo, abierto hacia el futuro, sino un fenómeno histórico anterior a él, fijo y acabado; o sea, no da entrada a la posibilidad de un mestizaje chicano-anglo-americano. El mestizaje es una condición preexistente al encuentro con el anglo-americano que nos fortalece y permite resistir la opresión y el genocidio racial —en muchos casos sinónimos del matrimonio interracial— atribuido al "blanco" (el chicano no se considera blanco sino café). El mestizaje es mexicano.

En una categoría única respecto a las dos primeras está el cuento *Tata Casehua* de Miguel Méndez. Tata Casehua, una figura fantasma que guarda la historia oral de los yaquis de Sonora y Arizona —una tribu cuyos miembros gozan del privilegio de doble ciudadanía—, lamenta todo mestizaje. El yori, enemigo del yaqui, es el blanco odiado que produce el mestizo, vertiendo su sangre venenosa en las venas del indio. El mestizo que cruel y despiadadamente persigue y extermina al yaqui es el mexicano. Para Tata Casehua, el mestizaje es la muerte, y no es por nada que Méndez fuera excluido de la segunda edición de *El espejo*, la primera antología de literatura chicana, y que no se le considere entre los mejores autores chicanos a pesar de su talento innegable.

3] *La Revolución Mexicana*

La emigración es el fracaso de las raíces. Los hombres desalojados son las víctimas ecológicas. Entre ellos y la tierra que los debiera sostener se ha metido una cuña. Desposeídos por sequías o el desahucio a manos del patrón, el agotamiento de la tierra o la conquista armada —la naturaleza y el hombre, por separado o juntos, presentan las alternativas: mudarse o morir—. Los que pueden desarraigarse lo hacen, dejando atrás un mundo hostil, para enfrentarse a otro inseguro más adelante.

Los mexicanos que dejaron su patria durante las seis décadas de

1880-1940 representan uno de los mayores movimientos masivos de gente en la historia del occidente. Por trescientos cincuenta años habían vivido en una sociedad inmóvil, de castas rígidas, basada en la tradición colonial española.[7]

De este modo Ernesto Galarza, chicano nacido en México y radicado en California, explica la emigración que llevó y sigue llevando a la gran mayoría de chicanos a los Estados Unidos, y nos da unas claves para entender la imagen que se ha creado de la emigración. México, por una razón u otra, pasa de ser el ángel azteca a ser el ángel exterminador que expulsa a los hijos fieles, quienes hubieran preferido quedarse en su patria. La emigración es positiva, sin embargo, por ser uno de los movimientos masivos que al fin y al cabo han producido la grandeza de la cultura occidental. En la literatura chicana, el tema de la emigración se suele centrar en la Revolución Mexicana.

Tanto *Pocho,* de Villarreal, como *Chicano,* novela de Richard Vásquez, comienzan con la huida de México durante la Revolución. En *Chicano,* la familia Sandoval huye para que el hijo no tenga que irse de soldado con los federales. En el caso de *Pocho,* Juan Rubio, coronel de la División del Norte y pariente de Zapata, sólo cruza la frontera cuando el asesinato de Villa señala la última de una serie de traiciones al pueblo y el abandono definitivo de los ideales revolucionarios. Ya para qué quedarse en México si la opresión, la injusticia y la condición general deshumanizadora están aseguradas por el triunfo de Obregón. El coronel Rubio, puro macho mexicano, patriota, héroe, es también un realista.

La emigración se justifica por la imposibilidad de vivir humanamente en México y se le da el rango de uno de los movimientos masivos análogos a las grandes emigraciones que produjeron las culturas occidentales. Si el chicano destaca lo negativo de la realidad mexicana, a la vez que cuidadosa, y quizás exageradamente, subraya la lógica positiva de su ineludible decisión, es, en parte, una reacción defensiva. Sabemos bien que, para muchos mexicanos, los chicanos somos renegados, vendidos, o por lo menos extranjeros. No hay hijos pródigos en esta relación, tal vez porque, al regresar, los cambios ya son demasiado radicales y porque la vuelta casi jamás es permanente. El autor chicano afirma su mexicanidad a la vez que justifica su emigración.

El caso más extremo de dicha justificación se encuentra en *El*

[7] Galarza, Ernesto, *Aztlán,* pp. 127-128.

quinto jinete. Villarreal insiste en que el protagonista, Heraclio Inés, es ficticio, pero señala bien su papel representativo al decir que hubo miles y miles de Heraclios Inés que murieron por sus derechos. Heraclio es todo lo que debe ser un héroe mitológico, pues luego de probarse en las hazañas necesarias, sobrevivir al viaje por los rumbos de la muerte y regresar con el mensaje de salvación como todo héroe neto, llevará ese mensaje a Aztlán, porque en México ya no hay tierra donde se pueda sembrar la semilla de la vida regenerada. Tiene que escapar a los Estados Unidos, pero piensa que sólo será por "unos dos" años.

Heraclio Inés, héroe escogido por el destino, patriota innegable, macho comprobado, verá esos dos años convertirse en cincuenta, como les pasó a Juan Rubio, a Neftalí Sandoval y a innumerables personajes más, y éstos serán los padres de los pochos y mexicanoamericanos, o de los pachucos como el Louie (del poema de José Montoya) y de los *lowriders* como Tito (del poema de J. L. Navarro); y los abuelos de los ángeles aztecas: los chicanos. Y si Villarreal y otros han exagerado al justificar la emigración, no ha sido en un mayor grado al que ha llegado el desinterés, la ignorancia y el rechazo del chicano por parte del mexicano.

4] *El paraíso perdido*

Juan Rubio no pensaba radicarse en los Estados Unidos, pero cada año lo encontraba soñando con la vuelta a su pueblo desde California —y como Rubio, muchos más—. Donald F. Castro, en un estudio étnico genérico de la novela chicana, ha explicado que México se convierte en el pasado añorado por los personajes.

Neftalí Sandoval, de *Chicano*, recuerda su pueblo, donde corría libremente, y quiere regresar. Ricardo Rubio, hijo de Juan, nacido en los Estados Unidos, se da cuenta de que los recuerdos de México que guarda su madre son bellos, pero que los suyos, imaginarios, son aún más bellos. Lupe, protagonista de *The Plum Plum Pickers*, habla constantemente de México y Guadalajara, pero reconoce que para ella estos lugares en realidad no existen. Los poemas, tanto los que cantan las virtudes del indígena como los que destacan el mestizaje, tienden a crear la misma nostalgia. México empieza a verse como el país donde los valores tradicionales más positivos siguen siendo la base cultural de la vida cotidiana. A la opresión, el racismo, la pobreza y una supuesta inmoralidad de los Estados Unidos se opone la justicia, la tolerancia, la felicidad, y la moral del mexicano. Los juicios de los emigrantes acerca de la imposibilidad de vivir en México se olvidan. Visto desde los Estados Unidos, a través de los años, o desde la ignorancia total por parte de los que nunca han conocido directamente la realidad mexicana, México es la antítesis de lo norteamericano. El paraíso nos llama, nos atrae.

5] *El desengaño del reencuentro*

La idealización del paraíso perdido prepara el campo para el regreso, el reencuentro con México. En *La autobiografía de un Brown Buffalo*, de Oscar Zeta Acosta, el ciclo de revolución, éxodo e idealización llega a su fin lógico. El protagonista, después de un viaje geográfico y espiritual por todos los elementos más fácilmente reconocidos de la cultura angloamericana, desde la segunda Guerra Mundial hasta mediados de la década de los 60, rechaza el "American dream". El conflicto esquizofrénico entre lo mexicano y lo norteamericano, que en el excelente cuento de Nick C. Vaca, *La semana de la vida de Manuel Hernández*, conduce a suicidio disfrazado, en *Brown Buffalo* resulta en el regreso al paraíso.

En México, aunque no pasa más allá de la frontera, Brown Buffalo se siente en casa. Encuentra a dos prostitutas, se acuesta con las dos, se emborracha en la "Cantina de la Revolución" y pasa una semana tomando tequila, comiendo tacos y haciendo el amor. Pero luego es encarcelado por insultar al portero de un hotelucho y en la cárcel lo desnudan, lo maltratan, le quitan todo el dinero que le queda, y el juez, que para el colmo es una mujer, le dice en un inglés perfecto (Brown Buffalo no habla español): "*Why don't you go home and learn to speak your father's language*?" [8] Pero, ¿cuál es su casa si no es México, la patria de su padre? Luego, al cruzar la frontera, el guardia norteamericano le dice que no parece "*american*". Los dos países lo rechazan, revelando su realidad no bi-cultural, sino entre-cultural, y sigue una declaración clave en la literatura chicana, especialmente por venir después del reencuentro:

> Mi único error ha sido buscar una identidad con una persona o una nación cualquiera o con alguna parte de la historia... [*sic*] Lo que entiendo ahora, este día lluvioso de enero, 1968, lo que ahora me es claro después de este viaje, es que no soy ni mexicano ni americano. No soy ni católico ni protestante. Soy chicano de ascendencia y Brown

[8] Acosta, Oscar Zeta. *The Autobiografía of a Brown Buffalo* (New York: Quick Fox, 1972), p. 194.

Buffalo por voluntad propia. ¿Se les hace difícil comprenderlo? ¿O es que prefieren no comprenderlo por temor a que me desquite de ustedes? ¿Temen a las manadas que fueron exterminadas, matadas y descuartizadas para hacerles la vida más placentera a ustedes? Aunque ustedes hubieran sobrevivido sin comer la carne nuestra, sin abrigarse con nuestra piel y sin colgar nuestras cabezas como trofeos en la pared de sus salas, nosotros no pensamos hacerles ningún daño. No somos una gente rencorosa. Como decía mi jefito, un indio perdona pero jamás se le olvida... eso, señores y señoras, es todo lo que quería decir. Que si no nos juntamos, nosotros los búfalos cafés nos vamos a extinguir. Y yo no quiero vivir en un mundo sin *brown buffalos* [p. 199].

Acosta parece abrir la puerta, anteriormente vedada, al mestizaje entre chicanos y angloamericanos, o por lo menos, pide una convivencia más humana.

Tep Falcón, poetisa chicana y producto ya de ese nuevo mestizaje, también nos lleva por el "American way of life" al confrontarlo directamente en un poema-monólogo-interrogante que termina con la imagen del mestizaje concretizada en el símbolo lingüístico.

> *amerika, amerika,* ¿dónde estás?
> *i've been trying to find you*
> *but i always miss you*
> *yesterday you took a plane to peking*
> *the day before you were on a coffee break*
> *and today you must see the psychiatrist*
> aye *amerika... slow down*
> necesito platicar contigo
> *amerika, amerika,* dime ¿dónde estás?
> *you say this afternoon you must bomb hanoi*
> *cocktails tonight at eight*
> *and tomorrow you are making another trip*
> *to the moon*
> *amerika, amerika* tengo un regalo para ti
> *let me give you peace, love and time*
> *let me teach you to spell your name with a* c
> america, america, qué bonita *that sounds to me*
> aye *amerika* ¿dónde vas ahorita?
> *i have been chasing you for 120 some years*
> *but you can not wait*
> *the only time you saw me*
> *was when you took my land and* cuerpo
> *yet somehow overlooked my soul*
> pero ahora tengo un regalo *and you have no time*

the gift, amerika, is la lengua mexicana
be it spanish, pocho or spanglish
let me teach you to spell your name with a c
america, america – qué bonita [*sic*] [9]

La vuelta hacia este nuevo mestizaje conduciría a mi ensayo a un fin bien redondeado, pero la perversidad de la literatura es que escapa de las estructuras que pretenden encasillarla, y Brown Buffalo regresará a México.

En la segunda novela de Acosta, *La rebelión de la gente cucaracha*, el protagonista Brown Buffalo, que se ha convertido en un jefe del movimiento chicano en Los Ángeles, va de vacaciones a Acapulco. Está cansado de la lucha constante por los derechos civiles, pero se va muy satisfecho de sí mismo y de su papel revolucionario. Para Brown Buffalo, México ya no es el paraíso perdido, sino un refugio y un descanso, pero de nuevo la realidad mexicana arrasa sus ilusiones. Su hermano, que radica en México, le hace ver que el movimiento chicano es una farsa retórica comparada con un movimiento de reforma en Acapulco que encabezó Lopitos, un campesino que, después de sublevar a los pobres y coger tierras baldías de los norteamericanos, fue asesinado por el gobierno. México representa ahora un modelo, un punto de comparación, un ángel acusador. Por supuesto, Lopitos representa una pequeña parte de México, porque la mayor parte del tiempo Brown Buffalo se la pasa en cantinas, escuchando música de *rock*, en ese México que es una extensión, para no decir colonia, de los Estados Unidos.

La imagen de México cambia radicalmente en la obra de Oscar Zeta Acosta y tal vez marque una nueva etapa en la literatura chicana, una conciencia nueva que después de la pausa reflexiva, las indagaciones acerca del origen y la creación de las imágenes correspondientes, hay que echar a andar hacia nuestro futuro dentro de una situación sociogeográfica que, como el mestizaje, es igualmente innegable; innegable, sí, pero como quiere Tep, tal vez podamos cambiarle la *k* por una *c*.

Los ritos de iniciación son dolorosos e incluyen lecciones históricas para asegurar la sobrevivencia de la tradición y la cultura, pero también requieren una ruptura con la madre y el enfrentamiento a la amenaza de la muerte. El único pasado que de veras se convierte en futuro es el que lleva el hombre dentro de sí mismo sin pensar

[9] Falcón, Tep. "amerika, amerika...", *Sirocco* (Denver: Universidad de Colorado, 1973), p. 18.

ya en él, lo que le queda después de olvidarse de lo que tuvo que aprender en jornadas de lecturas exhaustivas. ¿Quién sabe cuántas imágenes de nuestro origen se recordarán cuando estemos en plena marcha? Tal vez algún día podamos ver esta literatura, que aquí hemos analizado brevemente como el producto de la primera etapa de la autoconciencia de que habla Paz, y si así resulta, acuérdense: "*No importa, pues, que las respuestas que demos a nuestras preguntas sean luego corregidas por el tiempo.*"

ENSAYOS

Este libro fue impreso y encuadernado en empresas del grupo Fondo de Cultura Económica. Se terminó de imprimir el 17 de mayo de 1985 en los talleres de Lito Ediciones Olimpia, Sevilla 109, 03300 México, D. F. Se encuadernó en Encuadernación Progreso, Municipio Libre 188, 03300 México, D. F. El tiro fue de 50 mil ejemplares.

Diseño y fotografía de la portada: *Rafael López Castro.*